Ulrich Jürgen Heinz

Heilchance Spagyrik

Meiner stets hilfsbereiten Mutter

Ulrich Jürgen Heinz

Heilchance Spagyrik

Das spagyrische Verfahren nach Ulrich Jürgen Heinz,
seine philosophische, methodische, diagnostische,
heilkundliche und laborantische Leistung

Verlag Hermann Bauer
Freiburg im Breisgau

CIP-Titelaufnahme der Deutschen Bibliothek

Heinz, Ulrich Jürgen:
Heilchance Spagyrik : d. spagyr. Verfahren nach
Ulrich Jürgen Heinz, seine philos., method., diagnost.,
heilkundl. u. laborant. Leistung / Ulrich Jürgen Heinz. –
Freiburg im Breisgau : Bauer, 1988
ISBN 3-7626-0359-6

1988
ISBN 3-7626-0359-6
© 1988 by Verlag Hermann Bauer KG, Freiburg im Breisgau.
Alle Rechte vorbehalten.
Umschlaggestaltung: Grafikdesign Wartenberg, Staufen.
Satz: Typobauer Filmsatz GmbH, Scharnhausen
Druck und Bindung: Ueberreuter Buchproduktion, Korneuburg.
Printed in Austria.

Inhalt

Einleitung

Was ist Spagyrik?

Spagyrik ist ein aus der Zeit des Paracelsus stammender Begriff. Er bezeichnet eine besonders wirkungsvolle Methode, aus unterschiedlichen Stoffen, vor allem aber aus Pflanzen, wirkungsstarke, ungiftige und sehr hilfreiche Heilmittel so herzustellen, daß die heilsamen Eigenschaften der Ausgangsstoffe verstärkt im neuen Heilmittel wirksam und die schädlichen Bestandteile unwirksam werden. Der Begriff der Spagyrik selbst, zusammengesetzt aus den altgriechischen Zeitwörtern *spao* – ich trenne – und *geo* – ich binde –, bezeichnet das angewendete Verfahren selbst: Die Stoffe werden in die drei Aggregatsphasen – fest, flüssig und gasförmig – zerlegt (trennen) und nach einem sogenannten Reinigungsprozeß wieder zusammengeführt (binden).

Warum dieses Buch?

Im Jahr 1985 faßte ich meine neuen spagyrisch-philosophischen, spagyrisch-laborantischen und spagyrisch-heilkundlichen Arbeiten in dem Buch *Spagyrik – die medizinische Alternative* zusammen und veröffentlichte sie im Verlag Hermann Bauer, Freiburg.

Der Inhalt jenes Buches wurde trotz seines Schwierigkeitsgrades und der teilweise ungewohnten Denkweise von sehr vielen Menschen angenommen wie eine erwartete Selbstverständlichkeit. Einige versprachen sich von dem neuen Verfahren Linderung oder Genesung durch genauere Diagnose und personenbezogenere Therapie, anderen, darunter zahlreichen Ärzten, Heilpraktikern und Therapeuten, gefiel der vielleicht ein neues Menschenbild anregende Denkansatz und meine Methode, mit Hilfe der Gesetze der Analogie eine genaue und kontrollierte Therapie für die unterschiedlichsten Krankheiten durchführen zu können. Mit ihrer guten Meinung, ihrer Begeisterung und anschließenden Treue ermöglichten sie es mir, mein Denken, Diagnostizieren, mein Behandeln und Heilen an vielen Tausenden von Kranken erproben zu können und zu beweisen, daß diese neue Methode der Spagyrik nicht nur neue Wege weist und beschreitet, sondern auch mit ungewöhnlich hoher Sicherheit ans Ziel, zum Erfolg führt.

Die besonderen diagnostischen Leistungen des Verfahrens sprachen sich also rasch herum. Mit den Anforderungen, die seitens einer wachsenden Zahl von Patienten hinsichtlich der diagnostischen Breite und Tiefe gestellt wurden, wuchsen auch die Leistungsaspekte des Verfahrens selbst. Was meinerseits mit dem Wunsch begonnen hatte, für eine individuelle Krankheit ein ebenso individuelles, aber auf wiederholbarem Wege gefundenes Heilmittel zu erarbeiten, hat heute den Umfang eines diagnostischen Systems mit eigenständigen Heilmitteln und -methoden, mit einer eigenen Physiologie, Pathologie und therapeutischen Methodologie, mit einer eigenen Ontologie, Psychologie und Pharmazeutik.

Obgleich ich zweifellos hier und überhaupt nur die ersten Marken des spagyrischen Weges darstellen kann, zeigen diese bereits die umfassende Mannigfaltigkeit, die in seinem Denken und seiner Heilkunde liegt. Spagyrik ist nicht nur eine medizinische Alternative, sondern auch eine philosophische, soziale und kommunikative Chance, mit deren Hilfe die anwachsenden, bereits tödlichen und die noch kaum abschätzbaren, bevorstehenden Gefährdungen der Menschheit sicherlich nicht immer grundsätzlich, wohl aber im Einzelfall gelöst werden können.

Dieses Buch soll knapp, aber konzentriert die breiter gewordene Leserschaft aus Patienten, Ärzten und Heilpraktikern praxisorientiert informieren und ihr einen Leitfaden in die Hand geben, mit dessen Hilfe sie sich persönlich die Möglichkeiten des spagyrischen Verfahrens, den jeweiligen Nöten entsprechend, zu Nutze machen kann.

Was ist *Heinz Spagyrik?*

Die *Heinz Spagyrik* bereitet Blut, Harn, Lymphe, Organe von Mensch und Tier, Pflanzen, Minerale und chemische Substanzen spagyrisch auf. Aus den Kristallisaten der spagyrisch veränderten Substanzen lassen sich Diagnosen erarbeiten und die entsprechenden Heilmittel in sehr präziser Weise ableiten. Neben der körperlichen Lösung der Krankheitsfelder, die ich die »spagyrische Regression« nenne, finden im spagyrisch behandelten Menschen seelische und später auch geistige Aufarbeitungsprozesse statt, die tief in die Geschichte der Persönlichkeit eingreifen und blockierte Eigenschaften, verdrängte Nöte und Fähigkeiten lösen. Der Mensch gewinnt die Freiheit, die er aufgrund seiner Fähigkeiten haben könnte, wegen seiner Geschichte aber nicht haben konnte. Auf seinem Weg in diese Freiheit von seiner eigenen Geschichte hilft ihm neben den spagyrischen Heilmitteln ein umfangreiches spagyrisches System der Seelenheilkunde und der seinsinterpretierenden Philosophie. Die schrittweise erwerbbare Freiheit kann mit neuen Mitteln, Methoden und Anschauungen erübt und erfahren werden. Die spagyrische Heilkunde ist der praktische und nebenbei auch beweisfähige Teil des spagyrischen Denkens.

Was leistet die *Heinz Spagyrik*?

Sie leistet eine funktionelle Darstellung der Erkrankungen des Körpers so vollständig, wie dieser es selbst tut, und nicht so eingeschränkt, wie die klinische Laboranalyse durch ihr Verfahren der selektiven Auffindung vorausgesetzter, bekannter Parameter. Die spagyrische Kristallisation stellt körperliche Vorgänge unabhängig davon dar, ob wir sie diagnostizieren können und sofort verstehen oder nicht. Die klinische Analyse hingegen sucht im Rahmen dessen, was ihr bekannt ist, nach einer Bestätigung eines positiven, vorher meist bereits teilweise bekannten Befunds und erfaßt das Unbekannte nicht, da es von der Methode her und in der Fragestellung bereits ausgeschlossen wurde. Ein bisher Unbekanntes geht in der klinischen Analyse meist verloren, da es nicht bemerkt und verstanden wird. Das gleiche Unbekannte ist in der spagyrischen Darstellung sichtbar und als Unbekanntes auffällig und kann durch Vergleich mit ähnlichen, bereits bekannten und gesicherten Formen oder durch analoge Folgerung (Extrapolation) verstanden werden. Damit leistet die spagyrische Darstellung eine wirkliche Frühdiagnose und gibt die Möglichkeit, wahrscheinliche und verschiedene Hintergründe eines Krankheitsgeschehens darzustellen.

Neben diesen grundsätzlichen Leistungen besteht die besondere Fähigkeit der *Heinz Spagyrik* in einem hohen Therapieerfolg auf praktisch allen Gebieten der menschlichen und haustierlichen Erkrankungen, insbesondere jedoch auf jenen, in denen die traditionellen naturheilkundlichen und medizinischen Methoden fast erfolglos sind. In den Sterbephasen des Krebses beispielsweise vermag die Spagyrik in den meisten Fällen eine gute Lebensqualität des Patienten bis zu seinem Tode aufrechtzuerhalten, sodaß er ohne Betäubung seiner Schmerzen und ohne»barmherzigen« Dämmerschlaf bis zum letzten Augenblick seines Lebens voll bewußt und beinahe beschwerdefrei leben kann, was für ihn und seine Angehörigen ein unschätzbarer Gewinn ist. Sein oft unvermeidbarer Tod ist dann meist sanft und erfolgt fast unmerklich.

Auf dem Gebiet der Viruserkrankungen, insbesondere bei den verschiedenen Arten von Herpes-Viren, bei Retroviren, angefangen von der Hepatitis non A non B, bis zum HIV-Virus, der zu Aids führt, und auf dem Gebiet der Pilzerkrankungen haben die bekannten Methoden im Gegensatz zur *Heinz Spagyrik* wenig Erfolgreiches anzubieten.

Bei allen chronischen Erkrankungen, deren Heilung als aussichtslos angesehen wird, bei den meisten Degenerationen und ZNS-bedingten Fehlsteuerungen ist die *Heinz Spagyrik* hilfreich und schmerzlindernd. Sie wirkt meist verbessernd auf das subjektive Wohlbefinden und erzeugt nie Nebenwirkungen.

Schließlich bietet sie eine wirkliche Chance einer nebenwirkungsfreien und kostengünstigen Heilkunde für jene Länder, die sich den wahnsinnigen Aufwand eines modernen apparativen und nebenwirkungsvollen Medizinwesens aus Gründen des Geldmangels nicht leisten können und aus Gründen der Vernunft nicht leisten wollen. Unabhängig von Lieferanten der Medizinaltechnik, der Chemie und der Pharmazie kann jedes Land der dritten und der vierten Welt sein eigenes Gesundheitsnetz mit *Heinz Spagyrik* aufbauen, weil es nur Wasser, Energie, ein wenig Alkohol, das Blut der Patienten und einige Pflanzen, die im Land selbst wachsen, braucht, um Diagnose und Therapie aus einer Hand anzubieten – all dies mit einem relativ geringen technischen Aufwand und ohne jegliche Nebenwirkungen, was man von den klinischen Methoden wahrhaftig nicht sagen kann.

Dieses Buch soll dazu dienen, das bis hierher Gesagte zu zeigen, zu erklären, zu beweisen und zu erhärten.

Zweifellos befindet sich die Menschheit in einem Wandlungsprozeß, der sie aus ihrer bisherigen Verstrickung, wie sie die Geschichte der Religionen und der Völker in erschreckender Grausamkeit zeigen, herauslösen könnte, wenn diese Wandlung durch eine gründliche Reinigung vorbereitet würde. Zu reinigen wären zuerst die Körper von ihren ererbten und erworbenen Krankheiten, dann die aufgrund von Verletzungen und Verwundungen vernarbten und blockierten Seelen und schließlich die im Verteidigungs- und Besitzschema gefesselten Geister. Das Ende allerdings ist ungewiß. Der Mensch könnte ebenso untergehen, wie er verändert fortbestehen könnte, mit all jenen Eigenschaften ausgestattet, die wir gern unseren Größten und Heiligsten zusprechen, ohne freilich zu bedenken, daß jeder von uns diese Eigenschaften jetzt schon, vor der Katastrophe oder dem Tod, in und aus sich erzeugen könnte.

Viele reden vom neuen Menschen und von einer neuen Zeit, vom Wassermann- oder Heimdall Zeitalter, und ihre Worte verfliegen wie Windhosen über dem Gebirge. Dennoch haben sie aufgewirbelt, mitgerissen, niederfallen lassen und verändert, bevor sie verschwanden. Die Spagyrik fußt auf der hermetischen Philosophie, auf dem Wissen um die richtige und angemessene Gleichgewichtigkeit von Zeit, Ort und Kunde. Der richtige Zeitraum hat begonnen, die Zeit selbst darin bestimmt jeder einzelne Hörer oder Leser je nach seinem Bereitschaftsgrad; der Ort ist das Bewußtsein des einzelnen, der hört oder liest; und die Kunde, das ist die Spagyrik, jenes uralte Wurzeln benutzende, in seinen Teilen hochmodern ausgerüstete Wissen um Analyse oder Diagnose, um Kybernetik oder Therapie und um Gleichgewicht oder Heil(ung). Die Heilchance der Spagyrik ist die Chance zur Heilung und die Chance des Heils selbst.

Hoffentlich gelingt es mir, dies mit diesem Buch so klar zu machen, daß viele den Mut zu einem Neubeginn finden.

Ulrich Jürgen Heinz
Meran/Südtirol, im Mai 1988

Kapitel 1

Das spagyrische Denken

1. Das spagyrisch-philosophische Modell

Dieses Kapitel führt in die Grundlagen und Besonderheiten des spagyrischen Denkens ein. Es stellt die Theorie der Spagyrik und ihre Methode des Denkens und Tuns dar. Zu ihrem Verständnis sollte man sich von den meisten der gewohnten Denkwege und vor allem von den im Laufe des Lebens angenommenen Denkinhalten, die man zum großen Teil weder geprüft, noch hinterfragt und schon gar nicht durchdacht hat, trennen, denn wenn man die bisher geübten, vor jeder Prüfung liegenden Denkweisen auf die Spagyrik überträgt, dann bestätigt man sich nur das bisherige Wissen und erfährt oder erlebt weder den leistungsmäßigen Unterschied der Spagyrik zu anderen Denk- oder Heilwegen, noch nutzt man die Chance und bewegt sich frei genug, um so zu lernen, als wolle man im Denken, Fühlen und dann im Tun neu beginnen. Ein wohlvorbereiteter und wohlgerüsteter Neubeginn ist aber immer eine große und bedeutende Chance, die Lebensbilder, die Verhaltensmechanismen, die durch Leiden erworbenen Gefühlsverknotungen und schließlich die oft zufällig entstandenen, meist nicht verantwortlich angenommenen Lebensziele zu verändern und zu verbessern.

Ein Beispiel, um das Gesagte zu klären:

Um ein Auto führen zu können, ist es nicht erforderlich, ein Autokonstrukteur oder ein Automechaniker zu sein; man kann das Auto nach entsprechender Einweisung auch fahren, wenn man nicht einmal etwas von Verbrennungsmotoren, Batterien oder Benzin-Luft-Gemisch weiß. Das Fahrenkönnen, das sich zwischen den pauschalen Grenzen der Fähigkeiten eines Stuntman oder eines Rennfahrers auf der einen Seite und jenen eines nur vielleicht dreimal im Jahre sein Auto fahrenden, sogenannten »Sonntagsfahrers« bewegt, ist zweifellos nicht direkt abhängig vom Wissen über die technischen Hintergründe des Automobils. Dennoch kommen weder der Stuntman noch der Rennfahrer – beide extrem leistungsfähig – ohne erhebliches technisches Wissen aus, um sicher und erfolgreich ihr besonderes Fahren zu leisten, und der technisch vorgebildete Sonntagsfahrer ist dem Unwissenden in der Behandlung seines technischen Gegenstandes Auto sicherlich schon darin überlegen, daß er beispielsweise an Motortemperaturen, an Querbeschleunigungen und an Bremswege denkt und damit nicht nur verkehrsmäßig, sondern auch technisch besonnener mit seinem Fahrzeug umgeht. Der Rennfahrer muß ständig seine Fahr- und Fahrzeugtechnik verbessern, um leistungsfähig im Verhältnis zu den anderen zu bleiben. Aber auch der das Fahrzeug nur gelegentlich Benutzende muß sich der neueren Technik und den veränderten Fließbedingungen des angewachsenen Verkehrs anpassen, um weder sich noch andere zu gefährden. Gelegentlich begegnet uns aber am Nachmittag eines sonnigen Feiertages eben jenes, was es zu vermeiden gilt: ein meist älterer Mensch in einem im Verhältnis ebenso alten Fahrzeug mit einer völlig veralteten Verhaltensweise. Dieser Mensch wird, ohne es zu bemerken, für die anderen ein Hindernis und schließlich eine Gefahr. Nur die beweglichere Fahr- und Verhaltensweise der anderen verhindert, daß der unangepaßte Fahrer zu Schaden kommt.

Zwischen dem Rennfahrer einerseits und dem unangepaßten, veralteten Fahrer andererseits tummeln sich in Wirklichkeit keinesfalls die hunderte Millionen Fahrzeugbeweger dieser Erde, sondern ihr Gros findet sich etwa zwischen der Mitte und dem unangepaßten Fahrer, was die Unfallursachenstatistik hinreichend belegt.

Auf dem Gebiet unserer seelischen Vermögen und Fähigkeiten sieht es noch bedenklicher, gefährlicher und trostloser aus, als auf dem des Verkehrs: Die meisten unserer Verhaltensmuster werden durch unsere Mütter in den ersten Monaten unserer menschlichen Existenz geprägt. Die mit der Mutter, dann auch mit dem Vater, den verschiedenalterigen, dann fast gleichalterigen Geschwistern und später mit den sogenannten Freunden und Gefährten erlebten Ereignisse sind nicht frei erlernbar, sondern finden in unserem Gehirn bereits durch den Evolutionsgang vorgebildete Grundraster vor, denen sie nun zugeordnet werden. Je nach Häufigkeit einzelner Ereignis- und Reaktionstypen, die ich später genauer erläutern werde (siehe: 3.2 Die Methode der spagyrischen Rückführung), kommt es zu unterschiedlichen und ungleichgewichtigen Erfahrungsanhäufungen und unterschiedlichen Wertigkeiten der Steuerkreise, die das Verhalten regeln, und damit entstehen verhaltensmäßige, aus der Erfahrung gebildete Schwerpunkte, die in ihrer Summe einerseits die Individualität des einzelnen Menschen kennzeichnen, ihn andererseits in seiner Reaktionsform so prägen, daß seine von vornherein durch Erbprogramme schon eingeschränkte Freiheit des Lernens und des Reagierens noch weiter eingegrenzt wird.

Im erlebenden Menschen baut sich ohne sein bewußtes oder steuerndes Zutun auf einem Grundmuster der Erlebnisverarbeitung, das er mit allen anderen Menschen gemeinsam hat, eine für ihn selbst typische Art des Verhaltens auf, die ihn prägt, kennzeichnet, leitet, einschränkt, aber, durch die Sicherheit ihres Funktionierens, auch schützt. So wird sich beispielsweise ein Kind, in dessen Umgebung ständig von Besitz und der darauf gegründeten Macht die Rede ist, dem Eigentum gegenüber anders verhalten als eines, das in seiner familiären Umgebung die Beschäftigung mit dem Wort als Informationsträger kennenlernte.

Die frühkindliche Prägung vor allem durch die Mutter ist ein fixierendes Lernen durch Zuordnung auf vorgegebene Verarbeitungs- und Steuerungsmuster hin. Es erfolgt gewissermaßen eine Grundprogrammierung des grundsätzlichen, evolutionär vorgegebenen Verarbeitungsrasters mit geschichtlichen, personen- und milieubezogenen Informationen. Diese bestimmen, einem Steuerprogramm vergleichbar, die Art, wie künftig im Leben des Menschen die verschiedenartigen, ihn betreffenden Ereignisse nach wenigen, verallgemeinernden Grundmustern verarbeitet werden. Jedes Ereignis erhält sofort seine Zuordnung zu der ihm ähnlichen Grundstruktur. Die Bandbreite und die Form der Reaktion auf das so gekennzeichnete und eingeordnete Ereignis ist festgelegt. So wiederholen sich in den Abertausenden von Ereignissen im Leben eines Menschen eigentlich immer dieselben beispielsweise fünf Grundstrukturen und lösen eine ebensolche Zahl von fünf Grundreaktionen aus, die sich lediglich in den Mitteln unterscheiden, mit denen sie durchgeführt werden.

Auf unsere Autosituation übertragen ergibt dies einen nach altem Lern- und Verhaltensmuster im modernen Verkehr steuernden Autofahrer, dessen Erfolg, am vorgesehenen Ort anzukommen, weniger ihm, als der angepaßten Umsichtigkeit der anderen Verkehrsteilnehmer zuzuschreiben ist. Er wiederholt zwar seine damals erlernten Regeln, aber er bemerkt nicht deren Unzeitgemäßheit, Beschränktheit und Unrichtigkeit durch seine und der Regeln Überalterung. Wenn wir uns nun vorstellen, daß nicht nur dieser eine, sondern eigentlich alle Autofahrer überaltert in einem modern gesteuerten, mit modernen Fahrzeugen durchgeführten Verkehr von hoher Dichte reagierten, dann würden wir das damit programmierte Verkehrschaos mit unerträglich hohen Unfallquoten sofort erkennen können. Diese Lage bietet sich nicht in unserem täglichen Fahrzeugverkehr, wohl aber, was viel folgenreicher ist, in unserem sozialen, seelischen und gefühlsmäßigen Verkehr. Dafür bieten die Katastrophenquoten der menschlichen Geschichte – Kriege, Sklaverei, Inquisition, Raub, Mord, Vergewaltigung jeder Art – genügend unwiderlegbare Zeugnisse.

Ich kann zusammenfassen: Der Mensch ist durch seine frühe Prägung zwar überlebensfähig, aber nur begrenzt lern- und verwandlungsfähig, was seine Empfindens-, Gefühls- und Reaktionswelt anbetrifft. In seiner Spielwelt der Bilder, Vorstellungen und mit seinen Spielzeugen, die er zu Werkzeugen macht, ist er jedoch lernfähig durch Zugewinn neuer Möglichkeiten des Tuns. Die Bilder und Vorstellungen kontrolliert er noch an seinen Reaktionsmustern, seine Spiel-Werkzeuge hingegen nicht, da er ihre Fähigkeiten rückkoppelnd erst erlernen muß, wenngleich er sie »erspielt« hat. Da der Mensch seine Wirklichkeit nur in dem Maße denken kann, als er sie in den ihm bekannten Strukturen beschreiben kann, ist er vorderhand unfähig, eine neue Wirklichkeit zu begreifen, solange sie noch keine Folgen in einem dem Menschen bekannten Muster zeigt. So laufen die Ergebnisse seines Spieles ununterbrochen vor seinem Verständnis weg, was einem lawinenartigen Zuwachs unkontrollierten und unverstandenen Tuns gleichkommt, dessen Folgen gleichwohl als wirklichkeitsverändernde Wirklichkeit den Menschen binden und zwingen. Das Werkzeug-Spiel des lernfähigen Menschen schafft die Wirklichkeit, die der lernunfähige, stammesgeschichtlich fixierte Säuger Mensch als Problem oder Gefährdung bewältigen muß.

Man muß diese Verstrickung des Menschen in seine schablonenhafte Unfreiheit aus seiner Stammesgeschichte einerseits und seiner durch seine Hände als Werkzeuge begründeten Fähigkeit zu spielen und andere Werkzeuge herzustellen und daraus zu lernen, begreifen, um das Dilemma zu sehen, in dem der Mensch steht, und das erklärt, warum er sich mit jedem Erfolg ein Problem schafft und warum er durch seine eigene Natur dieses Dilemma nicht lösen kann. Mit jedem geborenen Menschen, mit jedem Produkt, das der Mensch herstellt, weil es andere Menschen benutzen und gebrauchen können, vergrößert sich das Integral über diesem Dilemma und strebt einem oberen Grenzwert zu, an dem die sozialen und biologischen Adhäsionskräfte von den quantifizierenden, Massefelder bildenden Zentrifugalkräften überstiegen werden: Dann bricht das menschliche System auf der Erde zusammen und setzt in der chaotischen Auflösung Kräfte frei, die den Spieler Mensch vernichten.

Nun sind wir nicht nur durch die Weissagungen verschiedener Münder zu der Auffassung gelangt, daß der Mensch und seine Welt sich ändern werden, weil er sich diesem Grenzwert rasch nähert, sondern auch der Augenschein belehrt den Lernfähigen in physikalischer, sozialer, ökonomischer, ökologischer, militärischer, meteorologischer und energetischer Hinsicht, daß allein schon die Menge der Menschen und die durch sie in Aktion gebrachten millionenfachen Kleinprozesse das irdische Milieu in einer Weise verändern, die für den Verursacher Mensch selbst zum biologischen Ende führen wird. Das tödliche Spektrum beginnt bei der durch die menschlichen Werkzeugspiele erhöhten UV-Strahlung (Ozonloch) mit den daraus resultierenden genetischen Mutationen, und geht bis zur Pandemie AIDS, die aus Hilflosigkeit und sozial-politischer Not heraus verharmlost wird.

Wer aus eigenem Antrieb immer noch keinen Grund sieht,

sein Wissen ständig zu verbessern, zu überprüfen und zu ändern, damit er die Schäden, die sein eigenes Leben an der Umwelt und der Erde verursacht, erkennen und dann eindämmen lernt, der wird durch die kommenden äußeren Einwirkungen in seinem Lebensbestand gefährdet. Wer das menschliche Dilemma und seine nun unausweichlich gewordenen Folgen begreift, der wird die Zeichen mannigfaltiger Herkunft erkennen und beachten lernen, um weiteren Schaden zu vermeiden und um sich selbst zu schützen. Hinter diesem vordergründig erscheinenden Argument für das persönliche Überleben steht der Gedanke, daß das Erkennen und Beachten einen weitgefächerten Lernprozeß begründet, der die seelischen Verhaltensmuster relativiert und veränderungsfähig macht und der die geistigen Prozesse nach den Gesichtspunkten der Widerspruchsfreiheit, der Deutungsfähigkeit und der Folgerungsfähigkeit und nicht nach Argumenten der Verhaltensakzeptanz ausweitet. Die Richtigkeit und dann die Durchsetzung eines Gedankens hängt dann nicht mehr von der mit diesem Gedanken erwerbbaren Macht ab, sondern allein von der in diesem Gedanken folgerichtig gebündelten Energie, die eine neue, zwar über das denkerische Spiel gewonnene, doch darin nun auch kontrollierte Wirklichkeit schafft, deren Folgen Bestandteil des Denkspiels sind.

Für den lernfähigen und lernwilligen Menschen bietet die Spagyrik eine Methode des beweglichen Denkens, einen Weg der seelischen Selbstverantwortlichkeit im Handeln und Empfinden durch verbesserte, vom stammesgeschichtlichen Muster gelöstere Verarbeitung der Erfahrung und ein heilkundliches Verfahren, mit dem die durch den Menschen und/oder seine Geschichte hervorgebrachten Toxine im Körper wieder abgebaut werden können, um dem Körper, sowie dem geschichtlich verarbeitenden Ort Seele und dem reflektiven Ort Geist neuen Grund und neue Heimat für freieres, vom Rasterzwang weitgehend unabhängiges Leben und Überleben zu ermöglichen.

Wir müssen lernen, unser Wissen, unsere Erfahrungen und unsere Verhaltensweisen von Grund auf zu überprüfen, zu vergegenwärtigen und aus unangepaßten Regelrastern zu befreien. Was Bestand hat durch Widerspruchsfreiheit, durch Deutungsfähigkeit und durch Trag- oder Folgerungsfähigkeit, das soll bestätigt, ausgebaut und bewußter gemacht werden; was dem nicht genügt, soll überwunden, überarbeitet und ersetzt werden. Denn nur der in solcher Hinsicht bewußte, freiere, »verfeinerte«

Mensch, der »Neue Mensch«, hat für sich und seine Art eine weitere Zeit als Zukunft.

Damit können wir die Ansprüche formulieren, die das spagyrische Denken an sich selbst, an seine Vollzieher und an alle Prozesse, die in ihm vollzogen werden, voraussetzend stellt. Diese Ansprüche scheinen selbstverständlich zu sein, werden jedoch weder in der Geistes- noch in der Naturwissenschaft als Maßstab und Regel des eigenen Handelns genannt, noch weniger wird nach ihnen als Muster verfahren:

Widerspruchsfreiheit sowohl im Ganzen und in den Teilen, also in der Grundidee und in den Grundsätzen der Spagyrik als auch in den einzelnen Gebieten und Tätigkeiten, in denen das spagyrische Denken gelten soll.

Deutungsfähigkeit der dem Menschen zugänglichen und ihn betreffenden Prozesse aus einer einheitlichen Verständnisstruktur heraus nach einem allen Prozessen innewohnenden und sie im Sinne von Ebenen oder Dimensionen einheitlich, aber nicht linear durchziehenden, lernfähigen und offenen Muster.

Tragfähigkeit oder *Folgerungsfähigkeit* als die Eigenschaft, aus den mit Hilfe des spagyrischen Denkens gewonnenen Mustern eine neue Wirklichkeit zu schaffen, die in diesen Mustern dargestellt wird und die ohne diese Muster nicht wäre.

Diese Ansprüche sind für das spagyrische Denken und Handeln als Regel zum Handeln zu verstehen, nach der sich alle Darstellungen zu richten haben.

I Was ist spagyrisches Denken?

(1) Kurzdarstellung

Das spagyrische Denken ist der Versuch, eine allgemeine und verbindliche Denkregel zu finden, mit deren Hilfe die dem Menschen zugänglichen Erscheinungen begreifbar werden, so daß deren Eigenschaften erlernt und sinnvoll benutzt werden können. Das Denken selbst soll nicht die wißbaren Einzelheiten über die Dinge selbst liefern – dies ist der nachfolgenden Untersuchung und Beschäftigung nach der Maßgabe des Denkens vorbehalten –, sondern es soll die Methode finden, mit der die sinnlich wahrnehmbaren Erscheinungen sinnlich, also zeiträumlich erscheinen. Diese Methode herrscht in den Dingen gleichzeitig als Werdens- oder Herstellungsregel und als Darstellungs-weg für unser menschliches Bedürfnis, die uns zugänglichen Erscheinungen zu ordnen. Das Denken soll also den Werdepro-zeß der Dinge darstellen und es soll ihre Entstehung simulieren, weil es die Regel des Ablaufs, wie die Dinge in Erscheinung treten, als Regel des eigenen Vorgehens, die Dinge darzustellen, besitzt.

Dieses Denken unterscheidet sich von den meisten bisher ge-übten Denkweisen dadurch, daß es die Wirklichkeit nicht be-schreibt, sondern diese mit sich selbst ver- und begleicht.
Vorhandene Dinge können mit der Sprache beschrieben wer-den, wenn die Sprache geeignete Wörter dazu hat. Später ersetzt man die Wörter durch Formeln. Aus dem Gemeinsa-men verschiedener Dinge formuliert man eine Regel; dies nennt man die Methode der Deduktion. Sie ist streng logisch.

Aus einer Menge von ähnlichen Dingen kann das Gemein-same durch Deduktion herausgezogen werden. Das Ergebnis kann dann auf eine andere Menge von Dingen mit ähnlichem Verhalten bezogen und für diese andere Menge als Regel for-muliert werden; dies nennt man die Methode der Induktion. Sie ist nicht streng logisch.

Es können Dinge miteinander verglichen werden, wenn der Vergleichsfaktor bestimmt ist, um dann aus dem Unterschied zwischen bereits bekannten Dingen weitere, bislang unbe-kannte Dinge oder weitere Eigenschaften zu erschließen. Diese erweiterte Methode der Induktion nenne ich die Ana-duktion. Sie ist analogisch, also nicht folgerichtig, sondern bildrichtig und vergleichend. Der spagyrische Grundgedanke der Therapie fußt auf dieser Methode der informellen Ver-gleichbarkeit zwischen dem krankmachenden und dem diese Krankheit heilenden Moment.

Eine weitere Methode der Spagyrik ist die der in der Welt-raumforschung ebenfalls benutzten Simulation. Mit der Simu-lation wird an einem Modell der Wirklichkeit der spätere oder künftige Ablauf vor- oder nachvollzogen. So kann man mög-liche Schwächen des Materials oder Fehler im Ablaufschema aufspüren oder, im Falle einer Panne beispielsweise im Weltraum selbst, die entsprechende Fehlersituation auf der Erde gleichzeitig simulieren, um den Grund der Panne oder deren wahrscheinliche Behebung vorauszuvollziehen und dann später den Fortschritt der Arbeiten in der Wirklichkeit zu kontrollieren. Die spagyrische Simulation oder, wie ich es nenne, die Metaduktion, ist eine Führung des Denkens hinter die Wirklichkeit: Das Denken geht als Methode hinter die Erscheinung und bildet in sich als Erinnerung die Struktur der energetischen Verhältnisse ab, die zu der abgebildeten Erscheinung führen. Diese Methode eignet sich vor allem für die Darstellung nicht unmittelbar meßbarer Prozesse, die wir nur über ein Denkmodell begreifen, zum Beispiel das Atommodell oder die Entstehung des Weltalls.

Das spagyrische Denken benutzt neben den konventionellen Denkmethoden der

Deduktion und der Induktion,

also ihre eigenen und zusätzlichen der

Anaduktion und der Metaduktion.

Durch diese zusätzlichen Methoden ist die Spagyrik in der Lage, über den üblichen wissenschaftlichen Rahmen hinaus Krankheits- und Heilmodelle zu entwickeln, die zur Grundlage für neue Wege der Diagnose und der Therapie werden. Neue Wege in dieser Hinsicht zu entwickeln ist dann sinnvoll, wenn Diagnose und Therapie genauer, nebenwirkungsfreier und kostengünstiger bei gleicher oder höherer Leistung werden. Dieses Ziel hat das spagyrische Verfahren ohne die Schützenhilfe Tausender mit Steuergeldern bezahlter Forschung als Ergebnis einer intensiven, umsichtigen und einfallsreichen Praxisarbeit erreicht.

(2) Beispiele

Angenommene Ausgangssituation:
Ein als Kleinkind von seiner menschlichen Mutter ausgesetzter und nun durch die Hilfe von Katzen aufgewachsener Wildmensch, der Zeit seines Lebens nur Vögel, Kleinsäuger und Insekten gesehen hat, begegnet einer Menschin (Frau) und einer Hündin. Die Menschin nennt er wib und die Hündin hind.

21

Deduktion

Später trifft er weitere, diesmal männliche Menschen (die sich sichtbar von der ihm bekannten Menschin unterscheiden). Unser Wildmensch bemerkt, daß diese ihm nun begegnenden Lebewesen der vorher getroffenen Form wib ähnlicher sind als der Form hind. Also nennt er seine neuen Bekannten durch Feststellung dieser mit der wib gemeinsamen Merkmale, die ihnen untereinander eine gewisse Ähnlichkeit verleihen, je nach Laune auch »wib« oder »wie wib« (also wib-ähnlich) oder auch, wenn seine Zuneigung mehr dem Hund gilt, »nicht hind«. Damit hat er eine erhebliche erkennungsmäßige Denkleistung vollbracht:

Die bestätigende Ableitung oder Deduktion:
Die anderen Lebewesen (Menschen) sind wie wib.
Die ausschließende Ableitung oder Deduktion:
Die anderen Lebewesen (Menschen) sind nicht wie hind.

Induktion

Da springt aus dem Busch ein winziger, aber schon rennfähiger Welpe zur Hündin, seiner Mutter und läßt sich von ihr säugen. (Wenn unser Wildmensch nun auf weitere Hündinnen mit sichtbarem Gesäuge träfe, könnte er damit ableiten oder »deduzieren«, daß auch sie hind sind und Milch geben.) Unser Wildmensch bemerkt nun aber die Brüste der wib und unterstellt/folgert/meint nun, daß auch sie zum Säugen (oder Trinken) geeignet wären, wenn beispielsweise aus dem Busch ein Kleinwib hüpfen würde und mit seinem Mund die Warzen der Brüste nähme, um zu trinken, wie es das Kleinhind tat. Obwohl also wib und hind nicht dasselbe sind, haben sie doch ähnliche oder gleiche Merkmale: Die eine hat am Unterbauch eine Schwellung mit kleinen Noppen, an denen ein Kleinhind saugen kann, die andere hat zwei Schwellungen mit je einer Noppe an der Brustvorderseite, an dem – vermutlich – ein Kleinwib saugen könnte (wenn es da wäre). Die Erkennung der Ähnlichkeiten zwischen den Schwellungen und Noppen der Hündin und jenen der Menschin sind eine übertragende Ableitung, also eine induktive Deduktion; die Meinung unseres Wildmenschen, daß also ein (nicht vorhandenes) Menschenkind an den Schwellungen und Noppen der Menschin ebenso saugen und damit gesäugt werden könnte, ist eine wirkliche (abgeleitete) Übertragung, also eine (deduktive) Induktion. Die beiden Schwellungen und Noppen – uns als

Gesäuge mit Zitzen und als Brüste mit Warzen etwas geläufiger – sind, wenn man sie isoliert vom restlichen Körper betrachtet und sie nicht in Funktion sieht, nicht ohne weiteres miteinander vergleichbar. Denn wenn man nicht bereits weiß, daß aus den Zitzen/Warzen Milch kommen kann, dann könnte man diese Körperausbuchtungen auch für wirkliche Wucherungswarzen halten. Erst die weitere funktionsklärende Information über die Säugung und das Gesäugtwerden vervollständigt das Wissen über das Gesäuge der Hündin soweit, daß der Wildmensch diese Beobachtung auf das Gebrüste der Menschin übertragen kann. Man sieht leicht den Vorteil der Induktion als Methode: Erscheinungen, die vereinzelt betrachtet auf den Augenschein hin nicht miteinander vergleichbar oder in Beziehung zu setzen sind, werden, wenn ihre Funktion bekannt ist, vergleichbar, beziehbar und damit übertragbar. Damit können über den induktiven Schluß Erkenntnisse schnell und meist auch sicher gefunden werden (in unserem Beispiel, daß auch die Menschin säugen kann, obgleich unser Wildmensch das nie gesehen hat), die auf anderem Wege später oder gar nicht zustande gekommen wären. (Vorstellbar wäre, daß unser Wildmensch nie gesehen oder durch Induktion gelernt hätte, wie Menschenkinder ernährt werden und dann seiner möglichen späteren eigenen Frau nach der Geburt seines Kindes das ihm nicht bekannte Säugen verwehrt und das Kleinkind mit den von ihm gesammelten oder erjagten Speisen zu dessen Schaden gefüttert hätte!). Unser Wildmensch hat also eine wesentliche Denkleistung vollbracht, die wir in Wissenschaft, Technik und im Alltag ständig nachvollziehen:

die beschreibende Übertragung oder deduktive Induktion:
(Gesäuge der Hündin) : (Gebrüste der Menschin)
die vergleichende Übertragung oder
die funktionelle oder induktive Induktion:
(Die Hündin säugt den Kleinhund am Gesäuge) :
(die ein »Gesäuge« besitzende Menschin kann einen Kleinmenschen ebenfalls säugen);
(obwohl dies bis dahin von unserem Wildmenschen noch nicht beobachtet worden war)

Anaduktion
Die Menschen, denen der Wildmensch begegnet war, zerren mit sich einen Gefangenen, dem sie rituell den Schädel aufspalten,

das Gehirn herausschälen und dieses verspeisen. Den Wildmenschen ekelt es. Als er am nächsten Tag vom wib eine Walnuß geschenkt bekommt und sie auf deren Anraten aufbricht, schreit er vor Entsetzen auf, als er, wie er meint, in der kleinen Schale ein kleines Gehirn erblickt, was ihn an die Schlachtung des Vortages erinnert. Unser Wildmensch wirft daraufhin die Nuß weg, wohingegen andere diese Nuß aus eben demselben Grunde, nur mit anderer Zielsetzung verzehren: Für beide trägt die Nuß die Form des Gehirns, allerdings dient sie dem einen als Erinnerungsimpuls an die rituelle Schlachtung und dem anderen zur Ernährung dessen, dem sie gleicht.

Bei der funktionellen oder induktiven Induktion geschieht die Übertragung einer Funktions- oder einer Funktionsgruppe, die aufgrund ihrer Gesamterscheinung so und nicht anders identifiziert wird, auf ein anderes, jedoch artähnliches Geschehen, bei dem eine solche Funktion als möglich erachtet wird, ohne vorderhand zu wissen, ob sie auch möglich ist. Dies dann zu beweisen, obliegt der deduktiven Logik. Diesem Gedanken der anaduktiven Übertragbarkeit liegt die Auffassung zugrunde, daß zwei ähnliche Dinge einen ähnlichen Hintergrund im Sinne eines Grundes, einer Ursache oder eines Planes haben müssen. Wenngleich die Substanzen unterschiedlich sein mögen, wie bei den Funktionen Bohne:Nieren oder Walnuß:Gehirn, so führt dieses Denken im Sinne seines eigenen Begriffes einen Wirk- oder Funktionsplan vergleichbarer, ähnlicher oder gar gleicher Wirkung in das Geschehen ein und stellt die für das deduktive Denken unvergleichbaren Dinge in einen plausiblen Wirk- und Funktionszusammenhang.

Dieses in seinem Ansatz sehr kreative Denken beherrschte das Mittelalter in meist sehr schematischer Weise, so daß neben erstaunlichen Einsichten in die Beziehungen zwischen verschiedenartigen Dingen von weniger kritischen Geistern übererstaunliche Unbezüge erdacht oder »induziert« wurden, die nicht einmal den Regeln einer witzigen Sprachlogik gehorchten.

Für die Anaduktion gilt wie für die Induktion und Deduktion, daß sie als Entwurf, dann als Muster und schließlich als Modell des Denkens die Aufgabe hat, vorher unbekannte Dinge in einen für die menschliche Erkenntnis bearbeitbaren Ordnungsbezug zu stellen. Danach ist mit den gleichen Mitteln, mit denen dieser Bezug hergestellt wurde, zu prüfen, ob die damit erreichte Aussage richtig ist. Wenn die Aussage dieser ersten

Prüfung standhält, dann kann sie erweitert und auf ihre Richtigkeit unter anderen Prüfgesichtspunkten geprüft werden. Sage ich also etwas über Bohne: Nieren durch Induktuion aus, dann prüfe ich zuerst die induktive Richtigkeit der Aussage selbst, dann ihren praktischen Vollzug, sofern er nachvollziehbar und experimentell simulierbar ist, und dann erweitere ich die Aussage auf mögliche deduktive Konsequenzen der ursprünglich induktiven Aussage. Sollte die Deduktion kein sinnvoll richtiges Ergebnis nach dieser Prüfung liefern, so ist davon die induktiv erworbene Richtigkeit der Aussage keineswegs betroffen; umgekehrt aber wohl, da die Methoden von der Deduktion bis zur Metaduktion allgemeiner werden. Dies bedeutet, daß eine Aussage immer in der Ebene und mit den Mitteln der Ebene, in der sie entstand und der nächsthöheren Ebene geprüft wird, nicht aber umgekehrt. Die Ebenen werden aufsteigend allgemeiner von der Deduktion über Induktion, Anaduktion zur Metaduktion und »besonderer« in absteigender Richtung von der Metaduktion zur Deduktion. Das Besondere kann zwar im allgemeinen vollständig beinhaltet und abgebildet werden, das Allgemeine jedoch ist im Besonderen nur teilweise vorhanden und abbildbar.

Wenn man nun die Übertragung der Formen einer Sache aufgrund von Formenähnlichkeit auf eine andere Sache nicht nur auf den gegebenen und besonderen Augenschein gründet, sondern diese Sache nach einem bestimmten Muster verändert, zum Beispiel durch Destillation, dann bekommt man beispielsweise über einen Kristallisationsprozeß wiederum sichtbare Erscheinungen, die diesen neuen Zustand eindeutig bezeichnen und die auf den allgemeineren Ebenen der physikalischen oder chemischen Bildungsregeln die Sache für sich selbst sprechen lassen und zugleich ihre Eingebundenheit in die grundsätzlichen Bedingungen der Existenz, in die Grundformen der allgemeinen Körperbildung und in die Grundverhaltensweisen von Lebensabläufen deutlich zeigen. Dieses Vorgehen nenne ich die Anaduktion und verwirkliche sie im diagnostischen und therapeutischen, spagyrischen Blutkristallisationsverfahren, das in seiner praktischen Anwendung der Gegenstand dieses Buches ist.

Die Anaduktion ist eine Fortführung der Induktion, indem die Übertragung eines funktionell Ähnlichen nicht mehr allein auf ein Artähnliches (Hund:Mensch = Lebewesen:Säuger) geschieht, sondern die Form isoliert dort wiedererkannt wird, wo sie auftritt, gleichgültig, ob sie sich in einem Menschenkopf oder einer Frucht befindet, wie das Beispiel mit unserem Wildmenschen darstellte. Die einzige Bedingung für eine sinnvolle Zuordnung ist, daß man einen funktionell eindeutigen Bezug zwischen der übertragenen Funktion und dem neuen Funktionsträger herstellen kann. Es ist also nicht sinnvoll, die Abbildung einer Nuß in einen stoffwechselmäßigen Zusammenhang mit dem Gehirn zu bringen; wohingegen es wohl sinnvoll sein kann, die Nuß selbst aufgrund ihrer Inhaltsstoffe mit dem Stoffwechsel des Gehirns zusammenzubringen.

Die gängige Anaduktion, entsprechend der (ersten) Signatur der hermetischen Philosophie (siehe unten), ist eine Zuordnung nach erscheinenden Formen, also solchen Formen, die mit den Sinnen oder mit den die Funktion der Sinne verstärkenden Instrumenten (zum Beispiel Mikroskop) unmittelbar wahrgenommen werden können, wie im Falle von Nuß:Gehirn oder Bohne: Nieren. Die spezifisch spagyrische Anaduktion (zweite Signatur) ist die Zuordnung, die eine durch festgelegte Methoden durchgeführte Transformation eines Dinges in eine allgmeinere Ebene voraussetzt.

Unser Wildmensch hat eine großartige Leistung vollbracht, selbst wenn er sie mißversteht und die Nuß nun nicht genießt, weil er die Folgen seines neuen Verständnisses noch nicht begreift (was nicht nur ihm so geht, sondern eine hervorstechende Uneigenschaft des Menschen zu sein scheint):

> Die Dinge hängen miteinander zusammen. Wenn ich sie auf verschiedenen Ebenen betrachte, dann gewinne ich aus verschiedenen Gesichtspunkten Kenntnisse über die Zusammenhänge und über die Eigenschaften der Dinge selbst.

Metaduktion

Eines Abends steht unser Wildmensch am Meeresufer und beobachtet das Kommen und Gehen der Wellen. Versonnen richtet er seinen Atem danach und atmet im Rhythmus der Wellen. Da hält er die Luft an und spürt den Erstickungsschmerz, auf den bald der Tod folgen würde, wenn er nicht wieder zu atmen anfinge. Er begreift nun induktiv, daß ähnliches mit der Erde geschähe, wenn man die Wogen anhielte, von deren Entstehung durch den rhythmischen Mondumlauf er nichts weiß. Plötzlich begreift er das Ein und Aus der Lunge als dasselbe wie das

Kommen und Gehen der Wellen und trennt sich von beiden Vorbildern, indem er den Prozeß beschreibt mit dem Satz:

Keine Erscheinung lebt ohne rhythmische Abläufe.

Diesen noch induktiven Satz verändert er nun in die metaduktive Erkenntnis:

Alles Leben braucht den periodischen (Grund)Rhythmus.

Diese Metaduktion ist aufs Ziel hin gesehen die wichtigste Methode der Spagyrik. Sie strukturiert nicht nur das Wißbare, sondern simuliert es und schafft in der Simulation neue Wirklichkeiten. Sie zu benutzen setzt erhebliche Fertigkeiten in der Begriffsbildung, in der Logik, der Analogik und vor allem in der Selbsterkenntnis zur Prüfung der eigenen Verhaltensschwachpunkte, die man unmerklich in die Metaduktion einfließen lassen könnte und damit das Ergebnis verfälschte, voraus. Ich will daher hier nicht weiter auf sie eingehen, sondern anschließend im theoretischen Teil ihre Logik vorführen. Beispiele der Metaduktion würden zu Nachahmungen zum unrechten Zeitpunkt verführen und die Selbsttäuschung stärken. Hingegen ist es notwendig, das Gefühl und den Verstand reichlich in der Methode der Anaduktion zu üben, damit beide sich aus ihren vorgegebenen Begrenzungen freisetzen und gemäß ihren eigenen Fähigkeiten und ihrem Antrieb tüchtig, wirksam und schöpferisch werden. Diese Entwicklung der Befreiung wird dann gekrönt durch den sehr weit führenden und dann abschließenden Weg der Metaduktion.

Jeden Denkakt muß man in seiner eigenen Methode, in seinen eigenen Voraussetzungen, mit seinen speziellen, mit anderen Methoden möglicherweise nicht oder nur schwieriger herbeiführbaren Erfolgen und in seiner Übereinstimmung mit ähnlichen Denkakten aus dem gleichen logischen Feld überprüfen und bewahrheiten. Die Überprüfung mit anderen logischen und methodischen Mitteln kann dann zusätzlich noch über die Kompatibilität, also die zwischen den Denksystemen mögliche Austauschbarkeit von Daten, Prozessen und Vergleichbarkeit von Ergebnissen Aussagen machen, über die Richtigkeit der Methode selbst oder ihrer Prozesse vermag sie es in der Regel nicht.

Mit den Methoden der Deduktion und der Induktion wurde und wird viel Wissen gesammelt. Daher benutzt sie die sogenannte Naturwissenschaft vorzugsweise. Mit den spagyrischen

Methoden der Anaduktion und der Metaduktion könnte sehr viel von dem gesammelten Wissen vergleichend und hintergründig verstanden werden. Dies nutzt uns allgemein zum Verständnis von Zusammenhängen der sinnlichen und der nichtsinnlichen Prozesse, aber auch zum Begreifen der Krankheiten und ihrer Heilung in der Heilkunst. Schließlich haben wir als Zugewinn die Übersetzungsregeln innerhalb des sich netzwerkartig organisierenden Detailwissens gewonnen.

Ich lege deswegen großen Wert auf die Darstellung der Denkwege, die uns Menschen offen sind, weil mit jedem Denkweg die Eigenschaft des Gedachten, seine Wirkung, seine Möglichkeiten und seine Begrenzung angegeben werden. Wenn wir eine veränderte Zeit mitschaffen wollen, wenn wir also nicht nur abwarten wollen, was mit uns geschieht, sondern dieses Geschehen mitbeeinflussen und uns begünstigend gestalten wollen, dann müssen wir erstens wissen, was wir bisher (teilweise falsch) getan haben, zweitens, was wir anders machen wollen und drittens, wie wir es machen können, damit es ein anderes wird, das dann die Gestaltungszüge einer völlig anderen Lebensart als die der bisher menschlichen trägt, das aber dennoch kleine und hilfreiche Details enthält, an denen die winzige, aber im Augenblick der Gestaltung wirkungsvolle menschliche Hand noch und wieder sichtbar wird.

Nun ein wenig gedankliche

(3) Theorie

zu dem eben Besprochenen, was sich zu lesen lohnt, auch wenn es ein wenig schwierig erscheint, denn eine Änderung unseres Tuns, unseres Wollens, unserer Zielsetzungen und unserer Empfindungen läßt sich nur über ein verändertes und veränderndes Denken erreichen:

DENKEN
ist für den Spagyriker
DAS ABBILDEN UND DANN DAS SCHAFFEN
VON WIRKLICHKEIT.

Zuerst möchte ich die verschiedenen Denkwege in ihren unterschiedlichen Bezeichnungen gegenüberstellen, um eventuellen Unsicherheiten des begrifflichen Gebrauchs vorzubeugen:

SYNOPSE DER BEGRIFFE ÜBER DENKMETHODEN in

SPAGYRIK nach Heinz	HERMETIK allgemein	Hermetik nach Heinz	PHILOSO-PHIE allgemein
Deduktive Deduktion	–	Synlogik	Deduktion
Induktive Deduktion	–	–	–
Deduktive Induktion	–	Analogik	Induktion
Induktive Induktion	–	–	–
Anaduktion der Form	Signatur	Signatur I. Ordnung	Analogie
Anaduktion der Textur	–	Signatur II. Ordnung	Analogie
Metaduktion der Struktur	–	Signatur III. Ordnung	Simulation

Das spagyrische Denken vollzieht sich, wenn man es aus der Selbstverständlichkeit, daß Denken dem Menschen möglich sei, löst und sich vergegenwärtigt, was und wo das Denken stattfindet, nie als re-pro-duktiver, sondern immer als pro-duktiver Akt. Die Produktivität steigt proportional zu der Unabhängigkeit des Denkens von leitenden Vor-Wirklichkeiten, die wir üblicherweise Realität nennen. Die deduktiven und induktiven Stufen sind Reaktionen auf vorgegebene Ereignisse als Erscheinungen; die anaduktive und die metaduktive Stufe sind produktiv im Sinne des Wortes. Damit stellt sich die Beziehung der Duktionen folgendermaßen dar:

Deduktive Deduktion	
Induktive Deduktion	Reaktive,
Deduktive Induktion	reproduktive Denkformen.
Induktive Induktion	

Anaduktion der Form	Aktive,
Anaduktion der Textur	pro-duktive Denkformen.
Metaduktion der Struktur	

Ich bin mir bewußt, daß die folgenden Aussagen nicht für jedermann einsehbar sind oder sinnvoll erscheinen; dem jedoch, der sie versteht, werden sie eine wertvolle Wegweisung und ein Prüfstock sein.

Die aktive, produktive Denkform führt zu folgenden weiterleitenden Beziehungen:

Formale Anaduktion	führt zu	Analogen
Texturelle Anaduktion	führt zu	Mustern
Strukturelle Metaduktion	führt zu	Entwürfen.

Die *Analoge* sind die Darstellung der erfahrbaren, denkbaren und merkbaren Ereignisse und Dinge, die das menschliche Gehirn speichern kann, aufeinander nach gehirntypischen Regeln der formalen, strukturellen oder wirksamen Ähnlichkeit. Die Dinge der Welt werden miteinander verglichen, um aus diesem Vergleich einen gemeinsamen Funktionsnenner und damit eine weiterführende Erkenntnis zu gewinnen.

Die *Muster* setzen die Analoge in teils konkrete, teils abstrakte Rahmen, in denen unter Annahme bekannter Bedingungen eine bestimmte Struktur auf eine unbestimmte aufgelegt und damit ihr mutmaßliches Verhalten erkennbar wird. So kann der Mensch die Welt in sich reflektieren und dann assoziieren, ohne sie gegenständlich kennen zu müssen. Diese Methode des Denkens hat den Vorteil einer hohen Wirksamkeit schon bei kleinen Anzahlen von gemusterten Verhältnissen.

Die *Entwürfe* ermöglichen aus den Analogen und aus den Mustern eine bisher mit anderen Mitteln nicht so klar oder überhaupt nicht erfahrbare und erkennbare Wirklichkeit als Folgerung von umwälzender Weite und umschichtender Eigenschaft. Der Entwurf ist das zielgemäße Pro-Dukt des Denkens im weitesten Sinne. Hier wird auf den Daten des Vergleichs, dann der Assoziation mit Hilfe autoreflektiver Eigenschaften, die die Kapazität der Stillen Zonen unseres Großhirns nutzen, eine zuerst imaginative, dann geschichtliche, weil gedachte und empfundene, schließlich gegenständliche Wirklichkeit geschaffen. Der spagyrische Entwurf ist das Ziel aller spagyrischen Tätigkeit, mag sie sich im Heilkundlichen, im Denkerischen oder Künstlerischen abspielen.

II Grundsätze des spagyrischen Denkens

Diese sind:

Erster Grundsatz: Die Darstellung der Darstellung
Zweiter Grundsatz: Die Darstellung der Form
Dritter Grundsatz: Die Darstellung des Seins

Erster Grundsatz:

Die Darstellung der Darstellung

(1) Kurzdarstellung

Die Formulierung »Darstellung der Darstellung« mag fremdartig klingen, da sie den Eindruck erweckt, als solle etwas durch und mit sich selbst zur Darstellung gebracht werden. In Wirklichkeit befragen wir Menschen uns mit Ausnahme der Künstler selten, wie wir etwas darstellen, was wir ausdrücken wollen, weil sich dazu konventionelle Formen wie Sprache, Gestik, Kleidung, Sozialgehabe, Wissenschaftssprachen und auch die Künste gewohntermaßen anbieten. Wir stellen mit einem dieser Mittel dar, was sich unserer Absicht entsprechend darin besonders gut abzeichnet und hervorhebt gemäß unseren persönlichen Ausdrucksfähigkeiten und ohne weitergehende Überlegungen über das Warum und Wie.

Mit den Dingen am Anfang des Anfangs geht dies nicht so leicht, weil wir hier – abgesehen davon, daß wir an diesem Anfang nicht bewußt teilgenommen haben – außer der Sprache kein konventionelles Mittel der Darstellung haben. Und ein konventionelles Mittel muß ich ja benutzen, wenn ich will, daß die anderen Menschen mich und das verstehen, was ich ihnen darstellen möchte. Ich habe das Problem, wie ich etwas, das für unsere Sinne eigentlich gar nicht ist, in einer Sprache darstelle, die gewohnt ist, sinnenhaft begreifbare Dinge darzustellen; denn die meisten Sprachen stammen aus dem bäuerlichen, handwerklichen oder kriegerischen Milieu und sind knapp in der Lage, poetische oder philosophische Gegenstände hinlänglich zu beschreiben. Da ich in den Einschränkungen einer auf die Handlung abgestimmten Sprache tätig werden muß, kann ich einerseits zwar genau umreißen, was das beschriebene Ding nicht ist, aber andererseits nur ungenau bestimmen, was es ist: Unsere Sprache hat keine Wörter zur genauen Beschreibung einer uns unbekannten Sache und unser Bildvermögen besitzt keine Übung, aus dem Bekannten das Unbekannte als Ganzes zu folgern, wenngleich dies manchmal für Teile eines Ganzen gelingt. Ich muß mir bewußt machen, daß ich mit dem Darstellungsmittel die Wirkung und die Eindeutigkeit des Dargestellten bestimme.

Wenn ich beispielsweise von dem Raum und der Zeit spreche, dann ist da schon etwas vorhanden, mit dem ich das andere, das dahinter steht, darstelle, ohne das Raum und Zeit nicht wären: Mit Raum und Zeit stelle ich beispielsweise das Sein dar. Mit den Aussagen Raum und Zeit ist eine Wahl der Darstellungsmittel getroffen, die auch – aus menschlicher Sicht – lauten könnte:

das Sein stellt sich im Nichtsein oder
in einer Form oder
in einem körperfreien Fluß oder
überhaupt nicht dar.

Das Prinzip meiner Darstellung ist also, das Unfaßliche in einen faßlichen Rahmen zu bringen. Und wie beispielsweise ein (vorerst unfaßliches) Wort einer fremden Sprache nach bestimmten und sehr genau zu beachtenden Regeln in das faßliche Wort meiner mir bekannten Sprache übersetzt werden muß und nicht willkürlich mit den Wortbedeutungen umgesprungen werden kann, so daß zum Beispiel ein Haus eine Fliege bedeuten soll, so muß ich die Regeln festlegen, wie das Unfaßliche in das Faßliche oder die Sprache des Unfaßlichen in die Sprache des Faßlichen, also in die menschliche Sprache, übersetzt werden soll.

Das Ergebnis dieser Überlegung ist eine grundsätzliche Methode, die ich die Anathetik nenne oder, da dieser methodische Prozeß immer drei Schritte hat, die Tri-Thetik oder den Dreischritt.

Wir begegnen in unserem Leben unermeßlich vielen mit den Sinnen wahrnehmbaren Formen des Lebens, von der kristallinen Struktur bis zu hochkomplizierten Gehirnen, vom Einzeller im Wasser bis zum riesigen Bartenwal. Das war nicht immer so; aber es ist erklärbar, daß es heute so ist. Am Anfang des Anfanges, also längst bevor es irgendeine Notwendigkeit zu einem solch abstrusen Vorgang wie einem Urknall gab, war, wenn ich so sagen darf, nur eines oder Eines da, das eben da war und von seinem Dasein eigentlich nichts wußte, da es nur sich selbst war und dies nicht wahrnehmen konnte. Wer das nicht versteht, der schließe die Augen, vergesse, wie er aussieht und sehe sich dann! Wenn nun gar keine Reize oder Impulse von außen kommen und auch der Körper klaglos funktioniert, dann ist es mit jedem Wissenserwerb vorbei; vorausgesetzt, man stellt auch die »spielenden« stillen Zonen besonders im menschlichen Hirn ruhig; ein Problem, das für das anfängliche Eine nicht zutrifft, da es diesen Ort der Reflexion und Assoziation so nicht besitzt. In dieser Lage nun gibt es keine Vielfalt, sondern nur die Einfalt dessen, der ist, also der/die/das Eine. Da ich etwas Undarstellbares darstellbar machen will, darf man mir jetzt keinesfalls bereits in dieses »Eine« eine Bedeutung hineinlegen, wie etwa: das Absolute, das erste Eine, der Gott, das God usw., daher bestehe ich darauf zu sagen, daß dieses Eine eigentlich noch gar nicht ist, da es sich selbst noch nicht erfahren hat.

Wie kommt es nun von der gegebenen Einfalt zu der späteren Vielfalt? Einfach ausgedrückt auf zwei Wegen: der eine ist der

der Wiederholung des Gleichen,

der andere der

der Abweichung des wiederholten Gleichen vom ursprünglich Gleichen.

Dies bedeutet:

Indem sich dieses angenommene Eine wiederholt, vervielfältigt, biogenetisch ausgedrückt clont, wird es mehr als das eine Eine, es wird zu vielen Einen, obgleich es von den Eigenschaften her immer noch das Eine bleibt.

Wir können uns das folgendermaßen vorstellen:

$a \to a \to a \to a \to a \to a \to a \to a \to a \to a \to \ldots \to a_{oo}$
also: Wiederholung des Gleichen.

Bei einer bestimmten Menge von einzelnen gleichen Einen jedoch beginnt eine leichte Abweichung in der Wiederholung der ursprünglichen Form, beispielsweise durch ungenaue Übertragung des Formcodes (fast unmerklich ist das eine Eine dem anderen Einen nicht mehr vollständig gleich), dann werden daraus dem Einen gleichere und weniger gleiche Eine, bis zu nur noch ähnlichen Einen. Diese entwickeln bereits eigene, wenn auch anfänglich kaum merkbare unterschiedene Eigenschaften. So gelangen wir zu einer sehr plausiblen Bildungsregel der Formen aus der Form: durch Wiederholung des Gleichen und durch Abweichung des Gleichen vom Gleichen zum Ähnlichen.

Wir stellen uns vor, unsere obere Reihe von a bis a_{oo} entspräche dem Ausdruck aaa; also: $(a \to a_{oo}) = /aaa/$, dann würde diese Veränderung stark vereinfacht so dargestellt werden können:

$aaa \to aaa \to aaa' \to aaa' \to aa'a' \to a'a'a' \to a'a'a' \to \ldots \to bbb$
gleich -...- weniger gleich   - ähnlich   → - ungleich,

also: Veränderung des Gleichen durch Wiederholung;
oder, auf das Ergebnis reduziert:
$$(aaa \to bbb),$$
was für das Verständnis der Formenvielfalt aus der Formeneinfalt grundlegend ist.

Wenn ein Eines sich selbst wiederholt $(a \to a_{oo})$, sich also clont, dann nenne ich das eine

Anathese: $(a \to a_{oo})$,

also eine Setzung des Einen aus sich selbst heraus.
Das Verhältnis von $a : a_{oo}$ ist also anathetisch.

Wenn nach einer langen Reihe von Anathesen ($a \rightarrow a_{oo}$) eine Abweichung (aaa→bbb) beginnt, dann beginnen die letzten Wiederholungen den ersten immer unähnlicher zu werden, sie kommunizieren nicht mehr das Gleiche, sich wiederholende, sondern als andere, und ihre Addition ergibt nicht mehr einfach eine Verdoppelung, sondern eine Mischung mit einem von vornherein nicht bekannten Ergebnis und entsprechenden Eigenschaften. Zum Beispiel so:

$$(aaa \rightarrow bbb \rightarrow ccc \rightarrow \ldots \rightarrow zzz \rightarrow \ldots \rightarrow oo).$$

Das Verhältnis von (a : b : c:...z:...oo) ist antithetisch, da (a : b : c:...z:...oo) in zunehmendem Gegensatz, in

Antithese: (a : b : c:...z:...oo) zueinander stehen.

Für uns ist augenblicklich nur die *Anathese* interessant, weil wir an ihr den Vorgang der Entstehung der Form, des Seins und damit der Welt darstellen und begreifen können:

Wenn dieses Eine sich zum ersten Mal wiederholt (a : a : a:...), – auf welchen technischen Wegen dies auch immer vonstatten gehen mag –, erfährt es sich in dem neuen Gleichen selbst, erkennt sich, nimmt sich wahr und kommuniziert mit sich: ($a \leftrightarrow a$). Da das andere von ihm nicht unterschieden ist, sondern vollständig gleich, mit dem Unterschied nur, daß es dadurch, daß es erkennbar wurde, wie ein anderes erscheint ($a = a'$), bedeutet jede Kommunikation mit dem anderen eine Kommunikation mit sich selbst ($a = a' = a$). Wir können die Einsicht auch umkehren und sagen: die Erkennungsfähigkeit ist ein Zeichen dafür, daß das vordem allein anwesende Eine sich selbst wiederholt hat ($a = a$). In der Sprache der spagyrischen Philosophie ist:

a das Eine	die These
a′ das wiederholte Eine	die Anathese (aus der These)
(a) und die Kommunikation beider	die Synthese (aus These und Anathese),

so daß wir die Beziehung aufstellen können:

$$a \rightarrow a' \rightarrow (a),$$

was ausreichen würde, wenn wir nur ein Eines hätten. Um aber die Kette der Wiederholungen und den jeweiligen Wiederholungsstand bezeichnen zu können, bietet sich folgende Zählung an:

$$a_0 \rightarrow a_0' \rightarrow a_1 \rightarrow a_1' \rightarrow a_2 \rightarrow a_2' \rightarrow a_3 \rightarrow a_3' \rightarrow a_4 \ldots -$$
$$\rightarrow a_n' \rightarrow a_{n+1} \rightarrow a_{n+1}' \rightarrow$$
$$a_{n+2} \ldots \rightarrow a_{oo-1}' \rightarrow a_{oo}$$

Wer unter der Hand während der letzten Zeilen die Vorstellung von abgegrenzten Wesen oder Körpern – verführt durch das *antithetische Denken* – hat einschleichen lassen, wird nun Schwierigkeiten damit haben zu erkennen, wie aus einem zwei und dann wieder eines wird ($a \rightarrow a' \rightarrow (a)$), wobei schließlich drei anwesend sind ($a, -a', (a)$); denn jeder Schritt erzeugt zwar einen nächsten, bleibt aber selbst als wie auch immer geartete Wirklichkeit bestehen. Den ganzen Vorgang nenne ich die

spagyrische Trithetik oder den
spagyrischen Dreischritt,

ein Denkmodell und eine Denkhilfe, die uns noch häufig helfen werden, scheinbar unlösbare Probleme zu lösen.

Nach so viel (eingeschlichener) Theorie nun einige

(2) Beispiele

zu dem gesamten Themenkreis:

a – Wie notwenig es ist, für die Vermittlung einer Information eine genau definierte Methode zu haben, zeigt folgendes Beispiel. Ich will den Tatbestand darstellen, daß mein Vater gestorben ist und benutze dafür verschiedene Sprachen:

die Sprache selbst:	Mein Vater ist tot;
die Musik:	durch einen Trauermarsch;
das Bild:	durch einen Toten auf der Bahre;
die Pantomime:	durch hängende Schultern und große Augen;
die Gestik:	durch verlangsamte, kraftlose Bewegungen;
die Kleidung:	durch schwarzes Tuch.

Wenn niemand weiß, daß mein Vater gestorben ist, wird dies unmißverständlich nur jener begreifen, der meine Sprache hört; daß jemand gestorben ist, zeigt meine Kleidung, allerdings nicht wer; das Bild zeigt, daß ich mich mit einem toten Mann auf einer

Bahre beschäftige, klärt aber weder den Anlaß noch die Identität; Gestik, Pantomime und Musik drücken eine Gemütsstimmung aus, die durch vielerlei hervorgerufen werden konnte, von grotesken Enttäuschungen bis zu großem Leid. Eindeutig ist also in diesem Falle nur die Information der Sprache, weil bei ihr für jede bekannte Wirklichkeit wenigstens ein Wort vorhanden ist und umgekehrt jedes Wort zwar nicht nur eine Wirklichkeit, doch eine begrenzte und bekannte Menge von Wirklichkeiten darstellt. Der Entsprechung von Wirklichkeit:Wort im menschlichen Leben entspricht in der spagyrischen Denkweise das Verhältnis $(a \rightarrow a' = >(a))$.

b – Eine wirkliche Clonung oder Anathese können wir Menschen nicht mehr unmittelbar sehen, sondern nur noch mittelbar über industrielle Produktions- oder biogenetische und kristalline Wachstumsprozesse erfahren. In beiden Fällen wird zu unterschiedlichem Zwecke eine möglichst hohe Übereinstimmung zwischen Plan und Wirklichkeit angestrebt.

c – Da wir die ursprüngliche Wirklichkeit, die sich den Sinnen entzieht, auch in der Sprache nur hilfsweise nachvollziehen können, soll das Beispiel für den Dreischritt als Muster genommen werden, das den Prozeß, nicht aber seine Wirklichkeit darstellt:

a	These:	ich lebe, habe mich aber nie gesehen;
a′	Anathese:	vor dem Spiegel sehe ich jemanden, von dem ich lerne und mich überzeuge, daß er mit dem, den ich »ich« nenne, identisch ist.
(a)	Synthese:	Von nun an kenne ich mich (teilweise), kann mich mit anderen vergleichen und mein Aussehen und Verhalten bewußt einsetzen.

Es ist in diesem Falle leicht einzusehen, daß die »These« auch nach dem Prozeß der Spiegelung bestehen bleibt, während sich die »Anathese« als körperliche Wirklichkeit so, wie sie damals war, kaum wird wiederholen lassen, wohl aber als nachhaltige und wirksame Wirklichkeit der Erinnerung; und die »Synthese« führt zu neuen Verhaltensformen gegenüber sich selbst und der Umwelt, wie sie vordem nicht möglich waren. Damit entstehen neue Wirklichkeiten.

Noch ein wenig

(3) Theorie

zur Zusammenfassung der Trithetik in ihrer Form:

— als *Anathetik*:

Begriff:	These Anathese	Synthese
Form:	$A \rightarrow A' \rightarrow$	(A)
Prozeß:	$A_n \rightarrow A'_n \rightarrow$	A_{n+1}

— als *Antithetik*:

Begriff	These Antithese	Synthese
Form:	$A : B \rightarrow$	$/AB/$
Prozeß:	$A_n : B_n \rightarrow$	$/A_n B_n/_m$

Bei der *Anathetik* entwickeln sich die Prozesse und/oder Formen aus einem gemeinsamen Einheitlichen (A); bei der *Antithese* hingegen werden durch Zusammenführung unterschiedlicher Eigenschaftspartner (A,B) neue Prozesse und/oder Formen durch Addition, Integration, Sublimation usw. erzeugt, wobei das Ergebnis beim Beginn der Zusammenführung in seinen möglichen Grenzen, nicht aber in seiner endgültigen Form voraussehbar ist.

Zweiter Grundsatz:

Die Darstellung der Form

(1) Kurzdarstellung

Zuerst sollte ich klären, was ich unter »Form« verstehe und dann, inwiefern diese dargestellt werden soll und warum. Unter Form verstehe ich einen Erscheinungs- oder Anwesenheits- oder Wirklichkeits- oder Körper- oder Dingkomplex, der sich aus zwei ihn bestimmenden Feldern bildet, nämlich aus dem

anathetischen und dem antithetischen Feld.

Unter Feld verstehe ich (auf der Grundlage unserer Übereinkünfte über die logischen Bezüge der Spagyrik) die von einem beliebigen Anwesenden — ob Energie, Ding, Körper oder »Lebewesen« – ausgehende, abgrenzbare und unterscheidbare Wirkung. Ein Summenfeld aus ana- und antithetischen Elementen ist also im strengen Sinn kein synthetisches Feld, denn dieses ergibt sich aus den inneren Fortsetzungsregeln einer These über Anathese (A) oder Antithese (B) zur Synthese, sondern ein formales oder Formfeld (F). Wir könnten also formulieren:

$$F = \text{Summenfeld} (A:B).$$

So können wir uns erklären, daß die sinnlich wahrnehmbaren, die denkbaren und empfindbaren und auch jene außerhalb des menschlichen Aufnahmevermögens liegenden Formen durch die Zusammensetzung, die Verschmelzung zweier unterschiedlicher Felder entstanden sind. Die anathetische Wirklichkeit würde allein keine Formen ausbilden, sondern nur Seinsfelder; die antithetische Wirklichkeit würde nur Strukturen als Differentialfelder zwischen dem Ursprung einer anathetischen Reihe und deren Ende, dem die Antithese ihre Existenz verdankt, erzeugen. Erst die Verbindung zu einer strukturierten Seinswirklichkeit schafft das im Zeitraum-Gefüge, was wir eine Form nennen: eine abgegrenzte, bestimmbare, wirksame und dimensional gruppierbare Wirklichkeits- und Wirkeinheit.

Indem ich also eine Form darstelle, stelle ich das Sein in seiner erscheinungsfähigen Organisation dar.

(2) Beispiele

Bei der Erwägung, wie die Form des Seins dargestellt werden soll, handelt es sich keinesfalls um eine philosophische Spielerei, sondern um eine grundsätzliche Übereinkunft unter uns, wie wir uns das Entstehen von Formen aus einem verbindlichen, einheitlichen und möglichst auch widerspruchfreien Zusammenhang vorstellen können. Der Unterschied zwischen dem anathetischen Clonen der Seinsfelder (das Entstehen des Gleichen aus sich, dem Gleichen) und dem antithetischen Strukturbilden (einmal durch fortschreitendes Abweichen vom Gleichen im Clonprozeß selbst und dann durch Begegnung der durch Abweichung entstandenen Strukturen mit den ursprünglichen gleichen Seinsfeldern, was dann zu Formen führt) ist wesentlich für die Erklärung der (uns direkt über die Sinne oder indirekt über die Sinne erweiternde Instrumente) wahrnehmbaren Erscheinungen. Dies gilt sowohl für die einzelne Erscheinung als auch für die im

Zusammenhang mit den anderen Erscheinungen dieser Erde und des uns erfahrbaren Teils der Welt vernetzten Erscheinungen.

Als Beispiel für den Unterschied zwischen Clonen und Ändern oder zwischen Seinswiederholung und Strukturbildung oder zwischen Anathese und Antithese habe ich die Erscheinung des Tones genommen, wie er in seiner unreinsten Form als Krach, Geräusch, in seiner reineren Form als Sprache, in seiner fast reinen Form in der Musik und in seiner reinsten Form im Tongenerator bekannt ist. Die reinste Form eines Tones ist jene, in der dieser Ton in seiner eigenen Schwingzahl, der Frequenz, schwingt und diese rein als Sinusschwingung ausbildet, ohne daß irgendwelche Nebenschwingungen beigemischt sind.

Dieser reine Ton kann beliebig wiederholt werden, von einem Mal bis zu – theoretisch – unendlichen Malen. Wenn er dabei unter genau den gleichen Bedingungen erzeugt wird, dann wäre er ein geclonter Ton. Nun wird er aber nicht immer wieder neu erzeugt, sondern er erzeugt aus sich selbst den nächsten Ton, den übernächsten bis zum letzten, denkbaren Ton, beispielsweise durch ein ideales Echo, in dem es keine Energieverluste durch die Spiegelung des Tones an seinen echoerzeugenden Wänden gibt. Beide Vorgänge, die der ständigen Neuerzeugung und die des end-unendlichen Echos sind anathetische Prozesse. Und in beiden Fällen ändert sich der anathetische Charakter in einen antithetischen (in Abhängigkeit von der Anzahl der Wiederholungen dieses Tones): Wird der Ton sehr oder unendlich oft neu erzeugt, so ändert sich in der Zeit der Tonerzeugung erst unmerklich, dann im Verhältnis zum ersten, ursprünglichen Ton merklich, die Qualität der Tonerzeugung durch das (beliebige) Instrument; selbst wenn es ein Idealinstrument wäre, würde sich sein Beschaffenheitscharakter in Abhängigkeit von Zeit allmählich ändern: also wird der anathetisch erzeugte reine Ton sich selbst gegenüber im Laufe der Zeit ungleich, er bildet, wenn man die vergangene Zeit zwischen dem ersten Ton und dem letzten, den wir zum Vergleich heranziehen, zu sich selbst eine Antithese. Dasselbe geschieht im Falle des Echos: jeder Rückwurf des Tones, der zu einem Echo führt, verändert den Ton dadurch, daß sein Schwinganfang gegenüber dem »Mutterton« verschoben wird und damit die »Tochter-, Enkel-und-so-fort-Schwingungen« immer mehr gegenüber der »Mutterschwingung« verschoben werden, was man als Interferenzen oder, im

Falle eines gleichzeitigen Ertönens der unterschiedlichen Töne, als Überlagerungen bezeichnet: Die Töne klingen miteinander unrein, wenngleich jeder für sich rein sein mag.

Was wir als wesentliches Argument aus diesem Beispiel mit dem Ton lernen ist, daß sich die Anathese durch ihre eigene Wiederholung selbst die Antithesen schafft. Wenn wir also den Mutterton weitertönen lassen und jede der erzeugten Wiederholungen ebenfalls, dann können wir das Maß der Verwandlung der Anathese in eine eigenständige Antithese nachverfolgen. Im Falle des Echos ist der Prozeß zeitlich sehr verkürzt, und es geschieht schnell und eindrucksvoll, was unter anderen Umständen eine aus menschlicher Sicht »unendliche« Zeit gedauert hätte: die Abweichungen werden schnell hörbar.

Der reine, anathetische Ton ist für den Menschen eine künstliche, laborantische Wirklichkeit, da im Zeitpunkt seines Entstehens der Weltprozeß insbesondere in seiner irdischen Realität bereits soweit antithetisch und damit formenreich geworden war, daß die ursprünglichen anathetischen Schwingungen oder Resonanzfelder alle zu modulierten, überlagerten, interferierenden Mischtonfeldern geworden sind. Dies gilt insbesondere für unsere Töne der Musik, wo es überhaupt keinen reinen Ton gibt. Jedes Instrument verändert den »reinen« Ton zu einer mehr oder minder dem Ursprungston noch ähnlichen Tonmischung, deren Schwingungen in Antithese zu diesem Ursprungston stehen. Im Laufe der Zeit haben sich für diese Bildung bestimmte antithetische Folgeregeln ausgebildet, die wir die Obertonreihe nennen. Wohlgemerkt: kein Instrument und keine Stimme produzieren reine Töne, sondern nur Mischtöne, die sich in ihrem Klangcharakter durch die Betonungen einzelner Stufen dieser Obertonreihe unterscheiden. Jeder musikalisch als rein angesehene Ton, dessen Tonhöhe stimmt, der aber durch seine eigene Obertonreihe bestimmt ist, weicht erheblich von einem theoretisch reinen Ton, wie ihn der Sinus-Ton-Generator annähernd erzeugen kann, ab. Daran kann man sich klar machen, wie die ursprünglich anathetische Reihe der Tonwiederholung durch eben die Menge der Wiederholungen und die Dauer an Zeit, in der sie stattfand, zu einer antithetischen Vielfalt der Formen untereinander und gegenüber dem ursprünglichen Erzeugerton führt. Dieses Beispiel ist auf alle Formen des Seins übertragbar und macht damit den Vorgang der Antithese, der uns noch formaltheoretisch beschäftigen wird, durchsichtig.

(3) Theorie

Wir setzen voraus, daß das Eine mit sich selbst in Beziehung tritt, da es sich reflektiert. Neben diesem Einen haben sich zur gleichen Zeit unter denselben Bedingungen viele bis unendlich viele Eine gebildet, die sich im angenommenen Zeitpunkt Null, also kurz vor dem Beginn ihrer Selbstspiegelung, durch nichts voneinander unterscheiden, da sie gegenüber sich selbst nicht einmal unterscheidbar sind, da sie, bevor sie über sich etwas wissen, noch nicht sind. Dieses wäre unwichtig, wenn ein anderer, Außenstehender über sie etwas wüßte. Da sie aber der einzige (noch nicht Seiende) sind und es keinen Außenstehenden gibt, so sind die vielen Einen eben nicht, solange sie nicht wissen, daß sie sind.

Ich bezeichne die »innerliche« Selbstspiegelung des Einen (A) mit sich selbst, die nach »außen« noch keine Folge hat, als

$$A : A,$$

und die danach beginnende »wissende« Spiegelung, die die Folge eines beginnenden Selbstverständnisses und damit einer Ex-Sistenz im Sinne des Wortes hat, als

$$A < - > A.$$

Das Wissen von der Existenz des Einen verändert es sich selbst gegenüber; es ist wissend ein anderes aus sich selbst geworden und lebt oder ist mit diesem Wissensbestand, mit dem es als Ausgangswissen (These) in die nächste Reflexion (Anathese) geht, und so fort. Diesen Prozeß der »Werdung durch Wissen« aus dem »Nichtsein durch Nichtwissen« nenne ich

$$A : (A),$$

womit ich den ganzen Prozeß für ein Eines, das sich existent »macht« so formulieren kann:

$$A : A \text{ als } A < - > A \rightarrow A : (A).$$

Wenn wir diesen Prozeß beliebige Male wiederholen, dann hat sich das Eine, wie schon besprochen, in ein anderes verwandelt ($A = > B$). Dieses andere (B) durchläuft nun als abgegrenzte, einheitliche und eigenständige Existenz denselben Prozeß, den A als Eines durchlief ($A -> (A)$). Beide Prozesse kommunizieren nun derart miteinander, daß der Prozeß (B) zur Anathese zum

Prozeß (A) wird, was sich aus seiner strukturellen und raumzeit-
lichen Abhängigkeit ergibt:

These   A : A als A $< - >$ A $\rightarrow$ A : (A)
Anathese   B : B als B $< - >$ B $\rightarrow$ B : (B)
Synthese   A : (B) $\rightarrow$ Summe (A:B)

Die sich ergebende Synthese ist ein integraler Summenbegriff
über die beiden Funktionen (A) und (B), wobei die jeweilige
Wirkproportion nicht erfaßt wird, da sie nur über die in der Voraussetzung der Wirkung erfaßbaren Parameter einbringbar ist.

Ich wiederhole: die Form ist das Ergebnis der Interaktion
zwischen (A) und (B) und damit ein antithetischer Prozeß.

Daher möchte ich die Antithese mit ihrer Vielfalt von Wirk-
lichkeitsbildungen besonders darstellen, um damit auch das Verständnis dafür zu wecken oder zu festigen, daß die Dinge der
Welt weder aus dem entwerfenden Willen eines planenden Sub-
jektes, das wir Gott nennen (und in ihm einen Katalog menschlicher Unzulänglichkeiten hyperstasieren, also übertreiben), noch
dem blinden Zufall (der eigentlich wiederum ein intelligentes
Steuerungssystem darstellte, wenn er die Welt wirklich gebildet
hätte), unterworfen sind, sondern einer sehr genau definierbaren
Regel des Handelns und damit des Verhaltens gehorchen. Diese
Regeln führen aus der menschlichen, sehr kurzfristigen Sicht zu
Willküren und Zufälligkeiten, weil der menschlichen Art in der
kurzen Zeit zwischen Intelligenzerwerb und Niedergang kaum
eine Möglichkeit bleibt, die steuernden und hintergründigen Zusammenhänge zu erfassen. Aus mittelfristigerer oder gar langfri-
stiger Sicht allerdings stellen sich die weltlichen Prozesse als sehr
folgerichtig dar, selbst wenn damit bestimmte Spezien von Da-
seinsformen tödlich überflüssig werden, weil sich der in ihnen
ausgedrückte Versuch des Wissenserwerbs als Selbsterfahrung
entweder in der Methode überlebte oder als nur sehr kurzfristig
sinnvoll erwies.

Die für den Menschen wirklichkeitsbildende Antithetik soll
noch kurz näher betrachtet werden:

Nachdem die Interaktionen zwischen den ana- und den antithetischen Prozessen genügend beschrieben wurden, soll nun die
Interaktion zwischen den Formen der These und Antithese als
Ausdruck der endlosen Vielfalt der Erscheinungen im Weltganzen formuliert werden:

Formel: These $< \to$ Antithese $=>$ antithetische Synthese

Diese Grundbeziehung läßt sich beliebig spezialisieren, beispielsweise als Interaktion in aufsteigender, einfacher Spezialisierung der Reihe A_o, A_1, A_2, ... A_n, A_{oo}. Der hintangestellte Akzent $'$ bedeutet, daß es sich um einen bereits im Gange befindlichen, nicht beginnenden Prozeß handelt, und der vorangestellte Akzent $'$, daß das Ergebnis keine Folgerung aus einer (anathetischen) Clonung, sondern aus einer (antithetischen) Transformation $(A \to B)$ ist.

Beispiel:

$$A_o' \leftrightarrow A_1' \quad => \quad 'B_{o,1}$$
$$A_1' \leftrightarrow A_2' \quad => \quad 'B_{1,2}$$
$$A_2' \leftrightarrow A_3' \quad => \quad 'B_{2,3}$$
$$A_3' \leftrightarrow A_4' \quad => \quad 'B_{3,4}$$
$$A_4' \leftrightarrow A_n' \quad => \quad 'B_{4,n}$$
$$A_n' \leftrightarrow \ldots A_{oo}' \quad => \quad 'B_{n,oo}$$

Zu der nun dargestellten Interaktion in aufsteigender, mehrfacher Spezialisierung der Reihe $(A_o, A_1, A_2, \ldots A_{oo}) => ''B_{(o\ldots oo)}$ kommunizieren auf der einen Seite mehrere Voraussetzungen (A_x) miteinander, die zu vielfältigen Mischsummen $(^{xx}B_n)$ führen. Diese Formeln zeigen die unbegrenzten Möglichkeiten der Komplexbildung von Formen.

Beispiel:

$''B_{o,1}$
$$< = A_o'' \leftrightarrow A_1''$$
$''B_{o,1,2}$
$$< = A_o'' \leftrightarrow A_1'' \leftrightarrow A_2''$$
$''B_{o,1,2,3}$
$$< = A_o'' \leftrightarrow A_1'' \leftrightarrow A_2'' \leftrightarrow A_3''$$
$''B_{o,1,2,3,4}$
$$< = A_o'' \leftrightarrow A_1'' \leftrightarrow A_2'' \leftrightarrow A_3'' \leftrightarrow A_4''$$
$''B_{o,1,2,3,4,n}$
$$< = A_o'' \leftrightarrow A_1'' \leftrightarrow A_2'' \leftrightarrow A_3'' \leftrightarrow A_4'' \leftrightarrow A_n''$$
$''B_{o,1,2,3,4,n,oo}$
$$< = A_o'' \leftrightarrow A_1'' \leftrightarrow A_2'' \leftrightarrow A_3'' \leftrightarrow A_4'' \leftrightarrow A_n'' \to \ldots A_{oo}''$$

Auch hier ist die Darstellung als Ausschnitt aus einem bereits als laufend angenommenen Prozeß zu verstehen, was die vor- und hintangestellten Akzente ' andeuten.

Die Interaktion in logisch verknüpften Verkettungen führt zu den entsprechenden transformierten Synthesen, wobei A_a eine logische Folge von A_o ist, obgleich gilt, daß $A_o = /= A_a$ ist.

Beispiel:

$'''B_{/a-z/}$
$\quad < = A_o''' \leftrightarrow A_a'''$

$'''B_{/a-z/}$
$\quad < = A_o''' \leftrightarrow A_b''' \leftrightarrow A_c'''$

$'''B_{/a-z/}$
$\quad < = A_o''' \leftrightarrow A_d''' \leftrightarrow A_e''' \leftrightarrow A_f'''$

$'''B_{/a-z/}$
$\quad < = A_o''' \leftrightarrow A_g''' \leftrightarrow A_h''' \leftrightarrow A_i''' \leftrightarrow A_k''' \dots$

$'''B_{/a-z/}$
$\quad < = A_o''' \leftrightarrow A_l''' \leftrightarrow A_m''' \leftrightarrow A_n''' \leftrightarrow A_o''' \dots$

$'''B_{/a-z/}$
$\quad < = A_o''' \leftrightarrow A_p''' \leftrightarrow A_q''' \leftrightarrow A_r''' \leftrightarrow A_x''' \dots$

Die nach den Spielregeln der Wahrscheinlichkeit sich ereignenden Interaktionen in nichtlogisch verknüpften Verkettungen erweitern die Vielfalt der Formen, wobei A_z keine logische Folge von A_o ist, sondern ein beliebig sich antithetisch gebildeter Prozeß, der nun mit A_o kommuniziert:

Beispiel:

$''''B_{/o,a-z/}$
$\quad < = A_o'''' \leftrightarrow A_z''''$

$''''B_{/o,a-z/}$
$\quad < = A_o'''' \leftrightarrow A_y'''' \leftrightarrow A_z''''$

$''''B_{/o,a-z/}$
$\quad < = A_o'''' \leftrightarrow A_x'''' \leftrightarrow A_y'''' \leftrightarrow A_z'''' \dots$

$''''B_{/o,a-z/}$
$\quad < = A_o'''' \leftrightarrow A_z'''' \leftrightarrow A_h'''' \leftrightarrow A_a'''' \dots$

Der Sinn dieser ganzen Ableitungen besteht darin, verständlich zu machen, wie die scheinbar ungeordnete Vielfalt der Erscheinungen einen strukturellen und formalen Bildungshintergrund haben, der einsehbar ist, wenngleich bei dem bis hierher Erreichten noch keine einheitliche Logik geleistet wurde, die die Hintergründe der einzelnen Formen erklärbar macht. Dies wird, als weiterer Schritt, der Darstellung des Seins vorbehalten bleiben. Neben dem akademischen Interesse an der Lösung des Problems, wie die Welt aus einem Begriff heraus interpretierbar würde, haben wir mit unserem spagyrischen Denken einen sehr praktischen Anlaß, dieses Problem zu lösen: Wir möchten damit eine einheitliche Formel für die Interpretation der Existenz der Welt, des Menschen, für seine körperlichen Krankheiten und seine seelischen und geistigen Abirrungen und Blockaden finden, damit wir, wenn wir bestimmte Formen des menschlichen Verhaltens erkennen, die auslösenden und verursachenden Hintergründe nicht mehr mutmaßen müssen, sondern wissen können.

Dritter Grundsatz:

Die Darstellung des Seins

(1) Kurzdarstellung

Das Sein läßt sich darstellen in seinem inneren, anathetischen Bildungsprozeß und seinem äußeren, gewissermaßen erscheinenden, der antithetisch organisiert ist. Die innere Anathese verläuft über:

Nichtsein → Unsein = > Sein,

der antithetische Prozeß läuft von dem erscheinenden Bestand des Seins aus:

Sein
→   Reflex
= > Ereignen als Raum
    Zeit als Erinnern des Ereignens.

Anfänglich hatte ich den Prozeß (Sein → Reflex = > Ereignis) auch als anathetisch beschrieben. Dies ist und war richtig für die Beschreibung des Prozesses als des inneren Ablaufes, wie es überhaupt zu dem grundsätzlichen Prozeß des Ins-Sein-Tretens über (Nichtsein → Unsein = > Sein) kommt; die nachfolgende Darstellung als Antithese setzt das anathetische Sein voraus, um nun die Reflexion in dessen Einheit als Sein (im Sinne eines Seinsfeldes) zu ermöglichen.

(2) Beispiele

Das Sein ist vielfältig, es zeigt sich in unendlich vielen Formen und grenzenlos; es ist für uns Menschen nicht in derselben Vielfalt, die es besitzt, begreifbar oder gar darstellbar. Wir müssen uns auf unsere Fähigkeiten des Denkens beschränken und damit eine Form finden, die der Struktur des Seins möglichst nahe kommt und seine Vielfalt bei Bedarf ausschnittsweise nachvollziehen kann.

Zu diesem Zweck habe ich das folgende Modell entwickelt, das ich in diesem Buche nur ansatzweise erläutern kann, da mir der Platz zu einer vollständigen Darstellung fehlt, das ich aber dennoch anführen möchte, da es demjenigen, der sich tiefer mit der Spagyrik beschäftigt und die entsprechenden Grundlagen aus meinem Buch »Spagyrik – Die medizinische Alternative« aufgearbeitet hat, eine wesentliche Orientierungshilfe in den interaktiven Energie- und Prozeßfeldern des Seins in der Welt gibt, einer Landkarte vergleichbar, die zwar nicht die sichtbare Wirklichkeit ersetzt und dazuhin diese Wirklichkeit unangemessen verkleinert, die aber dennoch ein gutes Abbild dieser Wirklichkeit in dem Sinne erzeugt, daß man sich orientieren kann, daß man weiß, »wo« man ist. Da wir ganz am Anfang dieses Buches davon sprachen, die Dinge der Welt in unsere Sprache umsetzen zu müssen und da wir eine Regel des logischen Handelns im Dreischritt der Anathetik und dann der Antithetik erarbeitet hatten, möchte ich die Regeln, wie wir die Wirklichkeit für uns verständlich ordnen können, die Satzbauregeln oder die »Syntax« der spagyrischen Sprache nennen und damit anzeigen, daß unter den Bedingungen der Logik der Dreischrittigkeit die Wirklichkeit für uns Menschen deutbar ist, wenn ihre Erscheinungen nach den Regeln des Satzbaues, der spagyrischen Syntax, erst verstanden (Dreischritt) und dann in einen neuen Sinnzusammenhang (Syntax) gebracht werden. Was uns dann »lediglich« noch fehlt, ist die Bedeutung der einzelnen Formen, der einzelnen Wirklichkeits»wörter« für die menschliche Sprache, die daraus menschliche Sprach»wörter« macht. Wie dieses

Wörterbuch allgemein zu erstellen sein wird, kann man am Ende dieses Kapitels nachvollziehen; wie die einzelnen, wirklichkeitsabhängigen Wörterbücher dann aussehen, hängt von den jeweiligen Anforderungen ab, die man an sie stellt. Schließlich ist es wohl einsichtig, daß ein Physiker andere Wünsche an solch ein Wörterbuch stellen wird als ein Heilkundiger und daß die Überfrachtung des Heilkundewörterbuches mit physikalischen Daten dem Heilkundler nur Unübersichtlichkeit und Mühe bescherte und umgekehrt. Da wir in diesem Buch aber die Heilkunde zum Thema haben, werden wir uns mit den Grundsätzen der heilkundlichen Umsetzung allgemeiner, den Körper und seine Funktion betreffender Daten in die menschliche Sprache, aber auch in die menschlich-medizinische Sprache beschäftigen, obgleich diese keineswegs folgerichtig aufgebaut ist, aber als geschichtlich gewachsene Informationsschiene ihre konventionelle Berechtigung hat, da sie von vielen verstanden wird.

Die spagyrische Syntax

1 Formale Phase als autoformer Prozeß

I	a	Nichtsein	
II	a′	Unsein	Reflex
III	(a′)	Sein	Ereignen als Raum →
			Zeit als Erinnern des Ereignens.

2 Reale Phase als abhängiger Prozeß

IV	1	Biogenie	allgemeine, reale form	Weltall-	Urgott
V	2	Phylogenie	reale Eigenschaft	Sonnen	»Lichter«
VI	3	Zoogenie	reale Individualität	Planeten	Götter
				Erde:	
VII	4	Soziogenie	individueller Wille	Luft	Küren
VIII	5	Individualgenie	individuelle Geschichte	Wasser	Helden
IX	6	Differentialgenie	individuelle (Zeit) Form	Festes	Mensch
X	7	Dynamogenie	multivalente Raum(form)	–	Tier
XI	8	Metabolgenie	multivalente n-Kommunikation	–	Pflanze
XII	9	Substanzgenie	multivalente n-Energieträger	–	Mineral

Dazu eine kleine Worterklärung, die das weitere »Brüten« über die angegebenen Zusammenhänge erleichtern soll:

Biogenie: Bildungsprozeß des Lebens als Eigenschaft im Sein.
Phylogenie: Bildungsprozeß von Gemeinsamkeiten.
Zoogenie: Bildungsprozeß abgeschlossener biologischer Einheiten.
Soziogenie: Bildungsprozeß von Verhaltensgemeinschaften.
Indiviudalgenie: Bildungsprozeß der Vereinzelung im Gemeinen.

49

Differentialgenie: Bildungsprozeß der Unterscheidung im Gleichen.

Dynamogenie: Bildungsprozeß der physischen Beweglichkeit.

Metabolgenie: Bildungsprozeß eines individuellen Stoffwechsels.

Substanzgenie: Bildungsprozeß physischer Dichte und Abgrenzung.

Im übrigen wird man unschwer die Logik des Dreischritts in dieser Syntax erkennen, die in absteigender vertikaler Linie anathetisch ist und in horizontaler antithetisch.

(3) Theorie

Ich fasse den inneren und äußeren Seinsschritt so zusammen, daß der innere, der anathetische horizontal erscheint und der äußere, der formenbildende und antithetische vertikal:

a   Nichtsein → Unsein = > Sein
:   :
a′   Reflex
:   :
(a′)   Ereignen als Raum
        → Zeit als Erinnern des Ereignens.

Ich möchte nun die einzelnen Bildungsphasen etwas aufspreizen, um ihren Hintergrund zu klären:

a-Phase (These): Nichtsein → Unsein = > Sein

Die Form dieses Seins bildet sich aus der undichten Feldmasse gegen eine dichtere, wobei in den Übergangszonen hochenergetische Turbulenzen entstehen; dies können wir uns etwa so vorstellen (siehe Seite 51 oben):

Das dichte Feld muß nicht wirklich dicht mit Feldteilchen besetzt sein, um in der Randzone die hochproduktiven Turbulenzfelder zu erzeugen; es genügt bereits ein »dichter« sein als das andere Feld. Wir verstehen nun auf der Grundlage des bis hierher Hergeleiteten, daß das dichtere Feld der Reflex des weniger dichten sein kann und daß dieser Reflex von Feld zu Feld eine clonische Fortsetzung der Eigenschaften des Ausgangsfeldes ist;

Homogenes undichtes Feld:	Homogenes dichtes Feld:	Gemischt in/homogenes Feld:	Gemischt in/homogenes Feld mit hochenergetischen Randturbulenzen
. . . . .	:::::::::	. . . .	. . . .
. . . . .	:::::::::	. . . .	. . . . .»×« . . . . .
. . . . .	:::::::::	. . ::. . . .	. . . .»>I::I« . . . .
. . . . .	:::::::::	. . . ::::: .	. . . . .»>I::::I«. .
. . . . .	:::::::::	. .::::::. . .	. . . ⟩I::::::I« . . .
. . . . .	:::::::::	. .::::::. . .	. . . »>I::::::I« . . .
. . . . .	:::::::::	. .::::::. . .	. . . »>I::::::I« . . .
. . . . .	:::::::::	. . . ::: . .	. . . . .»>I::I«. . .
. . . . .	:::::::::	. . . .	. . . . . .»>I«. . . .
. . . . .	:::::::::	. . . .	. . . .

die antithetische Verselbständigung findet allerdings in der Turbulenzzone statt, wenn sich die beiden Felder nicht mehr reflektieren, sondern sich begegnen und dabei vermischen. Die turbulenten Randzonen setzen die unterschiedlichen Energiepotentiale, die sich aus den unterschiedlichen Felddichten der beiden Felder ergeben, über konzentrierte, gebündelte und relativ stabile energetische Sammelfeldchen hoher Anzahl um. Diese Bündelfeldchen können sich entweder in die weniger dichte Feldstruktur des einen Feldes hineinwirbeln und so ihre Energie streuen, was ihre eigene Differenziertheit zur Folge hat, oder aber sie bleiben bestehen, wenn die beiden Großfelder nicht mehr weiter aufeinander zuwandern und bilden eine Gürtelzone hoher formaler und energetischer Kraft. Hier werden die Sprünge in der Formenentwicklung der Welterscheinungen vollzogen, denn das Bild der sich mischenden ungleichen Felder ist auf jeden kommunikativen Akt im Weltganzen zu übertragen.

Für unser bisher linear ausgerichtetes Denken ungewohnt, dennoch aber faszinierend ist die Doppelwertigkeit der anathetischen Prozesse, die sich ihre eigene Antithese schaffen. Der gerade besprochene Komplex von Abläufen wird gefaßt unter dem Begriff »Sein«.

Wenn dieser Komplex »Sein« wiederum als abgeschlossene

Feldgröße verstanden wird, dann kann sie als solche wie eine Einheit nach außen oder nach innen wirken und als Subjekt einer Handlung begriffen werden. Also der Komplex

»Sein« $< =$ (Unsein $\leftarrow$ Nichtsein)

reflektiert sich selbst als Komplex

»Sein« $< =$ (Unsein $\leftarrow$ Nichtsein);

dies führt zu:

a'-Phase (Anathese):

Reflex des (Nichtsein $\rightarrow$ Unsein $=>$ Sein) als Eigenschaft »Sein«,

oder: Formenbildung des Seins durch Clonen.

Beide Komponenten (Nichtsein:Unsein) lassen sich folgendermaßen darstellen:

inneres Clonen oder die autoduktive Anathese:

$$A_0:A_0':A_0'':A_0''':A_0'''':A_0''''':A_0'''''':A_0\ldots:$$
$$A_1:A_1':A_1'':A_1''':A_1'''':A_1''''':A_1'''''':A_1\ldots:$$

äußeres Clonen oder die extraduktive Anathese:

$$A_0:A_1:A_2:A_3:A_4:A_5:A_6:A_n\ldots:\ldots A_{\infty}$$

Wenn man jeden extraduktiven Clonschritt zum Ausgangspunkt einer autoduktiven Clonung nimmt, dann eröffnet sich eine weitere Formenreihe der Wirklichkeit, in der die Eigenschaften der jeweiligen Clon-Thesen autoduziert, selbst herbeigeführt werden:

These: Anath $\rightarrow$ Synth : Anath $\rightarrow$ Synth : Anath $\rightarrow$ Synth: $\ldots \rightarrow$
$A_0 : A_0' \rightarrow (A_0') : A_0'' \rightarrow (A_0'') : A_0''' \rightarrow (A_0''') : A_0 \ldots \rightarrow$
$A_1 : A_1' \rightarrow (A_1') : A_1'' \rightarrow (A_1'') : A_1''' \rightarrow (A_1''') : A_1 \ldots \rightarrow$
$A_2 : A_2' \rightarrow (A_2') : A_2'' \rightarrow (A_2'') : A_2''' \rightarrow (A_2''') : A_2 \ldots \rightarrow$
$A_4 : A_4' \rightarrow (A_4') : A_4'' \rightarrow (A_4'') : A_4''' \rightarrow (A_4''') : A_4 \ldots \rightarrow$
$\ldots\ldots\ldots\ldots\ldots\ldots\ldots\ldots\ldots\ldots\ldots\ldots\ldots\ldots\ldots\ldots\ldots\ldots$
$A_{\infty} : A_{\infty}' \rightarrow (A_{\infty}') : A_{\infty}'' \rightarrow (A_{\infty}'') : A_{\infty}''' \rightarrow (A_{\infty}''') : A_{\infty} \ldots \rightarrow$

(a′)-Phase (Synthese):

Ereignen als Raum
-> Zeit als Erinnern des Ereignens, ein Vorgang, der eigentlich schematisch am besten so dargestellt werden kann:

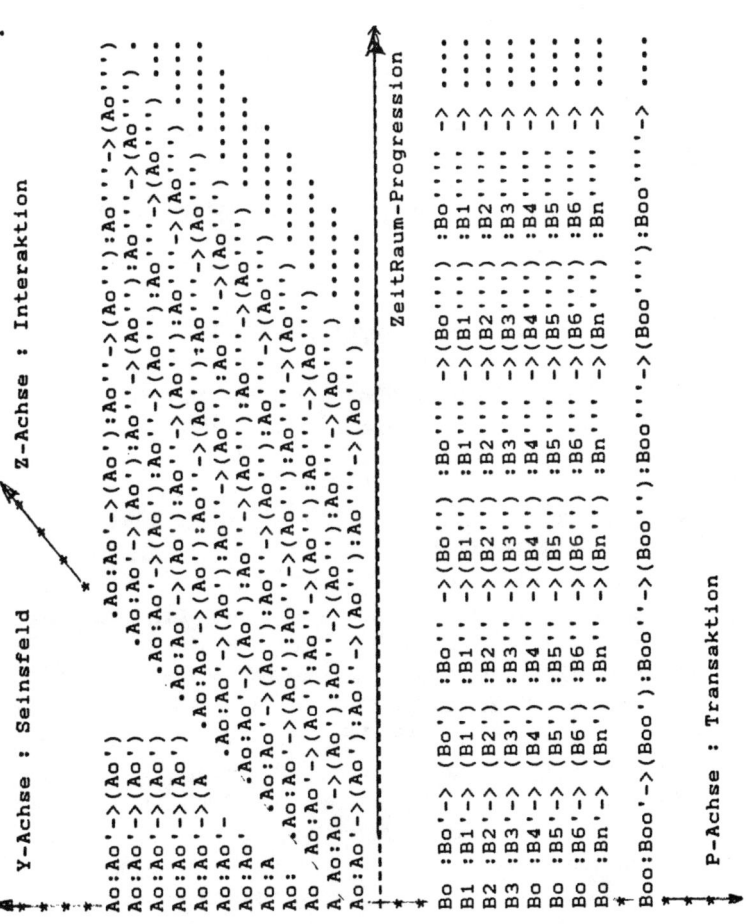

Ich will dieses Schema erklären, indem ich die Eigenschaften der Achsen skizziere:

Y-Achse =

/Seinsfeld/ < = Feldbestand ← (gleichzeitige Anwesenheit gleicher Einer);

X-Achse =

/ZeitRaumProgression/ < = Clonen
← (Progression der Anathese in der antithetischen Raumzeit);

Z-Achse =
/Interaktion/ < = Antithese ← (Progression der Strukturen);

P-Achse =
/Transaktion/ < = Antithese ← (Progression der Formen).

III Inhalte des spagyrischen Denkens

Ich komme hier zu dem sehr knapp und konzentriert dargestellten Mitteninhalt des spagyrischen Denkens, das das Raster, das Muster und den Rahmen aller spagyrischen Tätigkeiten einschließlich der Heilkunde abgibt, mit der wir uns im Anschluß daran und hauptsächlich in diesem Buche beschäftigen wollen. Es ist mir durchaus bewußt, daß nicht nur die Kürze, sondern auch der Gegenstand des nachfolgend Angebotenen eine Zumutung für einige Leser sein wird. Diese sollten sich weder über meinen Text noch über mich grämen, sondern entweder die folgenden Seiten bis zum Beginn des nächsten Kapitels überschlagen oder – besser noch – die Texte und Formeln lesen, ohne nach einem unmittelbaren Verständnis zu fragen um sie auf sich wirken zu lassen wie ein modernes, wenngleich nicht abstoßendes Gemälde, dessen Sinn sich auch oft erst nach einer Weile der Besinnung, der Erinnerung und oft auch des nachholenden Erlebens erschließt. Damit aber Gemälde und spagyrische Philosophie wirksam werden können, müssen sie angesehen und gemerkt werden, – ohne, wie gesagt, sofort verstanden werden zu müssen.

Das spagyrische Denken in seinen produktiven Phasen, die aus den metaduktischen erarbeitet wurden, geschieht in den drei grundsätzlichen Schichten (oder Prinzipien), die ich hier als thematisches Motiv einfügen und zu besinnen geben möchte, obgleich sie der Form wie dem Inhalt nach eine gelegentlich erst später verständliche Zusammenstellung der in allen Dimensionen durchgängigen und einheitlichen Wirklichkeitsfelder der Spagyrik darstellen. Die dabei verwendeten bekannten Kopfbegriffe

These/Anathese/Synthese oder
Satz/Entsatz/Gesatz

wurden als wesentliche Grundsätze des spagyrischen Denkens gerade erläutert. Jedoch an dieser Stelle sollte – auch ohne weiterführende Kenntnisse der metaduktiven Zusammenhänge – bei jedem Leser ein eigenes und seinen eigenen Vorstellungen entsprechendes Bild von diesen sogenannten Prinzipien entstehen, das er dann entsprechend seinem schrittweisen Begreifen des spagyrischen Denkens verändern kann. So bemerkt er anhand seines sich verändernden Verständnisses, was und ob er während der Lektüre dieses Buches gelernt hat.

Die Inhalte des spagyrischen Denkens gliedern sich in drei Komponenten:

1. *Organisationsprinzipien*
2. *Funktionen*
3. *Parameter*

1 *Organisationsprinzipien* des spagyrischen Denkens:

1 These oder Satz:
(Prinzip der) *Einheitlichkeit*
      als die Einheitlichkeit
      des Seinsfeldes allgemein,
      des Weltalls,
      der Groß/Klein/Einzelsysteme,
      der ichlosen und ichhaften Organisationsformen
      mit und ohne Leben;

2 Anathese oder Entsatz:
(Prinzip der) *Spiegelung*,
    als die Spiegelung
      des Seins in sich,

des Weltalls in seinen Teilen,
der Systeme in den Organisationsformen und der
Organisationsformen in den Formfeldern;
Bildung eines einheitlichen kommunikativen Feldes.

3 Synthese oder Gesatz:
(Prinzip des) *Ereignis*
als das Ereignis
des Seienden in sich,
der seienden Strukturen in und außer sich,
der Systemfelder und
der Organisationsfelder in vielfacher, in der Verviel-
fältigung unbegrenzter Äußerung des eigenen Planmusters.)

Diese Organisationsprinzipien bilden die folgenden allgemeinen,
transdimensionalen Funktionen aus:

2 *Funktionen* des spagyrischen Denkens:

1 These oder Satz:
Die Funktionen der *Einheitlichkeit* sind:
Einheit einer zeiträumlichen,
zeitunräumlichen oder
unzeitigen Figur;
Auflösung der Einheit durch eben diese Einheit;

2 Anathese oder Entsatz:
Die Funktionen der *Spiegelung* sind:
Eigenspiegelung (Eigenreflex);
Gegenspiegelung der Eigenspiegelung;
Assoziationsreihen als Folgerungen der
unendlichen oder
endlichen
Systemfelder und der
Organisationsfelder
(in vielfacher Äußerung, in der Vervielfäl-
tigung unbegrenzter Äußerung des eige-
nen Planmusters.)

3 Synthese oder Gesatz:
   Die Funktionen des *Ereignisses* sind:
   Komplexbildung durch
      Addition und dann Summation;
   Gestaltbildung durch
      Integration und dann
      Extrapolation;
   Reflexbildung von Wirklichkeit aus der
      (überschreibenden) Modulation der Gestalt auf den
      Komplex.

Diese Funktionen (2) des spagyrischen, pro-duktiven Denkens sind die in der Welt konkretisierten Inhalte der Organisationsgrundsätze (1), die wir über die Ordnungsmechanismen der Parameter (3) fassen und begreifen lernen (siehe unten).

Diese Grundüberlegungen führen zu folgendem Muster der Parameter, mit denen sich die Weltvorgänge aus spagyrischer Sichtweise ordnen lassen. Diese als Auflistung evolutionärer Prozesse zu verstehenden Muster, die im Sinne einer historischen Zeitlichkeit nachzeitig-linear sind, im Sinne einer allgemeinen Raumzeitlichkeit jedoch jedzeitig, die also zu jedem »Augenblick« geschehen können, bilden das metaduktive Gerüst für den metaphysischen Hintergrund der Spagyrik und für alle davon abgeleiteten praktischen Systeme, zum Beispiel der spagyrischen Heilkunde mit Diagnose und Therapie.

3 *Parameter* der Raumzeit

Grundlagen des spagyrischen Koordinatensystems der Formen

1 These oder Satz:
                    Feldphase
   1 Thetische Struktur
      T1 These   Homogenes un/dichtes Feld
      A1 Anathese   Inhomogenes un- und dichtes Feld
      S1 Synthese   Differentialfeld $F_{D(S1)}$ über A1 = f(T1)
führt zur:
   2 Anathetische Struktur
      T2 These   Differentialfeld $F_{D(S1)}$ als zyklische, reverse, verdichtende und zentripedale Bewegung

| A2 Anathese | zyklische, exverse, entdichtende und zentrifugale Bewegung |
| S2 Synthese | energieverdichtende, strukturentdichtende RaumZeit |

führt zur:

3 Synthetischen Struktur

T3 These	Integrale RaumZeit des /n-RaumFeldes/
A3 Anathese	Kommunikative, interaktive, beliebige n-RaumZeitFelder, die sich identifikatorisch gegeneinander abgrenzen.
S3 Synthese	Organisation eines beliebigen /n-RaumZeit-Feldes/ mit instabilen Strukturfeldern mit der Tendenz zur (harmonischen) Stabilität.

2 Anathese oder Entsatz:

Formphase

T1 These	Heinz-Plato-Reihe
A2 Anathese	Bewegung als Transformationsprinzip: die Duktionen
S1 Synthese	Veränderungen der Heinz-Plato-Reihe durch die Duktionen.

3 Synthese oder Gesatz:

Gestaltphase

Die Gestaltphase ist zu verstehen als die zeiträumliche Ausbildung der unkörperlichen und nur feldartig wirkenden Formen der Formphase. In der Gestaltphase treten die Seinsformen in die Seinswirklichkeit, die wir als Körper und Figuren darstellen können. Die Gestaltung der Raumzeit ist die synthetische Integration ihrer thetisch/anathetischen Parameter und drückt sich in einem trithetischen Teilprozeß aus, der aus folgenden, bereits hergeleiteten Feldwirklichkeiten besteht:

IV Die Möglichkeiten mit diesem spagyrischen Denken als die Realisierung der Gestaltphase

Gliederung der *Gestaltphase*:

1 These: Heinz-Plato-Linie
2 Anathese: Duktionen
3 Synthese: ZeitRaumRealität

Ich möchte die einzelnen Realisierungsmöglichkeiten der Gestalt im Dreischritt darstellen:

1 These: Heinz-Plato-Linie

Die These geht von einem Punkt aus und kehrt wieder zu diesem zurück. Die Zeit zwischen Punkt:Punkt ist unbestimmt und kann gedanklicherweise die gesamte Zeit der Dauer des Universums einnehmen. Vom Punkt ausgehend entwickelt sich eine zentrifugale Bewegung, die den Raum mit der jeweils äußeren Begrenzung ihres durch die Ausdehnungsgeschwindigkeit gebildeten Feldes bestimmt. Wenn die nach außen drängenden Zentrifugalkräfte die nach innen haltenden, zentripedal wirkenden Kräfte übersteigen, dann verliert die äußere Feldhülle ihre bisherige kugelartige Form: Das durch die Kugeloberfläche gebildete, homogene (wie auch immer geartete) Feld unterschreitet bei weiterer Ausdehnung ihre mögliche stabile Oberflächendichte. Bei weiterer Ausdehnung würde sie reißen und die gesamte Form zerstören. Dies wird durch einen vorgeschalteten »Kniff« des Seins, das seine jeweils angenommene Organisationsform nur über einen dimensionalen Sprung in eine andere Qualität ändern möchte (und bei über- oder überschüssigen Energielagen, wie dies bei einer »dünner« werdenden Oberfläche der Fall ist, die überschüssigen Energien in sofort ausgeworfene Clonkörper wandelt, die unterschüssige Energie jedoch sammelt, indem sie die bis hierher erreichte räumliche Ausdehnung zwar beibehält, aber die Dichteverteilung verändert) organisiert: an die Stelle einer homogenen Verteilung treten nun Felder höherer und Felder niederer Dichte. Das dichte Feld erreicht die Ausgangsdichte, das weniger dichte behält sich jenes Minimum, das nötig ist, um die Gesamtform aufrechtzuerhalten. Die dichten Felder erscheinen als Dichteknoten (die sich im Raumkörper als Ecken ausdrücken) und die weniger dichten Felder als plan/konvex/konkave Flächen, die in die netzartig verbundenen Knoten eingehängt erscheinen. Die so entstandenen geometrischen Körper können un/regelmäßig und in/stabil und un/harmonisch sein. Die instabilen Zustände werden immer Durchgänge zu stabilen sein. Und die unregelmäßigen oder unharmonischen haben zwar einen gewissen Bestand, sind aber an Stabilität und ausgeglichenem Feldverhalten den harmonischen und regelmäßigen unterlegen. Der Prozeß geht von der Stabilität über eine zwischengeschaltete Instabilität zur nächsthöher organisierten Stabilität; entsprechend verhält es sich mit den Qualitäten Harmonie und Regelmäßigkeit. Ich bezeichne einen Körper als harmonisch, wenn seine Knoten und Flächen in einem solchen Verhältnis zueinander stehen, daß die Feldkräfte ausgeglichen sind und einen Zustand höchster Trägheit ausbilden, also eine Veränderung des Körpers fast unmöglich machen. Als regelmäßig bezeichne ich einen Körper, wenn seine Flächenkanten dieselbe Länge aufweisen. Diese regelmäßigen und auch harmonischen Körper nennt man die Platonischen Körper. Den ganzen Prozeß, der nachfolgend schematisch beschrieben ist, nenne ich die Heinz-Plato-Reihe oder den Heinz-Plato-Prozeß, um auszudrücken, daß die Platonischen Körper in dieser ZeitRaum-Bildungs-Projektion des spagyrischen Denkens eingebettet sind.

Ich fasse die These, die grundlegend für das Verständnis der Gestaltbildung in sinnlicher Wirklichkeit ist und uns damit einen Schlüssel zur »Katalogisierung« der Wirklichkeit liefert, im Sinne unseres angestrebten Wörterbuches – von der Seinssprache zur Gestaltsprache zur Funktionssprache zur Menschensprache – folgendermaßen zusammen: alle Seinsfelder haben die Neigung, aus sich (anathetisch) zu treten; dabei durchlaufen sie instabile Zustände, die jeweils in stabilen, harmonischen (und für die Körperbildung regelmäßigen) enden. Die Gestalten der Welt organisieren sich nach der Projektion der Heinz-Plato-Reihe:

Schematischer Ablauf der Heinz-Plato-Reihe:

Feld: A : A' : (A')
Form: Punkt : Punkt' : (Punkt')
Gestalt: Punkt : Kugel : Punkt'
(Punkt)
    - > (zentrifugale Bewegung)
    - > (unregelmäßige Körper)
    - > (n < 4-Eder)

- > Tetraeder
  - > ($4 < n < 6$-Eder)
  - > (unregelmäßige Körper)
- > Hexaeder
  - > ($6 < n < 8$-Eder)
  - > (unregelmäßige Körper)
- > Oktaeder
  - > ($8 < n < 12$-Eder)
  - > (unregelmäßige Körper)
- > Dodekaeder
  - > ($12 < n < 20$-Eder)
  - > (unregelmäßige Körper)
- > Ikosaeder
  - > ($20 < n < oo$-Eder)
  - > (tangentiale Radialbewegung)
- > (Kugel)

- > ...

- > Ikosaeder
  - > ...
- > Dodekaeder
  - > ...
- > Oktaeder
  - > ...
- > Hexaeder
  - > ...
- > Tetraeder
  - > ...
(Punkt)

Diese Heinz-Plato-Reihe (Heinz-Plato-Linie) ist das Rückgrat der Formenbildung, an dem die einzelnen Wirbel die harmonischen Körper darstellen und die unharmonischen die Weichteile, beispielsweise die Bandscheiben. Von den einzelnen Wirbeln gehen seitwärts die Rippenbögen ab, aus den Wirbelzwischenräumen treten Gefäße und Nerven aus. Diese Nebenformen werden wir später als die sogenannten Duktionen kennenlernen, als die Abwandlungen der auf der Heinz-Plato-Linie liegenden Grundformen. Mit diesen »Rippenbögen« der Heinz-Plato-Linie, mit den Duktionen, wird die Variabilität der weltlichen Formen beschreibbar, übersehbar und einordbar.

```
Ord.-
nr.
                Stabile und harmonische (Körper)Phasen
                 •       Instabile und harmonische (Körper)Phasen
                 •       •       Instabile und in/dys/harmonische
                 •       •       •             (Körper)Phasen
                 •       •       •
00              >- (Punkt)   •
10                      -> (zentrifugale Bewegung)
11                              -> (unregelmäßige Körper)
12                      -> (n<4-Eder)
20              -> Tetraeder
21                      -> (4<n<6-Eder)
22                              -> (unregelmäßige Körper)
30              -> Hexaeder
31                      -> (6<n<8-Eder)
32                              -> (unregelmäßige Körper)
40              -> Oktaeder
41                      -> (8<n<12-Eder)
42                              -> (unregelmäßige Körper)
50              -> Dodekaeder
51                      -> (12<n<20-Eder)
52                              -> (unregelmäßige Körper)
60              -> Ikosaeder
61                      -> (20<n<oo-Eder)
63                              -> (tangentiale Radialbewegung)
70              -> (Kugel)
```

und, wieder rückläufig:

```
-> (70 ... 60 ... 50 ... 40 ... 30 ... 20 ... 00)
```

2 Anathese: Duktionen

Das Wort »Duktionen« (lateinisch »ducere« – ziehen) bezeichnet jene (anathetischen) Kräfte, die eine Grundform verändern, modulieren und/oder zu einer neuen Formenkette anregen. Ich unterscheide vier Formen der Duktion:

Ex-Dukt(ion)
In-Dukt(ion)
Trans-Dukt(ion)
Sub-Dukt(ion).

Das Ergebnis einer n-Duktion ist das n-Dukt. Das Dukt D selbst ist eine Funktion des Schwingungsverhältnisses, in dem entweder der entsprechende Raum zu seiner Bewegung oder eine Raumform zu einer anderen steht:

$$D = f(s) \text{ bei } 0 < s < oo \text{ (Hertz/HZ)}.$$

(So könnte die anathetische Formenbildung ausgefaßt werden als:

$(A \rightarrow A_{oo})$ $D_=$ und die antithetische als:
$(A:B) \rightarrow (A_{o\text{-}oo}:B_{o\text{-}oo})$ $D_=$).

Die *Ex-Duktion* ist die Ausweitung einer Form, das »Herausziehen«, das Aus- und Verbreiten im Raum, das Ausweiten, der Gewinn an Raum, wobei die »exducierende« Schwingung in der Frequenz (s′) leicht, in der Auslenkung (a) größer sein muß als die feldbildende (s):

DE $<$ = (s ähnlich/ $<$ s′) bei (a $<$ a′).

Die *In-Duktion* ist das Einziehen einer Form, das »Hereinziehen«, das Sammeln und Schrumpfen, das Konzentrieren, der Verlust an Raum, wobei die »inducierende« Schwingung in der Frequenz (s′) leicht, in der Auslenkung (a) kleiner sein muß als die feldbildende (s):

DI $<$ = (s ähnlich/ $>$ s′) bei (a $>$ a′).

Die *Trans-Duktion* ist das Durchziehen einer Form mit einer anderen, das Durchschneiden, Durchdringen, teilweise Vermischen, das Kreuzen, sie ist eine mehr oder weniger lineare Bewegung, wobei bei gleicher Schwingung (s) das Feld mit der höheren Schwingamplitude das andere mit der geringeren durchzieht:

DT $<$ = (s_1 = /ähnlich s_2) bei (a_1 ungleich a_2).

Die *Sub-Duktion* ist das Unterlaufen einer Form durch eine andere, das Unterliegen, das Unterlagern, sie ist das Darunterziehen, um einen neuen Grund zu legen, wobei das geringerschwingende Feld das höherschwingende bei gleicher oder ähnlicher Auslenkung unterläuft:

DS $<$ = (s_1 ungleich s_2) bei (a_1 = /ähnlich a_2).

3 Synthese

Die *ZeitRaumRealität* wird gebildet durch die Progression der Heinz-Plato-Linie in anathetischer Reihe:

Clonen: Zeitraum.

in antithetischer Reihe:

Formenfelder: Energiekörper

in Interaktion mit den Ductionen in anathetischer Reihe:

Ereignisfelder → RaumZeit

in antithetischer Reihe:

Veränderung: Vielfalt: Materiekörper

Den (vektoriellen) Einfluß der Duktionen kann man sich auf die
Heinz-Plato-Linie folgendermaßen projiziert denken:

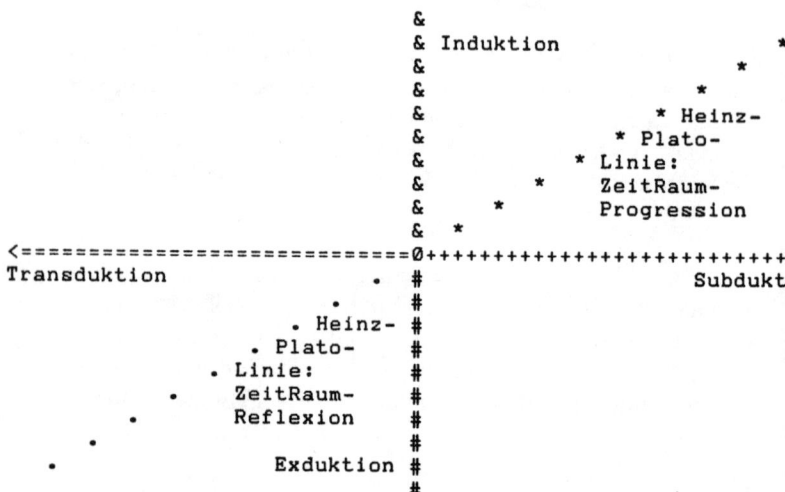

Die räumliche Projektion zeigt schematisch die unbegrenzte
Vielfalt von Formen und Körpern, die sich aus der Interaktion
der Duktionen mit der Heinz-Plato-Linie ergeben:

Im Zusammenhang mit den Kapiteln: 2.1 Die (kristallinen)
Formen als spagyrische Information; 2.2 Das Verhältnis zwischen Formen und biologischen Prozessen und 2.3 Die Auswertung wird die Heinz-Plato-Linie mit den Duktionen die entscheidende Hintergrundrolle zur Sprachfindung zwischen beispielsweise kristallinen, aus dem Körper gewonnenen Texturen
und deren Bedeutung spielen.

Dieses inzwischen schwierig gewordene Kapitel soll abgeschlossen werden mit einer sehr strikten Definition des Lebendigen aus spagyrischer Sicht. Diese Definition bezieht sich nicht
auf unsere menschlich erfahrbaren Lebensinhalte und -bewertun-
gen mit Gefühlen und Vorstellungen, sondern auf die Rolle des
Lebendigen aus der Ordnung der Seinsdarstellung.

Der Lebensprozeß ist vorderhand eine Seinsabstufung und
dann ein rückbezüglicher Inhalt für jene, die leben.

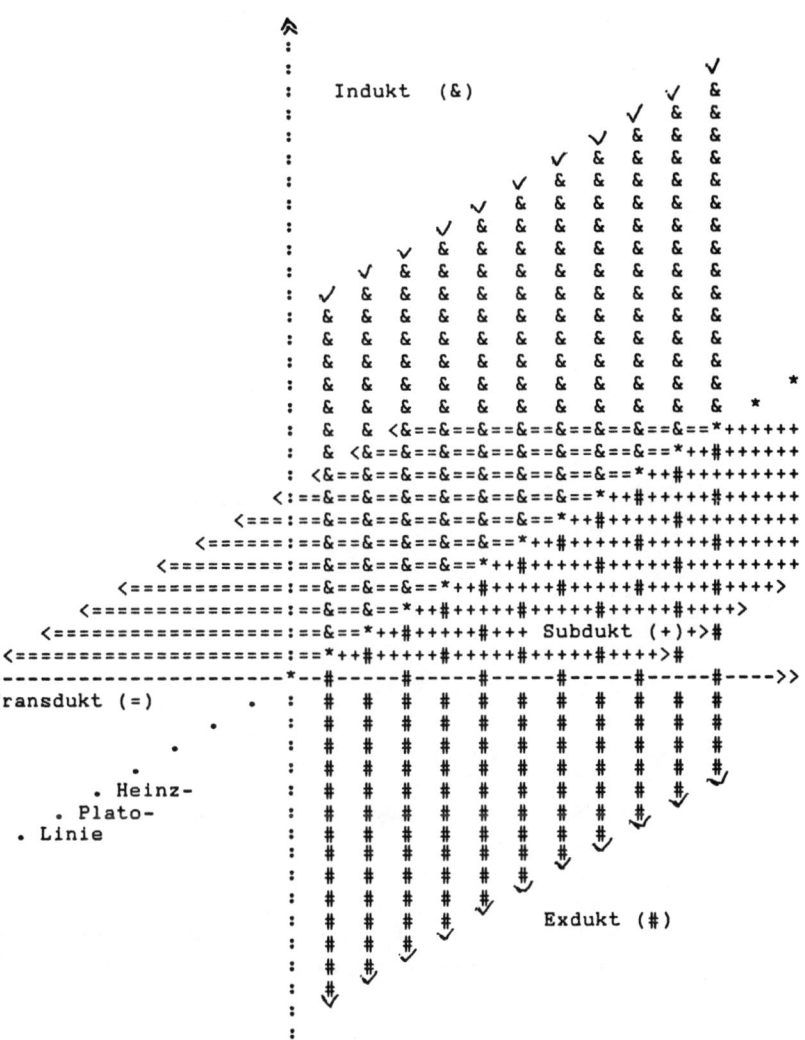

Das Leben ist zu verstehen als organisiertes Dichtemoment des Seins oder: das Leben als der »institutionalisierte« anathetische Prozeß des Seins im Sinne einer beständig instabilen und aktiven Reflexion:

1 These:
strukturelle Feldbildung:
Strukturfeld der Zeiträumlichkeit, gekennzeichnet durch differenzielles Dichteverhalten innerhalb seiner Grenzen, ohne Tendenz der Radiation, jedoch mit der proportionalen Verdichtung der eigenen Strukturverteilung.

2 Anathese
dynamische Feldbildung:
Radiationsfeld der Zeiträumlichkeit als Ereignisform, gekennzeichnet durch hyper- bis hypofrequente, strukturierende und molekular ordnende Pulsationsfelder.

3 Synthese
biologische Körperbildung:
Realisationsfeld der Zeiträumlichkeit, gekennzeichnet durch energetisch dysbalancierte, energiezehrende Stoffwechselformen in meist als Körper abgegrenzten Systemeinheiten.

Jede biologische Systembildung ist auf der Körperebene energieunterschüssig, da sie ihren Bestand nicht ohne ständige Energiezufuhr von außen erhalten kann. Die auf der Körperebene verzehrte Energie wird über die reflektorischen Gedächtnisereignisse der jeweiligen Systeme kompensiert, da diese Leistungen in den verfügbaren Datenbestand des den biologischen Feldern übergeordneten allgemeinen Seinsfeldes eingehen.

2 Das spagyrisch-biologische Modell

Gliederung:

1 Die Keimblätter

In der menschlichen Keimentwicklung spielen einfach organisierte Grundgewebe, die drei Keimblätter, die einführende Rolle. Aus diesen entwickeln sich jene spezialisierten Gewebe, die wir Organe nennen. Die Organe stammen also aus einem bestimmten Keimblatt. Einige Organe sind mehrschichtig, ihren verschiedenen Aufgabenstellungen entsprechend organisiert; ihre Gewebe stammen deshalb nicht aus einem Keimblatt allein, sondern aus mehreren Keimblättern; so enthält die Gebärmutter Gewebe aus zwei Keimblättern, wird aber für die therapeutische Arbeit dem Keimblatt zugeteilt, aus dem das Gewebe mit der höchsten Krankheitsquote kommt.

Alle Organe desselben Keimblatts verbindet eine stoffwechselmäßige Ähnlichkeit, die eine Art familiärer Kommunikation zuläßt. Dies gibt uns diagnostisch und therapeutisch die Möglichkeit einer Stellvertreter-Therapie, was bedeutet, daß wir ein therapeutisch vielleicht nur schwer zugängliches Organ, zum Beispiel das Gehirn, über seinen Keimblattverwandten, hier beispielsweise die Haut, ansprechen können.

Gleichzeitig entstanden sind das Hüllenkeimblatt (Ektoderm oder Äußeres Keimblatt) und das Kernkeimblatt (Entoderm oder Inneres Keimblatt); das Innere Keimblatt bildete den langen Verdauungsschlauch aus, der am Mund beginnt und am After endet, und das Äußere Keimblatt formte den Hüllenschlauch, den wir heute als Haut kennen und dazu die Steuerungs- und Kommunikationsnetze, die alles, was innerhalb der Hülle geschieht, koordinieren, nämlich das Zentrale Nervensystem mit den Gehirnen Stammhirn, Kleinhirn und den beiden Hälften des Großhirns sowie das Periphere Nervensystem mit seinen Übertragungsbahnen in Form der Nerven.

Der entodermale Verdauungsschlauch bildete im Laufe der Entwicklung verschiedene Spezialisierungen seines Gewebes aus: Rachenschleimhaut – Speise/Luftröhre – Lungen – Magen – Därme (Zwölffingerdarm, Dünndarm, Dickdarm, Mastdarm, Enddarm), Leber mit der Gallenblase, Blase und Gebärmutter sowie Vorsteherdrüse. Die Spezialisierung eines einfachen Grundgewebes ist in der Entwicklungsgeschichte immer dann erfolgt, wenn eine veränderte Umweltbedingung neue Anforderungen an den Stoffwechsel und sein ihn tragendes Gewebe stellte. Am Anfang, im wässerigen Milieu, genügte das einfache osmotische Ein- und Ausziehen von in Wasser gelösten Nährstoffen, auch von Zucker und den anfallenden Schlackenstoffen über eine einfache Schleimhaut. Danach folgte das mechanische Zerkleinern, das Vorverdauen der Kohlehydrate (durch Mundhöhle, Magen), dann das Umsetzen von Eiweißen (durch Magen, Leber, [Pankreas], Zwölffingerdarm), das der Fette (durch Magen, Leber mit Galle, Pankreas, Zwölffingerdarm, Dünndarm). Schließlich müssen die teilweise gespaltenen Stoffe durch Bakterien in den Därmen körpergerecht »verdaut« werden, damit sie im Blut gelöst werden können. Danach werden sie in der Leber ein weiteres Mal aufbereitet beziehungsweise zerlegt. Was nicht verdaulich ist oder als Schlacke anfällt, muß ausgeschieden werden, indem möglichst viel Wasser (in den Därmen) zurückgewonnen wird.

Diese Prozesse sind in der chemischen Wirklichkeit sehr kompliziert und zeigen keine einheitlich-durchgängige Konzeption im Sinne eines anfangs gefaßten und nun schrittweise durchgeführten Entwurfs oder Planes, sondern sie gleichen einem Haus, das von Generation zu Generation nach Bedarf und Bedürfnis um- vor allem aus- und angebaut wurde. Die einzelnen Teile des Gebäudes sind miteinander verbunden, so daß das ganze Haus bewohnt werden kann, doch an den Verbindungsstellen mußten Höhenausgleiche oder besondere Durchgänge geschaffen werden, um den Verkehrsfluß im Hause zu ermöglichen. Diese Schwachpunkte weist unser entodermales System unter anderem an folgenden Punkten auf: Rachen:Halsröhren, Weiche:Luft-Speiseröhre, Magenein- und -ausgang, Lebereingang, Pankreaseingang, Übergang Dünn:Dickdarm (sogenannter Blinddarm), Übergang von Dick:Mastdarm und Übergang von Mast:Enddarm.

Für das Leben im Wasser würde das unspezialisierte Entoderm zum Verdauen und das undifferenzierte Ektoderm zum Umhüllen und Steuern ausreichen. Bei höherer Organisationsform des Lebens jedoch, bei größerer Körperbildung oder bei Lebensweisen auf dem Land kommt man weder ohne ein stützendes, mechanisches Gerüst, das Skelett, noch ohne bewegliche Verbindungen zwischen den starren Gerüstteilen, den Gelenken, aus. Die Gerüstteile müssen in einem steuerbaren, elastischen Verband vernetzt werden, die Bänder zum Halten und die Muskeln zum Bewegen; und die zwischen den Organen entstehenden Räume müssen ebenso gefüllt werden, wie diese Organe im gesamten System aufgehängt werden müssen, mit Hilfe des Bindegewebes. Schließlich wird auf dem Land nicht nur wässerige Nahrung aufgenommen, deren Schlacken leicht ausscheidbar sind, sondern auch trockene, gift- und schlackenreiche, deren Schadstoffe mit einem Minimum an Wasserverlust bei einem Maximum an chemischer Lösungsfähigkeit vom Blute getrennt und dann ausgeschieden werden können: mit Hilfe der Nieren. Und schließlich ist durch die Landnahrung das Angebot an Kohlehydraten, die der Körper in Zucker umwandelt, größer als im Wasser; so können nach den Mahlzeiten gefährliche Überzuckerungen drohen, die durch eine der Tätigkeiten der Pankreas (Bauchspeicheldrüse) gedämpft werden. All diese Leistungen wurden in der Entwicklungsgeschichte der Säuger erst später notwendig, weswegen das die Gewebeformen Pankreas, Nieren, Muskeln, Knochen, Bindegewebe produzierende Mittlere Keimblatt (Mesoderm) auch das jüngste der Keimblätter ist.

Im Rahmen der spagyrischen Logik fasse ich fürs erste zusammen:

These: Entoderm,
Anathese: Ektoderm,
Synthese: Mesoderm.

2 Die Körperorte (Organe und Gewebe)

Die Körperorte, also die Organe und alle funktionell verschieden organisierten Gewebe sind spezialisierte Teile der Keimblätter, aus denen sie gebildet wurden. Für den praktischen Gebrauch hat sich folgende Zuordnung bewährt:

EKTODERM:
  Ableitendes Blutsystem:
  LYMPHE
    Mandeln, Milz, Lymphknoten
  Schleimhautsystem:
    Rachenmukosa
  LUNGEN
    Magen
    DÄRME, Duodenum. Dünndarm, Dickdarm,
    Blinddarm, Mastdarm, Enddarm
  LEBER
    Harnleiter, Blase
    Eileiter, Gebärmutter
    Prostata
  Passive Toxinlager:
    Kopfhöhlen
    Zähne

MESODERM
  Stoffewechselndes Blutsystem:
    Blut als Flüssigkeit
    Blutgefäße: Arterien, Arteriolen, Venen
  Stoffescheidendes System:
    Pankreas
  NIEREN
  Formenbildendes System:
  BINDEGEWEBE
    Muskulatur
      Herz
    Sehnen
    Knochen
      Wirbelsäule
      Gelenke

EKTODERM

Umhüllendes System:
HAUTsystem mit Stoff/wechsel/scheidefähigkeiten
Haut

Steuerndes System:
ENDOKRINUM
Hypophyse
Epiphyse
Thyreoidea
Nebennieren
Eierstöcke
Keimdrüsen

Kommunizierendes System:
NERVENSYSTEME
Autonomes Nervensystem
Zentrales Nervensystem
Peripheres Nervensystem

3 Die Krankheiten

Im Rahmen des spagyrischen Denkens nehme ich an, daß für jedes Lebewesen zur Realisierung seines Körpers eine Voraussetzung erfüllt werden muß: es muß ein Informationsmuster vorhanden sein, nach dem dieses Wesen gebildet wird. Dieses Informationsmuster setzt sich aus zwei Komplexen zusammen, aus:

dem biologischen Mutter/Vater/Komplex, der für die substantielle Organisationsform, also den Körper, als molekulares Gebilde verantwortlich ist, und
dem informellen Plankomplex, der einerseits die biologische Befruchtung vital macht und andererseits dem anathetischen Mischling, der dem Mutter/Vater/Komplex entspränge, eine unverwechselbare Individualität während seiner Lebenszeit verleiht.

Diese Lebenswerdung kann man entweder aus phylogenetischer Sicht als die Individualisierung eines allgemeinen Stammesprozesses in einem Subjekt oder aus palingenetischer Sicht als die Wiederholung eines individuellen Erfahrungsfeldes (Wiedergeburt) verstehen.
Das spagyrische Denken anerkennt kein durch verschiedene

Körper hindurch im Sinne einer unverwechselbaren Identität beständig existierendes Ich in der Form einer Seele; hingegen verstehe ich unter der Seele den jeweiligen und an eine Person und ihr geschichtliches Leben gebundenen Prozeß der Erlebnisverarbeitung. Diese Erlebnisverarbeitung im Sinne einer geregelten Informationsverarbeitung wird gesteuert durch die »betriebsspezifischen« Vorgaben der DNA als individuellem Informationsträger, der an die Körperlichkeit der Eltern gebunden ist, dann durch die einschränkenden »Betriebsprogramme« des speziellen Erbgutes aus dem Mutter/Vater/Komplex und schließlich jeweiligen, »anwenderspezifischen«, also personenbezogenen Verarbeitungsprogramme, worunter ich vor allem die geschichtlich erworbenen Erfahrungsmuster verstehe; dies bedeutet: die Aktions- und Reaktionsmuster eines Menschen sind erweiterbar durch Wiederholung des ihm bereits Bekannten; jedoch das Unbekannte lernt er entweder gar nicht oder er lernt es schwer. Das ist einer der Gründe für den »stehenden« Fortschritt des Menschen in seinen ethischen, geistigen und künstlerischen Qualitäten. Hingegen ist er innerhalb seines »werkzeuglich« Mach- und Erlernbaren, wie es die Technik und die Sachwissenschaft bieten, fortschritts- und lernfähig.

Die Aktions- und Reaktionsmuster des Menschen sind bestimmt durch seine strukturellen Vorgaben, die als Information der DNA in den Körper als Struktur und in das (Klein-)Hirn als Information kopiert und aufgeschlüsselt werden.

Ein Mensch erwirbt im Verlauf seines Lebens, unabhängig von seinem individuellen Wissensstand, nur einen geringen, sich vom gemeinschaftlichen Wissen aller Menschen unterscheidenden Wissenszuwachs, den ich das individuelle Wissensdifferential nenne. Dieses Differential ist nach dem Tod eines Körpers der Anlaß zu einer neuen Planfeldbildung und damit der Grund für die Imprägnation dieses Planfeldes in jenes Ereignisfeld, das sich bei der Vereinigung der Samen- mit der Eizelle kurzfristig bildet und zur Befruchtung der Eizelle führt. Das Wissensdifferential kann mit dem traditionellen Begriff des Karma umschrieben werden.

Die sogenannten Krankheiten des Menschen sind bereits in seinem Erbgut codiert angelegt und werden in die Körperstruktur in Form dysfunktioneller oder funktionsverminderter Gewebefelder sowie gegenüber der menschlichen Norm »fehlerhafter« Funktionsraster übertragen. Weiterhin entstehen Krankheiten durch Kopiefehler des Planfeldes in das Körperfeld. Die über die DNA als konstitutionelle Eigenschaften übertragenen Funktionsmuster sind nicht notwendigerweise als »Krankheit« des betroffenen Individuums zu betrachten, sondern bilden eigentlich nur eine physiologische Abweichung dieses einen Menschen vom physiologischen Mittelwert-Verhalten der anderen Menschen, womit seine Abweichungen als persönliche Besonderheiten zu klassifizieren sind. Bei den Kopiefehlern zwischen Plan- und Körperfeld hingegen handelt es sich um eine »unbeabsichtigte« Ungenauigkeit der anathetischen Progression, die als Grund für die Formenvielfalt in der Welt im vorigen Kapitel dargestellt wurde und aus dieser Sicht nicht nur abwertend beurteilt werden darf. Trotzdem mag es für einen von eigentlich »unkranker« Krankheit Betroffenen unangenehm sein, daß er sich von den anderen durch seine Krankheit, sprich einen Abweichungsfaktor, unterscheidet. Dies schließt ihn zumindest sozial teilweise aus. Jedoch hinderlich wird dieser Umstand für den Betroffenen erst dann, wenn er durch Schmerz oder Einschränkung unter seiner »Besonderheit« zu leiden beginnt.

Jede Krankheit ist als Programm angelegt; lediglich ihr Ausbruch und ihre Heftigkeit mit den entsprechenden Folgen ist von den geschichtlichen Umständen abhängig. Turbulenzen und Blockaden im seelischen Bereich als Folge der Auseinandersetzung eines Individuums entweder mit anderen Menschen und deren Taten oder mit seinen eigenen Vorstellungen führen zur Auslösung der zur Krankheit disponierten Körpergebiete. Andererseits ist das (synthetische) Seelenfeld funktionell und reaktiv nur dort sensibilisiert, wo der (anathetische) Hintergrund des Körperfeldes »gestört« ist.

Folgerung für die spagyrische Krankheitslehre:
Jede Krankheit ist der Ausdruck einer strukturell angelegten Disposition, die durch definierbare Gründe im historischen Erlebnisfeld, dem Seelenfeld, ausgelöst wird. Jede sinnvolle Therapie hat daher zuerst die körperlichen Signale zu beachten, ihren konstitutionellen Hintergrund zu verstehen und dann gleichzeitig eine Problemlösung für das ana/synthetische Prozeßpaar Körper/Seele zu finden. Eine reine die körperlichen Funktionen betreffende Therapie ist ebenso unrichtig wie eine allein die seelischen Funktionen ansprechende.

Die DNA-Konstitution kann fast überhaupt nicht, die Kopie-Disposition nur sehr schwer beeinflußt oder verändert werden.

Gegenüber einem Mittelwert der Lebenserwartung einer Volksgruppe kann die Erbdisposition – vorläufig unbeeinflußbar – das Leben erheblich verkürzen oder verlängern. Viele Erbkonstanten werden ausgedrückt durch die sogenannte Erbdiathese. Dies bedeutet, daß die Vorfahren eine bestimmte Krankheit, beispielsweise Tuberkulose, durchlitten und dadurch ihre Körperfunktion geschädigt wurde. Diese funktionelle Schädigung wird als Information vererbt, so daß bei den Nachfahren die ehemaligen Schäden als funktionelle Schwächen erscheinen. Diese bilden einen konstanten Hintergrund, eben die Disposition, auf der sich gewisse Prozesse leichter und heftiger entwickeln als andere.

»Krank«machende Faktoren:
DNA-Information/Erbgut (als Konstitution)
  - > funktionelle Schwächen - > Infektionsbereitschaft
  - > (seelisch/körperlich) Abwehr- und Detoxikationsschwächen
    < = (Viren – Bakterien – Pilze)

Kopier-Fehler (als Konstitution)
  - > Dysfunktionen - > Erkrankungsbereitschaft
  - > (seelisch/körperlich) Funktions- und Organisationsschwächen
    < = kybernetische, chemische, metabolische Mängel.

In der spagyrischen Denkweise können wir auch den Menschen als einen trithetischen Prozeß beschreiben, was sich als hilfreich erweisen kann:

These:	Planfeld	- > DNA/Erbut/»geistige« Konstitution
Anathese:	Körperfeld	- > Realisierende Kopie des Planfeldes in die materielle Organisation des Körpers;
Synthese:	Seelenfeld	- > Geschichtsbildendes Aktionsfeld aus:
		a der Differenz zwischen dem Planfeld und seiner Kopie ins Körperfeld;
		b dem Erlernen sich wiederho-

lender, bisher unbekannter,
aber erkennbarer, weil dem
Muster nach nicht fremder Informationen.

4 Die Gesundung

Die im Körper ablaufenden Vorgänge werden diesem über ein
Netz verschiedenartig beschaffener Sensoren übermittelt. Im
Verarbeitungszentrum dieser Daten, im Kleinhirn, existiert eine
Matrix über einen idealen Soll-Zustand des Körpers. Dieser Soll-
Zustand ist nur für den jeweiligen Körper ideal und unverbind-
lich für alle anderen; in ihm sind auch die »fehlerhaften« Daten
der DNA als Grunddaten des Abgleichs gespeichert, mit denen
dann der jeweilige Ist-Zustand verglichen wird. Die Sensoren
sind in ihrer Funktion eingeschränkt durch die in der jeweiligen
DNA begründeten Abweichung, also dem speziellen Erbgut.
Diese dysfunktionelle Abweichung vom »Normwert« vermehrt
sich durch Rückkoppelung teilweise fehlerhafter, weil konstitu-
tionell unvollständiger Ergebnisse.

Je genauer die Sensoren arbeiten, desto genauer kann das
Gehirn die passenden Abwehr- oder Regenerationsmaßnahmen
auf eine Meldung hin in Gang setzen. Wenn beispielsweise an
einem Körperplatz einhundert Bakterien ein Gewebe angefallen
haben und die Sensoren melden dem Gehirn nur achtzig Bakterien, weil ihr eigener Übermittlungsgrad auf achtzig Prozent
durch erbdiathetische und sonstige infektiöse Schwächung ge-
sunken ist, dann reagiert das Gehirn nur auf die gemeldeten
achtzig Invasoren und beachtet die zwanzig nicht, die sich unbe-
helligt weiterbewegen können, bis sie sich vermehrt haben und
dann wieder mit nur einer Übermittlungsrate von achtzig Prozent erfaßt und abgewehrt werden. Man sieht leicht die chronische Steigerung dieses Prozesses der Restparasiten und Restin-
fekte, die der Körper nur noch über Ablagerungen ausgleichen
kann. Er lagert die Stoffwechselschlacken dieser Parasiten im
Bindegewebe, in der Muskulatur und in den Gelenken ab:
Rheuma, Arthrose, Sklerose . . .

Die Therapie muß die Übertragungsgenauigkeit der Sensoren
erhöhen, damit der Körper über die eigenen Regelkräfte seinen
ihm idealen Gesundheitszustand herstellen kann. Der sinnvollste
Weg dazu ist, vorläufig die Sensoren zu umgehen und dem

Körper auf direktem, von keinem fehlerhaften Sensor beeinfluß-
baren Weg die nötige und vollständige Information zu geben.
Dies geschieht auf spagyrischem Wege dadurch, daß

die *Information* über den Zustand des Körpers
aus dem *Blut*
ins Wasser übertragen und dieses
»informierte« *Wasser* als
Informationsträger
direkt vom Körper angenommen und unverändert ans
Hirn weitergeleitet wird.

Dieses benutzt die neue, vollständige Information zu einem brei-
ten Ist-Soll-Abgleich, der meist in eine tiefe, aufarbeitende Maß-
nahme des Körpers, die sogenannte Regression, mündet. Ohne
diese Regression ist keine Gesundung, höchstens eine Linderung
oder eine symptomatische Verschiebung möglich.

5 Die allgemeinen Anlagen

Den ursprünglichen Menschenrassen waren in ihrem unver-
mischten Zustand, der heute praktisch nicht mehr anzutreffen
ist, bestimmte Blutgruppen zugeordnet. Die Blutgruppen Null,
A, B und AB sind unter anderem dadurch erkennbar, daß sich
ihre roten Blutkörperchen unterscheiden. Die Blutkörperchen
sind chemische, physikalische und kybernetische Informationsüberträger; sie charakterisieren zugleich die ehemals rassetypi-
schen, heute nur noch blutgruppentypischen Schwächen, die ich
hinsichtlich der später angeführten therapeutischen Maßnahmen
hier kurz andeuten möchte:

Blutgruppe	Belastungsschwerpunkte
Null	Entoderm: Lungen, Därme (← Leber)
A	Mesoderm: Blut (← Leber), Gelenke, Mus-kulatur
B	Ektoderm: Haut, Nervensysteme, Lymphe (← Nieren)
AB	Meso/Ektoderm: (Leber ↔ Nieren), (Ner-vensysteme ↔ Muskulatur), (Haut ↔ Ge-lenke)

Trithetisch gesehen lassen diese Schwerpunkte folgende Beziehungen zu, die für die Diagnose und das Erkennen von larvierten Hintergründen zur Gestaltung einer wirkungsvollen Therapie ergiebig sind:

Null	These:	Entoderm
B	Anathese:	Ektoderm
A	Synthese:	Mesoderm
AB	f(Syn/Anathese):	Meso/Ektoderm.

6 Holistische Beziehungen

Eine weitere Beziehung erlaubt bei vorgegebener Erkrankung die Wahl der angemessensten Therapie in Abhängigkeit von der Signaturenebene und damit auch der Keimblattebene.

Signatur	1. Ordnung	2. Ordnung	3. Ordnung
Keimblatt	Entoderm	Ektoderm	Lymphe
Wirkort	Körper	Gehirne	DNA
Wirkprozeß	Formation	Information	Transposition
Einfluß	Chemisch	Kybernetisch	Energetisch

3 Die Heilsamkeit

1 Der Grundgedanke der spagyrischen Therapie

Die spagyrische Therapie sieht das Krankheitsgeschehen als einen Ausdruck der betroffenen Persönlichkeit an. Sie beachtet den konstitutionellen Hintergrund der Erkrankungsfähigkeit und damit auch der Erkrankung selbst. Sie greift nie zwingend oder »korrigierend« ein, sondern nur regulierend, indem sie dem Körper durch möglichst fehlerfreie Übermittlung der Information über die Art der Störung oder der Schäden zur erfolgreichen Selbstregulation verhilft.

Eine symptomatische Therapie ist aus spagyrischer Sicht nur dann gerechtfertigt, wenn damit dem Patienten wesentliche, ihn möglicherweise blockierende Beschwerden erspart bleiben, in denen kein erzieherischer Sinn gesehen werden kann oder wenn durch unterlassene symptomatische Hilfe der Patient Schaden nehmen könnte.

Die spagyrische Therapie orientiert sich an der Erkenntnis über die Zusammengehörigkeit von Organen und Keimblättern. Dieser Grundgedanke führt zu einer »keimblattanalogen« oder Stellvertreter-Therapie dort, wo ein Organ therapeutisch nicht direkt angegangen werden kann oder soll. Allgemein empfohlene Therapien werden durch die Keimblattanalogie entweder relativiert oder begründet: Wenn jemand vom Rheuma der Gelenke (Mesoderm) geplagt wird, dann ist diesem nicht einfach mit einem durch Dampf erzeugten Ganzkörper-Schwitzen (Haut : Ektoderm) beizukommen, wohl aber mit einer stellvertretenden Erhöhung der Muskeltemperatur (keimblattanaloge Ausleitung) oder einer Aktivierung der Nieren (keimblattanalog), was sich beides auch im Schwitzen als einer nachgeordneten Reaktion des Ektoderms ausdrückt. Das Ektoderm beugt einer möglichen Überhitzung der Gehirne durch Ableitung der Hitze über die (ektodermale) Haut vor. Dieses Beispiel zeigt, wie man in der Vergangenheit zwar das im Ergebnis Erfolgreiche tat, aber falsch verstand, warum es wirkte. Die Selbstregulierungsfähigkeit (Temperaturausgleich) des Körpers produzierte im Ektoderm eine Abwehrmaßnahme, die als äußeres, jedoch falsch gedeutetes Zeichen des Erfolges für den Ort interpretiert wurde, für den es gedacht war, für den es aber nur nebenbei und nicht hauptsächlich wirkte. Bei prüfender und vorheriger Anwendung der Organbeziehungen innerhalb der Keimblätter läßt sich eine sehr wirkungsvolle, schadensfreie und sehr ortsgenaue Therapie durchführen.

2 Die Regression

Unter dem Begriff der Regression versteht der Spagyriker die über die spagyrischen Methoden ausgelösten Rückerinnerungen und Rückaufarbeitungen der körperlichen Krankheitssymptome und der damit verknüpften seelischen Problemfelder. Die spagyrische Regression hat nichts gemein mit den unter ähnlicher Bezeichnung angewendeten hypnotischen, parahypnotischen oder katatym-bilderlebenden Methoden der Erforschung der eigenen Vorvergangenheit und Vergangenheit. Die spagyrische Regression geht von dem Grundgedanken aus, daß alle innerhalb eines Lebens erworbenen Dysfunktionen und Störungen durch eine parallel angestoßene Reaktivierung der seelischen und der körperlichen Komponente rückführbar, also regredierbar sind auf den Punkt ihres Beginnens. Damit läßt sich dann zwar nicht die erlebte Geschichte korrigieren, wohl aber das Verhaltens- und Steuerungsmuster, nach dem künftig gelebt werden kann. Denn aus spagyrischer Sicht ist jede Art von Wissenserwerb, auch der über einen selbst, nur dann sinnvoll, wenn das gewonnene Wissen umgesetzt werden kann in eine verbesserte Lebensführung und in ein vertieftes Verständnis über die Zusammenhänge in der eigenen Persönlichkeit und über die verknüpften Bedingungen des Lebens aller auf der Erde lebenden Wesen.

Die Regression oder Rückführung ist als Modell und als an bereits mehreren Tausenden Menschen durchgeführte therapeutische Wirklichkeit das Rückgrat der spagyrischen Heilkunde. Ihre stufenweise Durchführung wird im Kapitel 3.2: »Die Methode der spagyrischen Rückführung, praktisch behandelt.«

3 Modell der spagyrischen Euthesis

a – Denken
b – Fühlen
c – Steuern
d – Unterstützen

Euthesis ist für den Heilkundler seit Hippokrates der Begriff für alle guttuenden, helfenden, heilenden, genesen lassenden Maßnahmen und Mittel, im Gegensatz zur Dysthesis, die die krankmachenden, schädlichen Faktoren aufzählt. Die dysthetischen Faktoren zählen in der Spagyrik nur als Auslöser einer vorgegebenen Anlage; sie werden dennoch im Zusammenhang mit den diäthetischen und täglichen Maßnahmen zur Erhaltung der Gesundheit besprochen werden (siehe: 4 Der Spagyrische Alltag: 1 Spagyrische Ernährungsgrundsätze: 2 Spagyrisches Vademecum).

a – Denken
Das Denken ist der wesentliche Teil der gesamten spagyrischen Euthese, also auch der Therapie. Es zählt anfänglich weniger der Inhalt des Denkens selbst, als vielmehr die Methode. An den Inhalt sind oft gerade jene Erinnerungen und Empfindungen gebunden, die man aus therapeutischen Gründen überwinden sollte, die also dadurch »krankmachen«, daß sie beispielsweise zu genau dem Kopie-Fehler zwischen Plan- und Körperfeld entsprechen und damit keine Befreiung von ihm zulassen. Ein Denken in Formen oder ein Analysieren scheinbar unwesentlicher Dinge schärft die Sicht für die anathetischen und antithetischen Verkettungen und verhindert damit weitestgehend künftige Fehlschlüsse. Das Denken soll nicht zur Bestätigung bereits eingeübter Strukturen und Inhalte dienen, die dem Wesen der betroffenen Persönlichkeit entsprechen, sondern jene Einsichten erlernen helfen, für die aus dem Erbgut keine direkten Dispositionen vorhanden sind, die aber, wenn man sie bekommt, die Persönlichkeit erheblich spezifizieren und damit deren Wirkung nicht nur für diese selbst, sondern auch für andere in vorbildlicher Wirkung steigert.

Da spagyrische Denken ist zuerst ein analytischer, dann aber ein synthetischer Akt, der den Intellekt nur als Transportmittel benutzt. Das Denken muß unter genauer Beachtung der trithetischen Grundsätze erübt werden, wozu ein zunehmend wachsendes Maß an Redlichkeit der eigenen Person und dem eigenen Denken gegenüber nötig wird.

b – Fühlen

Unser normales menschliches Fühlen ist auf soziale Belange ausgerichtet: wir schützen, hegen, umsorgen menschliche Lebewesen – uns selbst, dann unsere Angehörigen, schließlich vertraut gewordene Fremde usw. –, dann dehnen wir die Sorge auf Tiere aus, wenn sie uns nützen (die uns nutzlosen oder uns schadenden töten wir), und in demselben Muster verfahren wir mit den anderen Erscheinungen der Erde. Das Fühlen ist auf Kontakte angewiesen, von denen der körperlichen Berührung bis zum anteilnehmenden Wort. Und alle Regungen gründen auf das Ja/nein-Muster der Ablehnung oder der Anerkennung, des Schutzes oder des Angriffs. Mit diesem Muster drückt sich gleichzeitig die Beschränkung aus, der das auf solches Fühlen gegründete Verhalten unterliegt: Es ist eigentlich nicht entwicklungsfähig, sondern wiederholt nur die Mustervorgaben in ihren euthetischen wie dysthetischen Formen. Das für die spagyrische Therapie anvisierte Fühlen sollte frei sein von diesen sozialen, geschichtlichen Hintergrundverpflichtungen. Das spagyrische Fühlen ist ein sinnliches Wahrnehmen, dann Empfinden und dann ein Fühlen durch wiederholende Vergegenwärtigung aus der Wirklichkeit oder aus der Erinnerung. Gegenstände dieser Wahrnehmungen sind harmonische, stabile oder instabile sinnlich aufnehmbare Formen. Auch dies muß redlich erübt werden, um dem Fühlen von Formen nicht ein Nachfühlen von bestätigenden Inhalten zu hinterlegen und damit den heilenden Charakter zunichte zu machen.

c – Steuern

Innerhalb des spagyrischen Denkens wird wohl erkannt, daß die selbststeuernden Funktionen der menschlichen Gehirne bei weitem die Leistungen des Großhirns allein in seinen das Bewußtsein betreffenden Abläufen übersteigen. Daher wäre es sinnwidrig, wenn man den Meistern der Steuerung, insbesondere dem Kleinhirn, das Steuern mit viel langsameren und groberen Mitteln – wie sie die menschlichen Sinne mit ihrem verarbeitenden Zentrum, dem Großhirn bieten – beibringen wollte. Aber wir können die Kommunikationswege säubern, auf denen die Gehirne zu ihren Informationen gelangen. Mit den spagyrischen Anfertigungen des Homodots, des Antihomodots und des Anadots liefern wir dem Körper eine sehr genaue Bestandsaufnahme seines jeweiligen Zustandes und ermöglichen ihm, der sonst von seinen vorgeschädigten Sensoren abhängig wäre, ein optimales Reagieren. Das spagyrische Steuern ist ein sanftes Hinweisen und Informieren, das der Informierte – vom Kleinhirn bis zum Menschen – annehmen kann, wenn er will, aber nicht annehmen muß, wenn er es eigentlich aus Reaktionsstarre oder -schwäche heraus nicht kann. Die Wirkung der spagyrischen Heilmittel beruht also nicht darauf, daß sie etwas zuführen, was fehlt, oder eine Gewebereaktion erzeugen, um einen aus menschlicher Sicht gesunden Zustand zu erreichen, sondern auf einer sanften Information, die eine steuernde Veränderung beim Informierten hervorrufen kann. In der Tat nimmt das Hirn diese Informationen fast immer sehr genau an und beginnt mit seinen regressiven Reaktionen durch Aufarbeitung vergangener, ungelöster und toxinträchtiger Situationen.

d – Unterstützen

Wir unterstützen in der spagyrischen Therapie nur in zwei Fällen:

in der akuten Not und
in der chronischen Not.

In der akuten Not braucht der Körper eine kurzfristige Stütze, um die aus irgendeinem Grund zusammengebrochene Stoffwechsellage in einem Teilgewebe auszugleichen. Dazu ist er oft deswegen nicht in der Lage, weil die Wirkstoffe, deren Mangel beispielsweise eine Krise auslöst, nicht in ihm gespeichert werden können oder aber – und dies ist einer der Gründe für den bedrohlich sich zuspitzenden Mangel – schon seit geraumer Zeit nicht mehr angenommen oder verarbeitet wurden. Kommt es dann zu einer Krise, dann muß dieser Mangel schnell beseitigt werden, um das Leben des Gesamtorganismus zu retten. Einschlägige Beispiele sind hier die Überzuckerung und der Herzinfarkt.

Die chronische Not ist meist das Vorstadium der akuten Not und ist gekennzeichnet entweder durch mangelnde Zufuhr eines notwendigen Wirkstoffes, wie dies in Hunger- und in Überflußzeiten gern geschieht, oder durch mangelnde Verwertungsfähigkeit des Körpers als Folge beispielsweise einer bestimmten Toxinsorte aus einer der letzten Infektionen, die nun diesen speziellen in Frage stehenden Stoffwechsel unterbindet. In solchen Fällen greift die spagyrische Therapie mit ihren steuernden Mitteln ein, um den Körper die Ursache seiner Stoffwechselblokkade erkennen zu lassen. Aber sie unterstützt den Körper auch in weiteren zwei Schritten: Im ersten versucht sie den Mangelstoff einfach zu ersetzen, um annähernd normalisierte Stoffwechselsituationen herzustellen. Im zweiten Schritt versucht sie den Hintergrund zu bereinigen, damit es nicht zu einer Wiederholung der chronisch kritischen Situation kommt, die jederzeit in eine akute, lebensbedrohliche Phase treten könnte.

Auf verschiedenen Wegen werden die Nebennieren heute geschädigt; neben den chemischen Giften sind es die Toxine aus den nicht aufgearbeiteten, chronisch wirkenden Infekten vor allem der Gruppe der Herpes-Viren. Die Nebennieren sind andererseits wesentlich an der Steuerung des Metallstoffwechsels und des Zuckers beteiligt. Schließlich verbrauchen unsere stark intellektuell orientierten Tätigkeiten mehr von dem lebenswichtigen Metall Magnesium, als die übliche Nahrung dies ersetzen kann. Magnesiumüberbedarf des Körpers, sein gleichzeitiger Mangel daran und eine fehlgesteuerte Verwertung können einzeln und gemeinsam sehr gefährlich werden. In einem solchen Falle wird der Therapeut zuerst das fehlende Magnesium ersetzen, dann seine Steuerung verbessern und schließlich den Körper informieren, wie er künftig das ihm angebotene Magnesium besser verwerten kann. Das fehlende Magnesium wird ersetzt durch gut zellgängige Magnesiumgaben; die Steuerungsverbesserung geschieht über die informelle Regulierung der Nebennierenfunktion über das spagyrische Homodot oder Antihomodot (siehe 3.1 Die laborantischen spagyrischen Zubereitungen: Homodot, Antihomodot, Anadot); und die Verwertungsverbesserung geschieht über molekular gelöste, niedrigdichte Metallösungen in spagyrischer Zubereitung, die Anadote.

Über die Metalle und Spurenelemente ist in der Medizin einiges bekannt, vieles jedoch noch nicht erschlossen. So lag es nahe, daß ich aus dem spagyrischen Ansatz der Anathese einen Weg suchen würde, wie eine funktionelle Verbindung zwischen dem Körper und den Metallen herzustellen sei.

Viele der durch einem Vergleich erarbeiteten Beziehungen stimmen mit dem gegenwärtigen medizinischen Wissen überein;

manche Beziehungen sind vom Element her medizinisch noch unerforscht, und einige Beziehungen widersprechen sich dem Scheine nach, da die klinische Medizin Symptome beschreibt und die Spagyrik Funktionen.

Wenn nun bei einem Menschen in einem bestimmten Organbereich stärkere Störungen festgestellt werden, dann kann, ohne daß ein gemessener Mangel an einem bestimmten Metall ausdrücklich vorliegt, dieser Organbereich mit dem durch die Keimblatt-Elemente-Analogie gefundenen Metall der Körper steuernd beeinflußt werden. Die entsprechenden Zubereitungen nenne ich das Anadot.

Jeder Therapeut weiß, daß das Lymphsystem im Grunde nicht zu heilen ist, sondern, daß ihm nur mehr oder weniger gefällige therapeutische Stützen zu reichen sind. Wie die Herpes-Infektionen und vor allem die AIDS-Pandemie zeigen, sind hier wenig Chancen der Beeinflussung. Das spagyrische Elemente-Analog sagt deutlich aus, daß die Lymphe nur mit radioaktiven Elementen beeinflußbar ist. Der falsche Schluß aus dieser Aussage wäre nun eine radioaktive Bestrahlung eines lymphatisch schwachen Menschen, denn diese würde vor allem gesunde Zellen töten; die richtige Folgerung daraus hingegen ist, sich der berühmten radioaktiven Bäder wieder zu erinnern und sich des radioaktiven Anadots in solchen Fällen zu bedienen.

Die spagyrische Heilsamkeit ist auf dem körperlichen Gebiet ein feinfühlig zu spielendes Instrument von breiter Wirkkraft. Dasselbe gilt von den Einflüssen auf die seelische und geistige Struktur des Menschen, wie sich noch zeigen wird.

Kapitel 2

Die spagyrische Erkenntnis

1 Die (kristallinen) Formen als spagyrische Information
Das Wasser
Das Kristallisat
Die Information

Das Wasser

Vorgang: Die Blutprobe eines Menschen (oder eines Tieres)
oder Proben beliebiger anderer Körperflüssigkeiten, vorzugsweise Urin, sowie Proben beliebiger Gewebe des Körpers oder
jeder anderen Substanz, die sich in Wasser einbringen läßt, ohne
darin unbedingt löslich zu sein, werden gekocht, wobei sich aus
der substanzhaltigen Flüssigkeit ein gesättigter Wasserdampf
löst, der über eine kühlende Röhre in ein anderes Gefäß geführt
wird, in dem er wieder zu Wasser kondensiert. Dieser überge-
kochte Wasserdampf hat noch den Geruch seiner ursprünglichen
Substanz, beispielsweise des Blutes. Diesen Vorgang nennt man
Destillation. Er ist ein uralter Bestandteil der menschlichen
Technik und fand und findet beispielsweise Anwendung beim
Brennen der Schnäpse, beim Herstellen von Arzneien und in der
Großindustrie zum Trennen verschiedenflüchtiger Öle beim
Raffinieren von Erdöl zu Benzin. Die Destillation trennt über
die gasige Phase flüssige und gasige von festen, flüchtigere von
weniger flüchtigen und so weiter. Im Falle der spagyrischen
Blutanalyse trennt sie das Wasser im Blut vom Blutkuchen. Der
Geruch des getrennten Wassers nach der Substanz, von der es
getrennt wurde, zeigt, daß gewisse Eigenschaften der Ausgangs-
substanz im daraus destillierten Wasser geblieben und konser-
viert worden sind.
   Das Wasser ist ein Lebenselement. Es hat verschiedene, das
Leben auf dieser Erde ermöglichende Eigenschaften:

als Verbindung zweier Wasserstoff- und eines Sauerstoffatoms
ist es eigentlich ein Gas; erst die Mehrfachbrücke zwischen

85

den Wasserstoffatomen gibt ihm das spezifische Gewicht einer Flüssigkeit auf der Erde;
es bildet drei Aggregatzustände mit unterschiedlichen physikalischen Eigenschaften aus und reguliert so als

Dampf/Gas	den oberirdischen Wasserkreislauf zum innerirdischen;
Wasser	den irdischen Lebenskreislauf in physikalischer wie in biologischer Hinsicht;
Eis	den innerirdischen und irdischen Wasserkreislauf in stoffetauschender und thermischer Hinsicht.

In der wäßrigen Phase des Wassers ermöglicht die stärkere Wasserstoffatombrücke eine widerstandsarme Übertragung von Impulsen. Das gesamte Wassersystem der Erde ist ein einheitliches Informationsfeld.

In der gasigen Phase des Wassers können einzelne Impulse als Informationsteile übertragen werden. Die so übertragene Information wirkt auf den Empfänger nicht wie eine Information, sondern wie eine impulsierende Motivation.

In der vor-eisigen Phase des Wassers, bei der Erhöhung des spezifischen Gewichtes unter vier Zentigraden, sorgt das Wasser für seine eigene dynamische und informelle Durchmischung.

In der eisigen Phase selbst werden Informationen konserviert.

Das Wasser ist speicher- und erinnerungsfähig. Es ist der beste Informationsträger und -überträger der irdischen Natur. Es ist beinahe überall anwesend, in allem Lebendigen stoffwechselbestimmend und organisierend. Seine Informationsübertragung geschieht physisch über thermisch und hydromechanische Prozesse, chemisch über Lösungen verschiedener Substanzen und molekular durch Änderung der Ebenen-Winkel der Atome $H=H$ gegenüber O und über die Varianz der H-Bindungen von Einfach- zu Mehrfachbindungen. Die grundsätzlich symmetrische Anordnung $=H-O-H=$ wird durch sie »umrichtende« (Informations)Kräfte asymmetrisch $=H-O_{-H}=$ oder $=H-O^{-H}=$ und so weiter, die H-Brücken verschiedenfach. Somit wird eine Molekülkette lesbar wie und als Sequenz.

Das asymmetrische Wassermolekül gewinnt in der Kochphase seine Symmetrie zurück; die vorige Information wird gelöscht. In der gleichen Kochphase, in der sie als gasiges Molekül noch an die Kochsubstanz, zum Beispiel Blut, gebunden ist, nimmt sie diese letzte Kontaktinformation auf, wenn es sich als Gas /Dampf/Molekül aus dem Wasser löst. Diese Information nimmt es in die Kondensation hinein und konserviert sie gleichzeitig, da sich das Molekül beim Abkühlen zusammenzieht. Das Ergebnis ist das destillierte, »informierte« Wasser.

Je unreiner oder salzgesättigter das Ausgangswasser ist, desto aufnahmeunwilliger gegenüber neuen Informationen ist das Wasser; mit dem Grad der Reinigung, beispielsweise durch mehrfache Destillation, wird das Wasser aufnahmefähiger und ermuntert sogar wasserunlösliche Stoffe, wie Edelmetalle, Ionen abzugeben und sich im Wasser substantiell zu lösen und/oder informell zu übertragen.

Das Wasser ist der allgemeinste und wirksamste Informationsspeicher der Erde. Im Falle von geschlosssenen Systemen wie Meeren, Seen und biologischen Körpern ist die Informationsübertragung genau und vollständig. Bei offenen Systemen wie Flüssen oder dem System (Meer->Luft/Wolken-Raum->Land/Meer) vollzieht sich nur eine ungenaue und unvollständige Übertragung.

Das Kristallisat

Vorgang: Am Ende der Destillation bleibt neben dem wäßrigen, klaren Destillat der feste Substanzrest, im Falle des Blutes der Blutkuchen zurück. Dieser wird in einem Zuge hintereinander getrocknet, verascht und verglüht. Das Ergebnis dieses als Calcination bezeichneten Verfahrens ist ein pulver- oder salzartiger Rückstand, das Calcinat. Wenn dieses Calcinat mit neutralem, beispielsweise zweifach destilliertem Wasser verbunden wird, dann kann die so entstehende homogene Lösung auskristallisiert werden, da das Calcinat in der Regel wasserlösliche Salze enthält, die kristallisationsfähig sind. Wenn man das gleiche (aus dem Blutkuchen gewonnene) Calcinat nicht mit dem neutralen Wasser, sondern mit dem informierten Wasser aus der Destillation des Blutes verbindet, dann wird auch diese homogene Lösung, jedoch gegenüber der ersten leicht verändert, auskristallisieren.

Das informierte Kristallisat unterscheidet sich von dem neutralen Kristallisat dadurch, daß die salztypischen Kristallformen verändert auf ähnlicher Grundtextur erscheinen. Die Information des informierten (Blut)Wassers »moduliert« die im Salz spezifisch gespeicherte Substanzinformation und beeinflußt den Kristallisationsprozeß, der sich durch diesen Einfluß in den Texturen und Formen der Kristalle verändert.

Wer Sauerkirschen destilliert, wird im Destillat, dem Kirschwasser, den Geruch der Kirsche wiedererkennen. Wer Blut destilliert, wird im Destillat den Geruch des Blutes wiederfinden. Der Geruch unterscheidet ein Kirschdestillat von einem Blutdestillat eindeutig, weil mit den hochwirbelnden Wasserdampfmolekülen manche flüchtigen Öle hinüberdestilliert werden; diese wirken als Information. Die Sauerkirsche (Prunus cerasus) ist ein Lebens- und ein Arzneimittel (Mandelentzündung, Husten, Entwässerung); das Destillat zeigt dieselbe Wirkung, obwohl keine sichtbaren Teile der Kirsche mehr in ihm nachweisbar und den ätherischen Ölen allein die Summe der Heilanzeigen nicht zuschreibbar ist. Wenn man die Kirschen weiter destilliert, dann verliert das Destillat den Kirschengeruch; es verliert jedoch nicht seine arzneiliche Wirkung, sondern vertieft sie. Das Kirschdestillat kann als substanzfreies, verunreinigungsfreies, aber informiertes Wasser angesehen werden. Denselben Vorgang können wir mit beliebigen Pflanzen, Mineralien, also auch mit Blut oder Urin nachvollziehen und beobachten. Unser Geruchsorgan besitzt das einzige sinnliche Kriterium, das uns eine unmittelbare Kontrolle des Destillats erlaubt; wenn seine Empfindlichkeit nicht ausreicht, dann können wir keine Aussagen über Herkunft oder Bearbeitungsstand des Destillats mehr machen. In diesem Falle müssen wir Instrumente benutzen, die die Sinne verstärken. Entsprechende instrumentelle Geruchs- oder Flüssigkeitsmessungen liefern uns unspezifische, selektiv eingeengte Ergebnisse. Die freie, unter den gleichen oder unter definiert abweichenden Bedingungen ablaufende Kristallisation jedoch kann im Mikroskop beliebig fein beobachtet und fotografisch festgehalten werden. Damit werden selbst Informationen von so unvorstellbar kleiner Intensität, daß sie mit anderen analytischen Methoden (einschließlich der Atomabsorptionsspektrografie) weder substantiell noch informell nachweisbar sind, auflösbar, lesbar und damit der weiteren Verarbeitung zugänglich.

Die Vereinigung des Destillats mit dem Calcinat wird Konjunktion genannt; das Ergebnis ist demnach das Konjunkt oder die eigentliche spagyrische Blutessenz, die ich als Arzneimittel »Homodot« nenne.

Das (über die Asymmetrie seiner Spin-Achse) informierte Wassermolekül »stört« den regelrechten (idealen) Ablauf der Kristallbildung des Konjunkts im Sinne einer elektromagnetischen Feldänderung, die sich gegenüber der Regel der kristallbildenden Kräfte als veränderte Formenorganisation im Kristallisat ausdrückt. Die Information, die ein am kochenden Blut vorbeistreifendes Wassermolekül ausnimmt, ist zwar in ihm als Einzelinformation gespeichert, muß aber in eine lesbare Ordnung gebracht werden. Das Lesen eines Buchstabentextes führt auch nur dann zu einer sinnreichen und dem ursprünglichen Informationszweck entsprechenden Information, wenn die gleiche Methode des Lesens wie des Schreibens benutzt wird. Ein von links nach rechts geschriebener Text ergibt in der Regel nur dann einen verständlichen Sinn, wenn er auch wieder von links nach rechts entziffert wird. Eine der spagyrischen Informationsübertragung ähnliche Informationsspeicherung kennen wir aus der Technik, beispielsweise die Tonabfolge eines Musikstückes auf einem an einem Tonkopf vorbeilaufenden, mit Eisenkristallen besetzten Tonband durch Polarisierung dieser Eisenkristalle zu speichern. Wenn man diese Kristalle aus ihrem Klebeverbund herauslöste, miteinander vermischte, sie wieder auf einem Band anordnete, um sie abzuhören, so würde man weder das ursprünglich gespeicherte Musikstück noch eine überhaupt als Musik zu identifizierende Ton- oder Klangfolge zu hören bekommen. Um eine Information zu übertragen, muß also die räumlich-zeitliche Abfolge der Eingabe genau bei der Wiedergabe eingehalten werden. Auch Verschlüsselungen und Verdichtungen jeder Art müssen auf dieselbe Weise wieder entschlüsselt und entdichtet werden, wie sie verschlüsselt und verdichtet wurden. Es ist leicht einsehbar, daß bei der spagyrischen Destillation kein ablaufendes Band die Abfolgerichtigkeit der Informationsübertragung gewährleistet. Hier spielen die texturellen Strukturierungen der Kristalle die ordnende Rolle: Die physisch-organische Substanz des Blutes wird übergeführt in seine salzartigen Grundstoffe; diese gehorchen in ihren Kristallisationen den Regeln ihrer eigenen Formbildung, die sich aus dem Zusammenschluß einiger Atome zu salz- und kristallisationsfähigen Molekülen ergibt. Die calcinierte, zu Salz gewordene und kristallisierende Blutsubstanz ordnet die komplex und ungeordnet übertragenen, informierten Wassermoleküle als Kristallmodulatoren jenen Kristallfeldern zu, die als Salze jener ursprünglich organischen Verbindung entsprechen, aus der die chemische und physische Information über den Zustand des Körpers an einem bestimmten Ort »herausdestilliert« werden konnte.

Kurz gefaßt: Das destillierende Wasser überträgt die physisch eingebundenen Informationen aus dem Blutkuchen in eine unphysische, jedoch an das Wasser als Träger gebundene Speicherform. Die organischen Bestandteile des Blutes enthalten in ihrer auf ihre chemischen Grundformen zurückgeführten Kristallform in direkter Übertragung den Ordnungsfaktor für die frei gespeicherten Informationen. Damit werden die im Wasser ruhenden Informationen ausschließlich über die Kristallisation mit dem aus dem gleichen Blute gewonnenen Salz lesbar. Eine Verbindung des Blutdestillats mit Salzen anderer Herkunft ergäbe zweifellos Kristallisate, doch ihre Formen wären nicht versteh- und lesbar. Gleichermaßen kann das Blutsalz frei mit jeder beliebigen Flüssigkeit auskristallisiert werden, ohne eine sinnvolle, reproduzierbare Lesbarkeit zu erbringen.

Zwischen dem Blut (beispielsweise) und dem aus ihm gewonnenen Kristallisat besteht eine direkte und ein-eindeutige Verbindung. Das gilt entsprechend für andere Substanzarten und ihrem Kristallisat, das über Destillation, Calcination und Konjunktion gewonnen wurde.

Die Information

Vorgang: Ein aus dem fließenden Blut gebildetes Konjunkt bildet im (festen) Kristallisat das (ehemals fließende) Blut ab. Das Kristallisat zeigt unterscheidbare Formen und aus der Kombination dieser Formen erzeugte Texturen. Diese Texturen müssen lesefähig gemacht, ihr Inhalt erlernt werden, um das Kristallisat als Information aus dem und über das Blut (oder eine andere Körperflüssigkeit oder Substanz) benutzen zu können:

Dies geschieht auf drei Wegen:

1 – Deduktiv: Es werden von Tieren und vom Menschen Organe und Organgruppen spagyrisch aufbereitet (destilliert, calciniert und konjugiert) und dann auskristallisiert. Die Organe zeigen unter den Säugern eine gleiche bis ähnliche Kristalltextur. Damit sind sie in der Umkehrung bei ihrem Auftreten in einem Blutdestillat als Organe identifizierbar.

2 – Induktiv: Das Blut oder der Urin von kranken Menschen, die an derselben Krankheit in klinisch manifester Weise erkrankt sind, wird auskristallisiert. Die allen gemeinsamen Texturen werden als die bezeichnende Textur dieser Krankheit angesehen und können umgekehrt auf sie hinweisen.

3 – Anaduktiv: Bei unbekannten Formen oder Texturen in einem Blut- oder Urinkristallisat werden diese mit (inzwischen 4500) Kristallisaten von (700) Heilpflanzen verglichen. Die dasselbe Kristallmuster zeigenden Heilpflanzen werden auf ihren gemeinsamen Indikations- und Anwendungsbereich hin geprüft. Dieser wird mit dem identifiziert und die so gefundene Zuordnung wiederum an den Kristallmustern gleicher Indikationskreise (Krankheiten) überprüft.

Empirisch ist damit eine Zuordnung zwischen den drei Erscheinungsformen (Blut : Kristallisat : menschliche Sprache) geschaffen worden, die für die tägliche heilkundliche Diagnose taugt und sehr sensible und spezifische Aussagen zuläßt. Diese erfahrungsgestützte Stimmigkeit zwischen Blut, Kristallisat und Diagnose soll für die Heilpraxis der Zukunft durch eine extrapolationsfähige (aus dem gegebenen Jetzigen das Künftige ausfolgern) holistische Logik ergänzt werden. Dazu muß das Sprach(en)problem überhaupt angesprochen werden als das Problem der Umsetzung einer Wirklichkeit in eine andere mit Hilfe eines vermittelnden Systems, das wir Sprache nennen. In unserem Falle ist es die Umsetzung der im fließenden Blut gespeicherten Information in das menschliche, physiologische Vorstellungssystem (Medizin, Heilkunde) durch ein informationsvermittelndes, umsetzendes System, nämlich das formen- und texturenbildende Kristallisat.

Die Sprachen besitzen einen Wortschatz und eine Syntax. Die Syntax ist die Logik, nach welcher die Worte als Informationsträger angeordnet werden, um mitteilbar und lesbar zu sein. Die Wörter sind Informationseinheiten mit einem abgegrenzten Informationsinhalt, die entweder aus der Verkettung (Reihung) einzelner Signale (Buchstaben oder Zeichen) bestehen oder aus komplexen Mustern. Die komplexen Muster sind meist ein-vieldeutig, die Verkettungen ein-(ein/wenig)deutig. Die informellen Grundzeichen selbst (Buchstaben) sind meist beliebig miteinander kombinier- oder reihbar, so daß unbegrenzt viele Informationseinheiten (Wörter) aus ihnen gebildet werden können.

Folgende Formenreihen als Informationsübermittler, die in unterschiedlichen, jedoch teilweise miteinander vergleichbaren Systemen als Sprache funktionieren und so teilweise ineinander übersetzbar sind:

I Mensch:

1 – Kettenbildungen:
Phonetische Sprache:
a b c d e f g h i k l m n o p q r s t u v w x y z
Informationseinheit: ein Buchstabe
Numerische Sprache:
0 1 2 3 4 5 6 7 8 9 (verschiedene Reihungskomplexe)
Informationseinheit: eine Zahl
2 – Komplexbildungen:
Eidetische Sprache:
Bilderschriften
Informationseinheit: ein geschlossenes Bild

II Bioforme Natur:

1 – Kettenbildungen:
Lineare Sprache:
DNA->RNA
Informationseinheit: eine Base
Synthetisch-lineare Sprache:
Gen->Keimblatt(system)
Informationseinheit: ein Chromosomen(paar)
2 – Komplexbildungen:
Hierarchische Sprache:
Keimblatt(system)->Zellspezialisierung->Organe
Informationseinheit: eine einheitliche Zelle
Kybernetische Sprache:
Gehirne->Nerven->Zellen und rückkoppelnd.
Informationseinheit: ein gerichteter Impuls

III Kosmoforme Natur:

1 – Kettenbildungen:
Komplex-akzidentielle Sprache:
Subatomare Bewegungs/Zeit/Raumereignisse
Informationseinheit: ein Teilchen-Ereignis

Komplex-lineare Sprache:
    Atome->AtomeSystem
    Informationseinheit: ein Atom
Komplex-synthetische Sprache:
    Moleküle->freie Verbindungen
    Informationseinheit: ein Molekül

2 – Komplexbildungen:
    Regulär-summative Sprache:
        Kristallisation->Kristall/Kristallisat
        Informationseinheit: ein Grundkristall
    Regulär-integrale Sprache:
        Kristallisationsfelder
        Informationseinheit: Kristallisatsform, -textur
    Irregulär-summative Sprache:
        Gemenge aus Kristallisaten, Sublimaten und anderem.
        Informationseinheit: eine identifizierbare Eigenschaft.
    Irregulär-integrale Sprache:
        Gemenge aus Gemengen
        Informationseinheit: eine identifizierbare Eigenschafts-
        menge.

Beispiel für die Austauschbarkeit von Grundzeichen (Buchstaben) in der menschlichen Sprache, wobei je nach Buchstabenrei-
hung eine andere Information (Wort) entsteht. In diesem Falle
wird die konstante Zeichenfolge a-/-er durch die variable Folge
a,b,c,d,e,f und g verändert:

Kette	Info Einheit	Wort	Bedeutung/Synonym	
a-a-er	aaer	aer	Luft	
a-b-er	aber	aber		jedoch
a-c-er	acer	acer	scharf	
a-d-er	ader	Ader	Blutgefäß	
a-f-er	afer	Hafer	Getreide	
a-g-er	ager	agger	Acker	Feld

Die Spagyrik benutzt in analoger Weise die regulär-integrale
Sprache der Kristallisationsfelder mit der Informationseinheit
der Kristallisatsform und der synthetischen Kristallisationstex-
tur, um die *fließenden* Verhältnisse im Körper in einen *stehenden*,

lesbaren Zustand umzuwandeln. Damit bilden sich die ständig sich verändernden Stoffwechselprozesse wiederholbar und speicherbar ab:

Kette	Info Einheit	Wort	Bedeutung	Auswertung
Kristallisat	K-Form	Koordi-	Organe	Diagnose
Kristallisat	K-Textur	nate	Funktion	Diagnose

Am Beispiel der im Kapitel 1.1 eingeführten ANADUKTIONEN soll das Problem der Sprachumsetzung innerhalb unterschiedlicher Dimensionen (Signaturenordnung) schematisch verdeutlicht werden:

I Anaduktion der Form: Signatur I. Ordnung
Kranker Körperort ← Analogie → Heilmittel
Nieren   Buschbohne

II Anaduktion der Textur: Signatur II. Ordnung
Kranker Körperort ← Analogie → Heilmittel
Kristalline   Kristalline
Textur   Textur

III Metaduktion der Struktur: Signatur III. Ordnung
Kranker Körperort ← Simulation → Heilmittel
Dysinformelles   Informelles
Feld   Feld

2 Das Verhältnis zwischen Formen und biologischen Prozessen

Das Kristallisat bildet auf dem Glas des Objektträgers, auf das es aufgetropft wurde, um später unter dem Mikroskop betrachtet und ausgewertet zu werden, ein rundes, aus dem Konjunkt-Tropfen heraus verfestigtes Feld aus, in dem drei Erscheinungen unterscheidbar sind:
1 (meist) drei Kreiszonen
2 kristalline Formen
3 kristalline Texturen als größere Formenverbände.

1 Die Kreiszonen

Die drei Kreiszonen zeigen sich im Idealfall als zwei äußere, kreisförmige, aneinanderliegende Bänder und eine innere Kreisfläche, alle von etwa gleichem, relativem Halbmesser. Diese Kreiszonen konnten durch empirischen Vergleich als die drei sogenannten Keimblätter identifiziert werden, die als entwicklungsgeschichtliche Charakteristik bei Pflanzen und Tieren bekannt sind. Die Keimblätter bilden eine zuerst unspezifische Gewebeform, aus der sich im Laufe der Entwicklungsgeschichte der Pflanzen und Tiere die als Organe bezeichneten charakteristischen und funktionellen Gewebeteile herausspezialisierten. Die Abbildung der drei natürlichen Keimblätter im Kristallfeld erfolgt reziprok:

Keimblatt	im Keimling	Stellung im Kristallisat	
Entoderm/ Inneres Keimblatt	innen	$\leftarrow^{\rightarrow}$	außen
Mesoderm/ Mittleres Keimblatt	Mitte	< = = >	Mitte
Ektoderm/ Äußeres Keimblatt	außen	$\leftarrow_{\rightarrow}$	innen

Mit Hilfe dieser empirisch gefundenen Abbildungsregel kann jede in einer Kristallisatsfläche auftretende Form oder Textur »topografisch« bestimmt und einem Keimblatt zugeordnet werden.

Innerhalb eines Keimblattes sind die Organe als spezialisierte Gewebe in gleicher, sich wiederholender Funktionslogik angeordnet, so daß sie aufgrund ihrer Stellung im Keimblatt identifiziert werden können. Der Lesemodus geht von außen (Kreisrand) nach innen (Kreismitte).

2 Die kristallinen Formen

Die kristallinen Formen konnten durch induktive, deduktive und anaduktive Versuchsreihen mit einzelnen Organen, mit Organgruppen und speziellen Gewebeteilen sowie mit Gewebebildungen identifiziert werden. Die Formen können an dem Ort auftreten, an dem sie von der Keimblattordnung her sein müßten (Kristallform für die Leber am Keimblattplatz für die Leber), dann sind sie »zu Hause« und somit selbst die Betroffenen des durch sie angezeigten patho/formen/logischen Prozesses; wenn sie jedoch an einem »fremden« Ort (Kristallform für die Leber am Keimblattplatz für die Nieren) auftreten, also »aushäusig« sind, dann zeigen sie damit an, welches Organ durch sie beeinflußt/geschädigt wird (hier: die Nieren werden durch die [fehlerhafte] Leber/funktion dys/funktionell beeinflußt). Alle sich im Kristallfeld als Kristallformen abbildenden Organformen weisen auf ein offen oder verdeckt (larviert, maskiert oder chronisch, akut und manifest) »erkranktes« Organ hin; »unkranke« Organe bilden sich nach meiner bisherigen Erfahrung nicht ab.

3 Die kristallinen Texturen als größere Verbände von Formen.

Die kristallinen Texturen sind aus kristallinen Formen oder Formengruppen zusammengesetzte, meist einheitlich, manchmal auch uneinheitlich gemischt strukturierte Formenfelder, in denen sich direkt oder indirekt die Funktionen der Organe oder der Gewebe abbilden. Wenn sie am richtigen Keimblattort auftreten, dann zeigen sie sich selbst als dysfunktionell, wenn sie am fremden Keimblattort erscheinen, dann zeigt sich damit ihr dysfunktioneller Einfluß auf das Organ des Keimblattortes.

Die verschiedenen logischen, experimentell und analog erarbeiteten Entsprechungen zwischen den Kristallformen und -feldern einerseits und den physiologischen Prozessen im Körper an bestimmten Gewebe- oder Körperorten andererseits sind in (sogenannten spagylogischen) Dateien erfaßt, zu denen über die elektronische Datenverarbeitung ein schneller Zugriff auch auf selten auftretende Formen und Zusammenhänge möglich ist.

Wenn man sich der Beziehung:

KÖRPERFELD < – SEELENFELD < – GEISTFELD

erinnert, die wir künftig besser als:

AUSDRUCKSFELD < – VERARBEITUNGSFELD < – PLANFELD

bezeichnen, um traditionell geprägte, sich möglicherweise dem neuen Verständnis unterlagernde Verstehensweisen auszuschließen, so ist damit angedeutet, daß bereits mit dem Auffinden einer körperlich manifestierten Störung des funktionellen (zellulären, organischen, metabolischen) Gleichgewichts im Körper die dahinter wirkenden, verursachenden Felder bestimmbar werden:

Verursachendes

PLANFELD = > »Geistigen« Dys/Funktionen
→ Reaktionen des Verarbeitungsfeldes
= > Auslösendes »seelisches Feld«
→ Reaktionen des Ausdrucksfeldes
= > Manifester KÖRPERORT

Aus spagyrischer Sicht lassen sich drei Anwesenheitsformen der menschlichen Art unterscheiden:

die phylogenetisch bestimmte,
die informell bestimmte und
die strukturell bestimmte Form.

Die *phylogenetische* Anwesenheitsform zeigt in der DNA, dem Erbgutträger, einen ausschließlich dominierenden Teil der phylogenetischen, quasikonstanten Information als feste Sequenz.

Dieser Typ vollzieht sein Leben in der biologischen Planmäßigkeit des aus dem Affenkörper herausentwickelten Menschenkörpers, ohne die spezifisch zoologischen Verhaltensformen der Vorfahren zu überwinden. Es ist der Mensch des Konsums, der Anpassung, der großen, sich nicht entwickelnden Menge. Seine Beeinflussung ist in dem Maße schwierig, als die erwartete Veränderung eine Abweichung vom phylogenetischen Plan voraussetzt. In der Regel reagiert er therapeutisch nur auf der Körperphase, da ihm eine Rückkoppelung in die verarbeitende Phase durch die invariable Konstanz der phylogenetischen Information nicht möglich ist. Die Menschen dieser Art sterben mit ihrem Tod, im Sinne des Wortes.

Die *informelle* Anwesenheitsform zeigt in der DNA einen höheren Anteil der variablen, also das Individuum ausdrückenden Sequenz.

Die Einflüsse der phylogenetischen Information bestimmen den körperlichen und weitgehend den seelischen Lebensablauf, jedoch besteht durch die Aktivierung der Stillen Zonen in der Großhirnzone die Möglichkeit, durch eigene Assoziationsketten die Individualität gegenüber dem kollektiven phylogenetischen Gesamten zu präzisieren. Dies ist der erfinderische, fleißige, tüchtige, der künstlerische, kultivierte und kultivierende, der pflegende und anpassungsfähige und bildfähige Mensch. Seine Beeinflussung geschieht in der Therapie über den Körper und gleichzeitig über die seelische Empfindungsschiene, einem Teil des Verarbeitungsfeldes, wobei die hochvariable Sequenz seines Planfeldes, das sich als variable seelische Verarbeitungsmöglichkeit darstellt, angesprochen wird. Die Rückkoppelung in das Verarbeitungsfeld ist möglich und meist auch, wenngleich keinesfalls verlustfrei, erfolgreich. Die Menschen dieser Art erzeugen für sich ein Wissen, das in der Regel dem gegenwärtigen Wissen der Menschen insgesamt im Sinne einer Interessenstruktur entspricht und spezifizieren sich gelegentlich über dieses Gesamtwissen hinaus. Mit dieser Spezifizierung nehmen sie am allgemeinen Wissenserwerb des Weltganzen in Raumzeit teil und übertragen das Besondere ihrer eigenen Existenz als Impuls zu einer weiteren Einkörperung auf ein körperfähiges Prägefeld.

Die *strukturelle* Anwesenheitsform zeigt einen dominierenden Einfluß der hochvariablen Sequenz der DNA auf die Denk- und Verhaltensform dieses Menschen, wenngleich seine äußere Erscheinung phylogenetisch geprägt ist.

Hier handelt es sich um die besonders wissensfähige und kreative Form der vor allem sprachlichen Genies, also der Philosophen und philosophischen Dichter, aber auch der sprachfähigen Komponisten, Physiker und Mathematiker. Die Assoziationsfähigkeit des Menschen wird hier besonders entwickelt und in mitteilbare Formen umgesetzt. Die Mitteilung verläuft auf reflektiven und abstrahierbaren Schienen (siehe J.S. Bach,

Goethe, Leibniz) nicht auf Bildern. Das durch diese Menschen spezifizierte Wissen ist beachtlich und wirkt vorbildend. Das Wissensganze wird durch die subjektive Struktur der Wissensform erheblich erweitert. Therapeutisch sind diese Menschen neben der körperlichen und seelischen Ausdrucks- und Verarbeitungsschiene über intelligente und logisierbare Formen des Denkens, Vorstellens und Assoziierens ansprechbar. Der von ihnen ausgehende Impuls ist stark formenbildend und wird mehrere körperfähige Prägefelder beeinflussen.

Die variable Sequenz der DNA ist das Maß für die unterscheidende Individualität eines menschlichen Wesens im Verhältnis zu der fast invariablen und phylogenetischen, allen Menschen als zoologische Information gemeinen Sequenz. Der progressiv-formierende Prozeß der basalen Information verläuft vom Prägefeld über das Planfeld zum Verarbeitungsfeld und manifestiert sich im Darstellungsfeld.

Für den praktischen und therapeutischen Gebrauch wird das Darstellungsfeld der drei Keimblätter in die zugeordneten Körperorte aufgefächert, um so zu einer körperlich erkennbaren Erkrankung den Grund (im Verarbeitungsfeld) und die Ursache (im Planfeld) rückerkennen und damit bearbeiten zu können. Diese Rückerkennung ist Teil der Regression (siehe dort) und gibt die Schwerpunkte der zu bearbeitenden Dysfunktionen an.

Der richtige Umgang mit diesen Zuordnungen setzt sehr viel Hintergrundkenntnisse und Erfahrung im spagyrischen Denken voraus.

Die nun folgende Zusammenfassung verschiedener Aspekte zur Krankheit des Menschen aus spagyrischer Sicht ist die teils empirisch, teils hypothetisch erarbeitete Folgerung aus den durch die Blutkristallisate sich ergebenden und manifest werdenden Zusammenhänge. Sie sollen hier nur kurz angerissen werden, ohne sie – aus Platzgründen – zu vertiefen:

Die aus dem Planfeld stammenden informellen Strukturen, die sich im Körper als Krankheiten oder Krankheitsanlagen manifestieren, führen dazu, daß sich in jedem Körper neben den biontisch vorgegebenen und symbiontisch mit dem Körper lebenden Fremdlebewesen, den sogenannten Keimen, auch solche einnisten und ihren eigenen erst kolonieartigen, dann populationsartigen Stoffwechsel entfalten, deren Stoffwechselprodukte oder deren physische Anwesenheit jene strukturell geschwächten

Teile des Körpers noch so weit funktionell beeinträchtigen, daß es entweder zu folgenreichen Stoffwechselbehinderungen oder zu Ausfällen bestimmter Stoffwechselteile führt, was sich als Krankheit oder als Krankheit zum Tode ausdrückt.

Die Auseinandersetzung zwischen den ihren eigenen Stoffwechsel zu Lasten des Körpers organisierenden Keimen und dem dadurch anders, fehlerhaft oder mangelhaft organisierten Körper verläuft mit unterschiedlichen Ergebnissen, was mit der kybernetischen Struktur der Keime zusammenhängt:

die pflanzenähnlichen Informationskörper
der Myzeten entsprechen dem Stammhirn-Entoderm;
die tierähnlichen Informationskörper
der Bakterien entsprechen dem Kleinhirn-Ektoderm;
die mineralähnlichen Informationskörper
der Viren entsprechen dem Großhirn-Mesoderm.

Die Abwehr gegen die *Myzeten* ist basal und damit entweder generell erfolgreich oder nicht. Die Myzeten sind für den Menschen stoffwechselfremde Lebewesen und damit seinem Körper nicht systemimmanent, was folglich keine direkte, sondern nur eine indirekte Abwehr zuläßt. Bei (tiefgreifender) dysfunktioneller Planfeldinformation, die sich in chronischen und auch rezidivierenden entodermalen Dysformationsprozessen ausdrücken wird, ist eine Balancierung zwischen den im Körper domestizierten Myzeten und dem Körper selbst nicht möglich, da die in die Dysfunktion abdriftende Funktion vorgegeben ist und damit durch einen entsprechend von der biologischen »Norm« abweichenden Stoffwechselprozeß die dauernde Besetzung des Organismus mit Myzeten erlaubt. Im Regelfalle, der auf die meisten Menschen zutrifft, werden sich die Myzeten in ihrer innerkörperlichen Ausbreitung optimal so verhalten, daß sie ihre eigene Lebensgrundlage nicht zerstören. In den zunehmenden, dysregulierten Stoffwechsellagen allerdings wird diese Optimierung immer häufiger überschritten, was kurzfristig zum Vorteil des Myzeten ist, langfristig aber ihm und mittelfristig dem Wirte schadet. Der myzetische Stoffwechseltyp manifestiert sich im über die Zellmembran laufenden gasigen Stoffwechsel der menschlichen Zelle.

Die Abwehr gegen die *Bakterien* ist funktionell und relativ erfolgreich, wenn der Steuerungspegel nicht durch andere dysfunktionelle Prozesse im Körper zu hoch getrieben wurde. Die Bakterien sind stoffwechselverwandte Lebewesen, die systemimmanent abgewehrt oder akzeptiert werden können. Das Ektoderm ist abwehr- und funktionsmäßig hochvariabel und anpassungsfähig, was sich unter anderem in der schnell balancierbaren Kompensationsfähigkeit der Haut zeigt. Es kann durch Änderung seiner eigenen Funktionsbedingungen die Milieuvoraussetzungen für die Bakterien schnell und wirksam verändern. Der bakterielle Stoffwechseltyp manifestiert sich als die aerobe und anaerobe Fähigkeit der Zelle, zu atmen und gasige wie flüssige Stoffe zu »wechseln«.

Die Abwehr gegen die *Viren* ist strukturell und ist durch ihre relative Nähe zu den Formen und Baustrukturen des Planfeldes selbst schwierig, da die Viren dem menschlichen Körper informell systemübergeordnet sind. Die ältesten der Viren, die sogenannten ikosaedralen Viren, zu denen die Polio- und Windpokkenviren ebenso zählen wie die des Herpes und von Aids, haben eine Baustruktur, wie wir sie aus der Heinz-Plato-Reihe als vollkommensten Körper kennen. Sie entsprechen von ihrem morphologischen Aspekt her mehr dem Bauplan der Mineralien, der Planeten und Großkörpersysteme als einem biologischen Komplex. Aus diesem Grunde verstehe ich sie als dem biologischen Leben vorrangig und, mehr noch, als eine Information enthaltend, die gewisse Kombinationen und Formenbildungen erst ermöglicht. Ein sogenannter Befall mit ikosaedralen Viren bedeutet für den Körper immer, daß eine ihm notwendige Basisinformation verlorengegangen ist, die nun durch den Virus ersetzt wird. Dieses Ersetzen hat für den Körper keinen einfachen heilenden oder vordergründig heilsamen Effekt, sondern den einer Korrektur, in deren Verlauf das Körpersystem sogar zerstört werden könnte. Der Überlebenstrieb des Individuums wird vom korrigierenden Plan nicht respektiert, wenn das Individuum seine eigenen Strukturen abiontisch werden ließ. Eine Virusmanifestation zeigt eine zuerst latente, nun offenkundig gewordene Abiose. Sie ist beeinflußbar über regulierende und ordnende Prozesse des Großhirns.

Das Informationsübertragungsmodell der Spagyrik zeigt die ungenaue Reaktion des die Abwehr steuernden sensorischen Systems, das über erbgutverändernde Krankheiten im Laufe der Entwicklungsgeschichte die zellulären Daten nur noch teilweise oder verstümmelt überträgt. Die Reaktion der die Abwehr steuernden Gehirne ist immer nur entsprechend der eingegangenen Information, also unzureichend. Dadurch bilden sich nicht erkannte und nicht bekämpfte Keimbevölkerungen, die im Körper wie Haustiere leben, obwohl sie einen für den Körper schädlichen, den Lebensverlust beschleunigenden Stoffwechsel betreiben. Die wesentlichen Keimarten sind

Bakterien, Myzeten und Viren.

Je nach Keimtyp kann die Entsprechung zum grundlegenden Keimblatt und Gehirnteil gebildet werden, unabhängig davon, wo sich die Keime am stärksten zeigen.

Die primären Keime, die von der Abwehr erfaßt werden, bilden (Protein)Toxine, die meistens mit dem Abwehrprozeß selbst neutralisiert werden.

Die sekundären Keime als Restbevölkerung aus der primären Infektion bilden ebenfalls durch ihren Stoffwechsel Toxine aus, die der Körper allerdings nicht erkennt und die als für den Körper oft giftige Eiweiße oder Aminosäurenrümpfe wie Katalysatoren einzelne chemische oder informative Prozesse des Körpers gelegentlich, dauernd oder degenerativ stören. Diese Sekundärtoxine sind verantwortlich für die Ausbildung chronischer Deformationen im Körper.

Die Sekundärtoxine selbst gehen in Reaktion mit Körpersubstanzen und veranlassen sie zur Bildung meist komplexer, aber nicht mehr lösbarer Verbindungen, die dann als toxiforme Katalysatoren, als Ablagerungen oder Konkremente (auch Steine) in den Hohlorganen, in den Gelenken, den Kopfhöhlen, dem Bindegewebe und der Muskulatur funktionshinderlich und -einschränkend erscheinen und wirken. Diese Form der Toxine nenne ich die Noxine.

Dem Menschen (der strukturellen Anwesenheitsform) ist es im kleinen Rahmen möglich, die degenerative oder tötende Information der Viren durch über großhirnische Prozesse der Assoziation gesteuerte Prozesse überflüssig zu machen oder zu neutralisieren. Das Tier, das in einer durch den Menschen vergifteten Umwelt lebt, wie es die Nordsee heute darstellt, hat diese Chance nicht, da sein Immunsystem den immer spezifischer und intelligenter werdenden Viren nicht gewachsen ist und ihm die Möglichkeit einer assoziativen Gegensteuerung fehlt.

Daß die Delphine und Wale, die dem Menschen selbst in den assoziationsfähigen stillen Zonen ihrer Gehirne überlegen sind, in der durch den Menschen gestörten Welt den Viren erliegen, scheint auf den ersten Blick ein Widerspruch zu der Behauptung, über das Großhirn Einfluß auf die Auswirkungen der Viren im Körper nehmen zu können. Auf den zweiten Blick jedoch erkennt man leicht das Dilemma, in dem diese Lungenatmer im Meer bei einem Virenbefall, den sie kompensieren müssen, stecken: Daß es zum Befall kam, zeigt entweder eine für diesen Fall erkennungsspezifische Schwäche; wenn der Infekt wirkt, dann muß die Abwehr auf diesen neuen Virus hin »erzogen« und die zu erzeugende Resonanz erst erkannt werden. Das benötigt Zeit, die sich die Delphine dadurch zu gewinnen suchen, daß sie ans Ufer schwimmen, um sich im seichten Wasser gesundzuruhen. Oft beträgt die Wegstrecke zum Ufer jedoch Tausende von Kilometern, so daß die Delphine dort zwar ankommen, aber dann an Erschöpfung sterben oder sich, gemeinsam, aufgrund der nun aussichtslos gewordenen Lage sterben lassen. Als Lungenatmer können sich die Delphine nicht einfach ins Wasser legen und schlafen; sie müssen ständig auftauchen, um zu atmen. Eine für ein erkranktes Wesen starke Belastung. Zudem hat sich das spezifische Gewicht des Meereswassers durch die menschlichen direkten und indirekten Verklappungen so verändert, daß die Delphinkörper nicht mehr den gleichen Auftrieb haben wie früher, so daß das ganz gewöhnliche Schwimmen oder im Wasser Treiben bereits mit beachtlichem Kraftaufwand verbunden ist; ein für ein erkranktes Lebewesen ebenfalls schwächender Faktor. Die mechanische Schwächung durch den veränderten Schwimmauftrieb, die toxische durch den Virus und die energetische durch die überlange Marschstrecke zum Strand besiegeln dann das Schicksal dieser hochintelligenten und sanften Wesen – wiederum durch des Menschen grenzenlos gewordene Schuld.

Der Befall des Körpers durch Keime, deren Stoffwechsel zerstörend wirkt, bedeutet eine funktionelle Schwäche in dem durch die jeweilige Keimart angezeigten Keimblättern, Gehirnen, bis ins DNA-Programm.

Die Toxinbildung als Folge des Stoffwechsels der unterschiedlichen Keime bedeutet eine methodische Schwäche der entsprechenden vorgelagerten Informationsgebiete.

Die Noxinbildung schließlich als Folge der giftigen Stoffwechselprodukte (Toxine) der Keime bedeutet eine strukturelle Reaktionsschwäche der angesprochenen Zonen.

Neue Einsichten in das Therapieren ermöglicht das spagyrische Blutkristallisat über die Zusammenhänge verschiedener Organe, die demselben Keimblatt angehören. Dies führt zu einer sehr erfolgreichen Stellvertreter-Therapie auch in jenen Fällen, in denen, wie beim Gehirn, der erkrankte Ort nicht direkt angegangen werden kann. Die Keimblattanalogie besteht unter Organen desselben Keimblattes durch chemische Ähnlichkeit, durch zelluläre Grundverwandtschaft und informelle Resonanzfähigkeit der Organe und Zellgewebe innerhalb des jeweiligen Keimblattes.

Das menschliche Lebensalter hat drei Grenzen:

Die erste ist durch eine fehlerhafte Sequenz der DNA bestimmt, die eine gewisse, nicht überschreitbare Anzahl von Zellteilungen ermöglicht: Nach Erreichen dieser Grenze stirbt die Zelle, ohne sich zu erneuern, und damit stirbt, direkt abhängig, der Körper. Wenn beispielsweise die Leber durch eine Infektion zu einer schnelleren Zellteilung veranlaßt wurde, um die absterbenden Zellen zu ersetzen, dann wird sie als Verband mit spezialisierten Zellen den Grenzwert früher errreichen als beispielsweise die Nieren, die nicht infiziert wurden. Beim Absterben der Leberzellen verliert der Körper aber wenigstens 1200 chemische Funktionen, für die er keinen Ersatz hat. Also stirbt er mit dem Zelltod seiner Leber. Bei einem grundsätzlich gesunden Körper fällt ein einzelner Organinfekt kaum ins Gewicht, da die normale Zellteilungsrate bei minimaler Zellteilungshäufigkeit für ein Lebensalter von etwa achthundert Jahren ausreichen würde.

Die zweite Grenze wird durch die erbdiathetisch wirksamen Krankheiten gesetzt, wie beispielsweise Tuberkulose, Lues und auch die Herpes-Spielarten (als Folge der phylogenetischen Korrektur an einer Art). Diese Krankheiten beziehungsweise ihre Keime, deren Toxine und deren Noxine haben einerseits eine Rückkoppelung ins Erbgut und schädigen andererseits einige physiologische Funktionen, deren Information dann ins Erbgut geschrieben wird. Wie groß der Einfluß dieser Erbdiathese ist, läßt sich an der theoretischen Lebenserwartung von achthundert Jahren und der realen zwischen siebzig und neunzig Jahren ablesen.

Gesunde Menschen, die kaum erkennbare Infektionen erleben, überschreiten trotzdem selten das Alter von neunzig Jahren. Hingegen können starke Infektionen das Leben beliebig zwischen einem Jahr und dem deutschen Lebenserwartungsmittelwert von zweiundsiebzig Jahren beenden. Diese während des Lebens erfahrenen Infektionen sind die dritte Grenze des menschlichen Lebensalters. Während die erste eine theoretische und zugleich konstante Obergrenze angibt, zeigt die zweite eine quasikonstante, in der Auswirkung leicht variable Grenze, die für alle Menschen mit kleinen Einschränkungen gilt. Die dritte Grenze ist dann eine variable Größe, die als individuell anzusehen ist. Mit jeder Infektion wird der Körper gezwungen, absterbende Zellen durch Teilung zu erneuern. Damit verzehrt er seinen theoretisch optimalen Bestand, der durch die Erbdiathese schon herunterschmolz. Je nach Heftigkeit der Infektionen und je nach Häufigkeit der Wiederkehr derselben, aus Restherden wiedererstehenden Infektionen oder neuer Infektoren oder symbiontischer Infektfelder, wird die individuelle Todesgrenze als Lebensobergrenze ständig korrigiert und verschoben. Diese Verschiebung bedeutet immer eine Verkürzung und nie eine Verlängerung.

Die spagyrische Regression verändert die Häufigkeit und die Heftigkeit von wiederkehrenden Infektionen und vermindert die Anfälligkeit für neue Keimvermehrungen durch ein rückwärts aufarbeitendes Reinigungs- und Ordnungsprogramm, das im Ausdrucksfeld, dem Körper, beginnt und in praktisch jedem Falle das Verarbeitungsfeld, die Seele, mit beeinflußt, wodurch die Empfindungen selbst und ihre Hintergründe verändert und neu strukturiert werden. Das spagyrische Verfahren erreicht damit neben der Lösung verschiedener Blockaden eine bessere Ausnutzung der noch verbleibenden Zellteilungsrate des Körpers, was praktisch einer Lebensverlängerung gleichkommt.

Mit Hilfe der spagyrischen Kristallisation lassen sich pathologische Entwicklungen darstellen, für die noch keine Erfahrungswerte der üblichen Analytik vorliegen. Typisch für diese Gelegenheit war das Ereignis um Tschernobyl: Zwar hatten die Atombombenabwürfe der Amerikaner über Hiroshima und Nagasaki sowie die nachfolgenden Prüfmessungen im Zusammenhang mit Versuchsbomben reichlich Daten verschiedener Art erbracht, doch war eine Emissionssituation mit entsprechenden meteorologischen Begleiterscheinungen, wie sie nach dem Reaktorbrand in der UdSSR auftrat, in dieser Form nicht erfaßt worden. Vor allem bestand eine große Unsicherheit über die anzusetzenden sogenannten schädlichen Grenzwerte der Maßdaten im Zusammenhang mit den zu erwartenden, aber nicht unmittelbar beschreibbaren Gesundheitsschäden. Da die selektiven naturwissenschaftlichen Meßverfahren eine definierte Meßgenauigkeit mit ebenso definiertem Meßumfang haben, ist es sicher, daß unbekannte Erscheinungen dann nicht erfaßt werden können, wenn ihre Datenstruktur weder dem Umfang noch dem Charakter nach in der Messung vorgesehen oder gar nicht meßbar sind. Daher waren nicht nur die verschiedenen Aussagen der sogenannten Experten verwirrend und widersprüchlich – wobei ihre sogenannten wissenschaftlich gestützten Prognosen methodisch nicht anders zustandegekommen waren als das Ergebnis eines Kaffeesatzlesens: Erfahrung, Intuition und Vorstellungsvermögen –, sondern auch untauglich, über eben jenen Faktor Auskunft zu geben, der alle berührte: die mögliche und zu erwartende Gesundheitsschädigung.

Anhand mehrerer tausender Kristallisate, beginnend mit Anfang Mai 1986, verfolgte ich im Vergleich zu den Kristallisatstypen des Jahres 1985 die typischen Veränderungen bis zum März 1987 und konnte folgende, in praktisch allen Kristallisaten, die aus Gegenden der erhöhten Radioaktivität nach dem Reaktorunfall bei mir einliefen, auftretenden physiologischen Prozesse aus ihren kristallinen Formen und Texturen verfolgen. Das von mir so genannte Tschernobyl-Post-Syndrom (TPS) lief von den ersten Tagen der Emission des radioaktiven Staubes bis zum März 1987 in den folgenden Stufen ab (diese Beobachtungen beziehen sich auf Blutproben von mitteleuropäischen Menschen):

Stufe 1	Thyreotoxikose;
Stufe 2	Nephritische Syndrome;
Stufe 3	Paraleukämische Formen;
Stufe 4	Lymphknoteninfekte;
Stufe 5	Lymphgewebebelastung;
Stufe 6	Mykotische Degeneration;
Stufe 7	Natrium-Isotopenspeicherung;
Stufe 8	Leukämoide Formen.
Stufe 9	Neurale Formen mit möglichen Lähmungserscheinungen als Impulsübertragungsstörungen zwischen dem Zentralen Nervensystem (ZNS) und dem Peripheren Nervensystem (PNS).

Stufe 10	Mykotisierungsschub mit Ausbildung einer Leber-Nieren-Toxin-Schaukel.
Stufe 11	Parakanzeröse Schübe im Bereich der Leber mit toxischem Rückbezug auf die Lungen.
Stufe 12	Pankreasdysfunktionen lösen über die Leber degenerative Prozesse in den Darmmukosen aus.
Stufe 13	Leukämoforme Degenerationen im entodermalen Bereich mit negativem Einfluß auf die Erythropoese.

(Jede Stufe dauerte zwischen drei bis sechs Wochen, wobei es landstrichabhängige Überschneidungen und Überlagerungen gab.)

Um sich den Wert der spagyrischen Methode für diesen einen Fall, aber auch für alle künftigen derselben Art oder anderer, bei denen das ökologische Gleichgewicht zusammenbricht, zu vergegenwärtigen, muß man klar erkennen, daß die sogenannte naturwissenschaftliche, analytische Methode nur mißt, was sie kennt, und daß sie nur messen kann, was ihre Geräte vermögen (hinsichtlich Sensibilität, Spezifität und Komplexität); daß aber das spagyrische Kristallisat eine direkte Informationsübertragung aus einer Ebene in eine andere ist, in der eine Information, die uns vordem in ihrer komplexen, holistischen und folgerungsträchtigen Form nicht zugänglich gewesen wäre, nun lesbar, deutbar und verwendbar wird. Auf einen populären Nenner gebracht: Das Unbekannte wird unmittelbar und unverfälscht bekannt gemacht. Dies wird sich bei den bevorstehenden Katastrophen mit ihren Folgen für uns und die uns angehenden Lebewesen als unschätzbarer Vorteil und Nutzen erweisen.

3 Die Auswertung

Die Auswertung des Kristallisats ist der erste, ein sichtbares Ergebnis bringende Zwischenschritt im spagyrischen Heilverfahren und entspricht dem Erstellen einer Diagnose. Das kristallisierte Blutkonjunkt wird einer mikroskopischen Inspektion unterworfen, die meist im Dunkelfeld mit niedrigen Abbildungsmaßstäben stattfindet. Die aufgefundenen Formen oder Texturen werden nach den erarbeiteten Grundsätzen der Analogie

erkannt,
gelesen
einer Datei zugeordnet.

Die Datei enthält die Daten über die physiologischen, organischen, metabolischen, pathologischen und degenerativen Entsprechungen zwischen der Kristallform und den menschlichen Körperfunktionen sowie jene der entsprechenden, anadotischen Heilessenzen, die den Umstimmungsprozeß stützen und beschleunigen sollen. Am Ende der Auswertung hält dann der Behandler oder der Patient den Auswertungsbogen in der Hand, der ihm detaillierte Aufschlüsse über den funktionellen Zustand des Körpers und, da dieser Ausdrucksort anderer informeller Prozesse ist, der seelischen Verhaltenshintergründe liefert.

Der Auswerter findet auf seinem gläsernen Objektträger, auf denen das Konjunktat auskristallisierte, zwei Tropfen vor. Dies hat folgenden Hintergrund: Bei einem Körper, der sich zum Zeitpunkt der Blutabnahme in einem stabilen Zustand – ob krank oder gesund – befand, kristallisieren alle aufgetropften Konjunktate unter gleichen Laborbedingungen gleich und weitgehend formidentisch aus.

	Stabiler Zustand	
Formen/Texturen des ersten Kristallisationsfeldes	=	Formen/Texturen des zweiten Kristallisationsfeldes

Befindet sich der entsprechende Körper hingegen in einer Übergangsphase – entweder zur Verschlechterung durch Anlaufen einer Infektion beispielsweise oder durch Verbesserung durch »Aushitzen« eines Infektes über Fieber –, dann kristallisieren alle

Konjunktate in zwei unterschiedlichen Typen: Der eine Typ gibt den Ausgangszustand an – erkennbar an stabil strukturierten Kristallstegen – und der andere die Entwicklung mit einer teilweisen Möglichkeit, das Ziel und Ende abzuschätzen – erkennbar an »verschmierenden«, sich lösenden Formen.

Instabiler, dynamischer Verlauf

Formen/Texturen		Formen/Texturen
des ersten	$= / =$	des zweiten
Kristallisationsfeldes		Kristallisationsfeldes

Auch solche Phasen, in denen der Körper aus einer entzündlichen Lage, in der er einen erhöhten Flüssigkeitsspiegel im betroffenen Zellgebiet unterhält, in eine stabile Phase übergeht, in der er wieder »festere« Formen im Kristallbild zeigt, sind deutlich von den vorigen, umgekehrten, unterscheidbar.

Die übliche Auswertung begnügt sich mit dem Aufweis der körperlichen Dysfunktionen, da es nur sinnvoll ist, die weitergehenden, das Verarbeitungs- und Planfeld betreffenden Aussagen zu machen, wenn der Behandler pädagogisch mit diesen Daten umzugehen weiß und sie dem Patienten entsprechend umsetzt.

Die Auswertung geschieht nach unterschiedlichen Gesichtspunkten als

Schwerpunkt-Auswertung,
Voll-Auswertung und
Kommentierte Auswertung.

Die *Schwerpunkt-Auswertung* beschränkt sich auf die Angabe der auffälligen, wesentlichen, die Gesundheit gefährdenden, im Kristallbild erkennbaren Dysfunktionen.

In der *Voll-Auswertung* werden alle Körperorte und Funktionen des Auswertungsbogens durchgeprüft und abgefragt und die entsprechenden Befunde aufgezeigt, so daß der gesamte Körperzustand als überprüft gelten kann.

In der *Kommentierten Auswertung* wird neben einem individuellen Kommentar des Auswerters, der die gesamte physiologische Situation aus spagyrischer Sicht beschreibt, eine detaillierte, auch psychologisch orientierte Fragebeantwortung des Behandlers zu dem jeweiligen Fall durchgeführt.

HYPO-, HYPER-ERGIE: damit wird der energetische Zustand angegeben, in dem sich aus der Sicht des das Kristallisat beurteilenden Auswerters der betreffende Körperort befindet. Das spagyrisch-physiologische Modell geht von folgenden Ergie-Stufen aus:

HYPO

− 5   Endstadium einer dys- und unterfunktionellen Entwicklung, in dem die vitalen Funktionen auf das biologisch eben noch erträgliche Minimum reduziert wurden; andererseits können hohe und kaum mehr abbaubare Toxin- und Salzdeponien gebildet worden sein, die zu einem chronischen Störfaktor des gesamten Stoffwechsels werden. Dieser Zustand ist bei sehr weit vorangeschrittenen Sklerosen ebenso wie bei sogenannten kachektischen Krebsformen (siehe unten) in den Endstadien beobachtbar. Eine vollständige Rückbildung ist in der Regel nicht mehr zu erwarten, jedoch eine graduelle Besserung.

− 4   Starke Dys- und Unterfunktion, die sich als funktionelle Einschränkung der Organleistung ausdrückt, wobei die Viskosität des humoralen, gesättigten Milieus zu regelmäßigen (chemischen) Ausfällungen und Ablagerungen führt, die sich beispielsweise als Steine, als Gelenksklerosen oder andere Organsklerosen ausdrücken. Dieser Zustand kann noch als reversibel gelten.

− 3   Merkliche Dys- und Unterfunktion, die sich als »Krankheit« sensorisch und physiologisch manifestiert, wobei die humorale Viskosität weiter zunimmt und erste Ablagerungstendenzen im Sinne einer Ausfällung aus gesättigter Lösung zu beobachten sind. In der Regel besteht hier noch volle Reservibilität des Zustandes.

− 2   Schwache Dys- und Unterfunktion bei leicht angehobener Viskosität des humoralen Milieus, wobei sich beim Patienten leichte Beeinträchtigungen des Befindens bemerkbar machen.

−1	Leicht dys- und unterfunktioneller Zustand; ohne irgendwelche Symptomenbildung.
00	Hypothetischer Idealzustand einer völlig ausbalancierten und harmonischen Organfunktion, in welchem Falle sich der entsprechende Körperort im Kristallisat überhaupt nicht abbilden würde.

HYPER

+1	Leicht überfunktioneller Zustand als Antwort auf einen leichten akuten oder einen chronischen Keimherd, der stationär ist.
+2	Schwacher, jedoch schon symptomenausbildender Zustand mit leicht erniedrigter Viskosität bei beginnender Lysis (Entzündungsschwellung) oder Zeichen einer leichten, anlaufenden Entzündlichkeit; erste subfebrile (knapp unter dem Fieber) Temperaturen sind möglich.
+3	Merkliche Symptome einer Entzündung oder eines entzündungsartigen Zustandes mit Gewebeschwellung und/oder sub/febrilen Temperaturen und/oder beginnender Lysis im Sinne einer weiter erniedrigten Viskosität des humoralen Zellmilieus zur besseren Ein/Ausschleusung von antitoxischen/neutralisierten Stoffen. Dieser Zustand wird vom Patienten oft nicht mehr ausdrücklich bemerkt, wenn er das Ende einer einmaligen und heftigen oder einer verketteten, häufig auftretenden Infektion ist. Er zeigt in diesem Falle einen chronisch toxischen Zustand an.
+4	Starker, entzündlicher oder lytischer, eine Aggression abwehrender Zustand mit minimaler Zellviskosität bei hoher humoraler Stoffedurchschleusung der Zellgewebe. In diesem Zustand treten oft abwehrbedingte febrile Temperaturen bei meist erheblicher Schwellung der Gewebe auf. Sollten aus organphysiologischen Gründen keine Fieberschübe möglich sein, dann versucht der Körper durch erhöhten Stoffumsatz in den Zellen dasselbe Ziel zu erreichen. In dieser Phase werden häufig die Toxindepots teilweise oder ganz aufgelöst, was zwischenzeitlich eine erheb-

liche Ausscheidungsbelastung für die Lungen und die Nieren bedeuten kann. In dieser Phase ist der Körper in seiner höchsten, noch steuerbaren und kontrollierbaren Abwehraktivität. Diese Phase darf nie chronisch werden, da der Körper sonst die eigene Zellstruktur durch thermische oder metabolische Überlastung zu zerstören beginnt.

+5   Starke lytische, niedrigstviskose, maximale stoffwechselnde Phase von extremer antitoxischer Wirksamkeit bei gleichzeitiger Gefährdung des eigenen Zellbestandes durch Hyperthermie, Zellmembranschädigungen und Bildung unlösbarer Noxine (chemische Verbindungen durch Reaktion der Toxine auf das Körpereiweiß), die zu chronischen metabolischen Irritationen führen. In dieser Phase sind die Abwehrmechanismen des Körpers übersteuert und können nicht mehr gezielt geregelt werden. Der Prozeß endet entweder durch Ermüdung des Immunsystems, was eine Reihe von toxisch und noxisch negativen Konsequenzen für den Körper hat, oder durch Auflösung seiner Zellstrukturen, was je nach metabolischer Wertigkeit des betroffenen Zellverbandes den Tod des Gesamtorganismus zur Folge haben kann. Wenn die Phase nur kurz anhält und als überschießender Schub einer schnell angelaufenen Phase +4 aufzufassen ist, dann sind die produzierten Schäden unerheblich, wenn die Phase keine lebenswichtigen und empfindlichen Gewebe, wie beispielsweise die Gehirne, erreichte. Entsteht diese Phase +5 allerdings durch chronisches, hyper-erges Übersteuern aus den Phasen +1 bis +4, dann muß mit irreversiblen Schäden am betroffenen Zellsystem mit dauernder Funktionsminderung gerechnet werden.

Oft treten in den Auswertungsbögen Mischwerte auf, wie zum Beispiel die Werte −3/+2. Dies bedeutet, daß abgelagerte Toxine wirksam sind, die sich teilweise ins Stoffwechselgeschehen störend einschleusen, oder daß der Prozeß von der hypo-ergen Lage in die aktivere, hyper-erge schwankt. Der anschließende Kurzbefund, beispielsweise »Toxikose«, zeigt, daß es sich in der hypoergen Seite (Wert −3) um eine Toxinanlagerung handelt, die zu chronischen (daher nur Phase +2) und gezügelten Abwehrmaßnahmen führt.

Die in der Auswertungsmaske in der Form von gleichen Zahlen auftretenden Reihen ersetzen einen grafischen Balken und geben zugleich nochmals die Zahl der bisher für diesen Patienten durchgeführten spagyrischen Untersuchungen an, also die 1 für die erste Untersuchung und so fort.

Die Angabe KANZER betrifft das Stadium, in dem sich eine möglicherweise kanzeröse oder maligne Gewebeentwicklung befindet. Dabei lege ich folgenden Maßstab zugrunde:

präkanzerös/pk Metabolischer Zustand, der durch eine chronische Gewebeazidose oder starke Parasitose erkennbar wird, aber noch keine neoplastische Auswirkung hat. Ein allgemeines, jederzeit korrigierbares Vorstadium einer späteren manifesten Krebsentwicklung.

kanzerös1/k1 Die kanzerogenen, metabolischen Prozesse führen bereits zu Abnormitäten im Stoffwechselverhalten, was sich in veränderten Kupferwerten, erhöhten alkalischen Phosphatasen, erhöhten Transaminasen und so weiter ausdrücken kann. Der azidotische und zyanotische (Sauerstoffmangel) Aspekt des Gewebes nimmt zu. Der Zustand ist vollständig reversibel.

kanzerös2/k2 Hier sind die ersten dauernden malignen Zellbildungen zu verzeichnen, die allerdings sporadisch als Ausdruck einer metabolischen Insuffizienz und nur gelegentlich lokal fixiert auftreten. Die lokalen, kanzerösen Felder liegen unter 8 mm Durchmesser. Bei dieser Phase endet die Angabe in der Auswertungsmaske; alle weiteren Hinweise sind im kommentierenden Text oder im Kurzbefund enthalten, um einen höheren Aufmerksamkeitswert für die nun schwieriger werdenden

Krebsphasen zu erreichen. Die Phase 2 ist nach meiner Erfahrung vollständig reversibel.

kanzerös3/k3   Diese Phase bezeichnet ein manifestes Karzinom von mehr als 10 mm Durchmesser, das mit klinischen Methoden nachweisbar ist. Seine Reversibilität liegt innerhalb der spagyrischen Therapie über 95 %.

kanzerös4/k4   Metastasierung der Phase 3. Reversibilität innerhalb der Spagyrik über 70 %.

kanzerös5/k5   Endphase mit keinen Möglichkeiten der rückbildenden Beeinflussung seitens der Klinik. Die spagyrische Therapie hat hier signifikant gute Ergebnisse bei häufig guter Reversion erzielen können.

Nun folgt die spezielle Beurteilung der Körperorte nach besonderen Belastungs- und Mängelmerkmalen. Die Auflistung erfolgt nach der gleichen Abfolge von Keimblatt und Körperort, wie sie im Auswertungsdiagramm benutzt wird.

01 ENTODERM
10 LYMPHE
11 -Mandeln
12 -Milz
.
.

KEIMBLATT: zum Beispiel: Entoderm
Körperort: zum Beispiel: LEBER
Beurteilung:

Viren:	wie stark, welche?
Bakterien:	wie stark, welche?
Myceten:	wie stark, welche?
Elektrolyten:	Mangel, Verwertungsstörung, welche Mineralien?
Sonstiges:	besondere Auffälligkeiten
	Induktive Störzonen: welche, wo, wie stark?

.
.

65 -Eierstöcke
66 -Keimdrüsen
70 NERVENSYSTEME
71 -Autonomes NS
72 -Zentrales NS
73 -Peripheres NS

Das anschließende Therapiekonzept unterscheidet folgende Formen:

Homodot

(Destillat, Calcinat und Konjunktat aus dem Blut/Harn/anderer beliebiger Körpersubstanz des Patienten)
Einnahme:...(neben einer Standardregelung finden sich Abweichungen entsprechend der Art der Erkrankung (siehe Kapitel 3,1).

Antihomodot

(Destillat, Calcinat und Konjunktat aus dem über besondere Kulturböden angebrüteten Proben des Blutes/Harnes/anderer Körpersubstanzen des Patienten)
Einnahme:... (neben einer Grundregelung finden sich Abweichungen entsprechend der Art der Erkrankung (siehe Kapitel 3,1).

Anadot

(Destillat, Calcinat und Konjunktat aus vorzüglich Pflanzen, die zuerst vergoren wurden, oder anderen Substanzen, die über Rotation in wäßrige Lösung gegangen sind, ausgewählt nach dem Grundsatz der Formenähnlichkeit zur Unterstützung des informell durch das Homodot ausgelösten Regressionsprozesses und zur Stützung besonders schwacher Organe, zum Beispiel Herz.)
Die Rezeptur erfolgt in Anteilen einer bestimmten Flaschengröße (zum Beispiel 100 ml) und wird vom Auswerter bereits bei der Auswertung des entsprechenden Körperortes im Auswertungsdiagramm festgelegt.
.nn ml   ...
.nn ml   ...
.nn ml   ...
.nn ml   ...

.nn ml   ...
.nn ml   ...

Einnahme: neben einer Standardregelung finden sich Abweichungen entsprechend der Art der Erkrankung und der angewendeten Anadot-Essenzen (siehe Kapitel 3,1).

Behandlungsvorschläge:
... (Die Behandlungsvorschläge richten sich nach dem Gesamtbild des Kristallisats in Verbindung mit den informativen, anamnestischen Vorgaben des Behandlers zu dem Patienten oder den klinischen Meßwerten. Siehe (4,2) Spagyrisches Vademecum).

Kommentar:
... (Der Kommentar richtet sich entweder nach den Gesichtspunkten des Auswerters aus, der dem Behandler aus seiner Sicht besondere Hinweise zur Diagnose oder Therapie gibt, oder er beantwortet hier die einzelnen Fragen des Behandlers über seinen Patienten).

Klinische Parameter:
... (hier werden alle entweder neu gemessenen oder bereits vom Patienten vorgegebenen klinischen Meßwerte aufgenommen, um gegebenenfalls eine Beziehung zwischen ihnen und den spagyrischen Formen zu dokumentarischen Zwecken durchzuführen.)

Erbdiathese:
... (Angabe jener familiären Vorerkrankung, die das gesamte Funktionsbild des Patienten wesentlich und dysfunktionell zu beeinflussen scheint, zum Beispiel Tuberkulose.)

Veränderungszahl:
... (Die prozentuale Angabe der Verbesserung oder Verschlechterung versucht alle Phänomene zu berücksichtigen und daraus einen Gesamteindruck zu gewinnen, der als Trend zu verstehen ist. Selbst wenn einzelne Organe im Auswertungsdiagramm als schlechter erscheinen, so kann die Gesamttendenz dennoch positiv sein.)

Empfehlung zur Nachkontrolle:
am ..,..,..; (Diese Empfehlung ist ein Richtwert, der sich aus dem gegenwärtig interpretierten Zustand ergibt. Er muß unter Umständen verkürzt, selten jedoch verlängert werden.)

Die weitergehende Erläuterung der obigen Begriffe findet sich im (4,3) Spagyrischen Wörterbuch; siehe dort.

Es gibt ein medizinisch-physiologisch bisher kaum wahrgenommenes, nicht erklärbares Phänomen, das die Richtigkeit klinisch gemessener Blutparameter in Zweifel stellt: Es ist erstaunlicherweise ein Unterschied, ob man das Blut beispielsweise aus der linken oder aus der rechten Armvene abnimmt. Klinisch unterscheiden sich die Werte meist in den Mineralstoffen, dann in den Transaminasen; spagyrisch-kristallisch in der Sauerstoffverwertung, wobei angelegte Leberschwächen stärker hervortreten. Dieser Umstand läßt sich in folgender Relation ausdrücken:

Klinische Paramter : Spagyrische Texturen
= Transaminasen : Leberschwäche
= Mineralstoffe : Sauerstoffverwertung,

wobei einmal die relative Entsprechung zwischen den klinischen und den spagyrischen Aussagen auffällt und zum anderen ein Hinweis auf die Hintergründe der unterschiedlichen Blutqualität an den beiden Armen erfolgt. Die relative Entsprechung zwischen beiden Verfahren demonstriert aber zusätzlich die am Anfang dieses Buches behaupteten Unterschiede zwischen ihnen: Das klinische Verfahren mißt, was es kennt und sagt (in unserem Falle) aus, daß bestimmte Mineralstoffe fehlen und daß die die Leberfunktion bezeichnenden Transaminasen erhöht sind. Das spagyrische Verfahren hingegen nennt die funktionellen Hintergründe unseres Falles: nämlich die Sauerstoffverwertungsstörung in der Leber, was für ein Lebewesen ein ziemlich intimes und schwieriges Stoffwechselproblem darstellt. Die Lösung der Frage nach dem Grund der unterschiedlichen Blutqualitäten liegt in der den beiden spagyrischen Aussagen hintergelagerten Kette, die meßmäßig und selektiv klinisch bestätigt wurden: Einer der beiden Arme verbraucht mehr Sauerstoff und belastet damit das System mehr als der andere; einer von beiden braucht durch höhere Aktivität auch mehr Mineralien. Damit kann ich die inzwischen in Reihenversuchen bestätigte Hypothese formulieren: Der Gebrauchsarm zeigt die aktuellen Belastungen eines Körpers präziser und ausdrücklicher an als der Ruhearm, da der erste den Körper eher an die Toleranzgrenzen führt, innerhalb derer eine Entartung noch nicht als solche empfunden und angezeigt wird.

Für die Blutabnahme bedeutet dies, um einen aktuellen, von den Voraussetzungen standardisierten Status der körperlichen Verhältnisse zu erhalten, daß das Blut abgenommen werden soll an der Vene des

Linkshänders am linken Arm und des
Rechtshänders am rechten Arm.

Für die Blutabnahme bedeutet dies, um einen aktuellen, von den Voraussetzungen standardisierten Status der körperlichen Verhältnisse zu erhalten, daß das Blut abgenommen werden soll an der Vene des

Linkshänders am linken Arm und des
Rechtshänders am rechten Arm.

3 Die spagyrischen Anwendungen

1 Die laborantischen, spagyrischen Zubereitungen und ihre Anwendungen
(Essenzen: Homodot, Antihomodot, Anadot)

Das Ergebnis der spagyrischen Laborarbeit sind die

Kristallisate und die sogenannten
»Dote« (die spagyrischen Essenzen: Homodot, Antihomodot
und Anadot).

Die Kristallisate dienen zur Fixierung der »fließenden« Information in eine speicherbare und lesbare Form, was dann zur reproduzierbaren Auswertung und Diagnose führt. Die Dote sind der therapeutische Teil der laborantischen Arbeit mit unterschiedlichen Ausgangssubstanzen (vom Blut bis zum Metall), mit unterschiedlichen Zubereitungsmethoden (Homogenisierung, Vergärung, Rotation), mit immer derselben Transformationsmethode als dem Kernstück der spagyrischen Arbeit (Destillation, Calcination, Konjugation) und schließlich mit unterschiedlichen Zielsetzungen:

Homodot: Kompensation des pathoformen Gesamtprofils des Körpers;

Antihomodot: Aktivierung der kleinhirngesteuerten Abwehr der durch domestizierte oder blockierte Keimherde entstehenden Toxine;

Anadot: Substitution (und Kompensation) organischer Funktionsschwächen allgemein und speziell während der Regression.

Beschreibung der spagyrischen Anfertigungen:

Homodot (HO), Antihomodot (AHO) und Anadot (AN).

HOMODOT

Herstellungsweise: Es wird aus körpereigenen Flüssigkeiten oder Geweben, in der Regel aus Blut oder Urin, gelegentlich aus Lymphflüssigkeit, Speichel, Schweiß, auch Kot oder Hautresten durch direkte Destillation, anschließende Calcination und abschließende Konjunktion hergestellt.

Bezeichnung: Das Homodot ist ein eingetragenes Warenzeichen. Um darauf hinzuweisen, aus welchem Stoff es jeweils gewonnen wurde, stellt man den Ursprungsstoff (zum Beispiel Blut) dem Wort Homodot voran: (Blut)-Homodot.

Wirkweise: Auf der gedächtnisfähigen und übertragungsfähigen Wasserschiene des Körpers wird seine Information bei Unterlaufung der subsensorische Schwelle (Fünf-Tropfen-Regel: ideale Übertragungs-Einnahmedosis: fünf Tropfen, höchstens sieben Tropfen!) dem Gehirn, vorzugsweise dem Kleinhirn, in weniger als zwanzig Sekunden zur Verfügung gestellt, womit der regulierende Ist-Soll-Vergleich abläuft, der dem Körper seine eigenen Toxinherde, seine domestizierten Parasitenherde und seine funktionellen Schwachstellen holistisch und qualitativ erkennen und dann aufarbeiten läßt.

Anwendungsweise:

a – sublingual: Die Tropfen werden unter die Zunge getropft und dort solange bewegt, bis sie den Geschmack des umgebenden Speichels angenommen haben; dann werden sie geschluckt.

b – injektiv: Es kommen normalerweise nur subkutane und/oder intrakutane Injektionen in Frage; dazu wird etwa ein Tropfen des Homodots mit etwa 5 ml isotonischer Lösung vermischt und mit einer 20er Nadel, mit hautwärts gewendetem Nadelanschliff, in die Haut an folgenden Punkten eingestochen:

Schmerz- und Sulzpunkte,

Akupunkturpunkte nach Befund und

segmentale Reaktionspunkte.

c – Intramuskulär sollte das Homodot nur mit vermischtem Venenblut angewendet werden. Ein günstiges Mischungsverhältnis ist: Homodot : isotonischer Lösung : Venenblut = Zwei Tropfen : 2 ml : (1–4 ml).

Diese Anwendungsform eignet sich für alle stark akuten und stark chronischen oder blockierten Prozesse (Phasen ±4/5).

d – Infusiv kann das Homodot als Spezialzubereitung (nur für fachkundige Behandler) selbst tiefliegende Blockaden öffnen und schwer beeinflußbare Fälle günstig beeinflussen.

Stellung innerhalb der spagyrischen Therapie: Das Homodot ist das zentrale Heilmittel der Spagyrik, da es eine fast fehler- und verlustfreie Übertragung körpereigener Informationen auf den Körper zurück darstellt und das gesamte Profil der metabolischen Informationen enthält.

Grundsätzliche Einnahmeregeln: Als Erhaltungsdosis in allen präventiven Fällen:

(3–5) × 5 Tropfen täglich.

Zur Stimulierung zu Therapiebeginn, bei Blockaden, bei chronischen Resistenzen und bei anlaufenden Infekten:

(5 × – stündlich) 5 Tropfen täglich.

Zur Regressionsbeschleunigung bei »hängengebliebenen« Regressionsphasen:

Tage der Erhaltungsdosis wechseln mit solchen der Stoßphasen, in denen alle dreißig Minuten fünf Tropfen eingenommen werden sollen.

Akute Phasen beherrscht man in der Regel ohne weitere Komplikationen oder Arzneimittel, indem das Homodot desto häufiger eingenommen wird, je heftiger die akute Phase verläuft. Mit zunehmender Akutisierung darf das Homodot nicht zurückgenommen, sondern muß bis auf

fünf Tropfen alle 15–5 Minuten gesteigert werden.

Blockierte Phasen sollen behandelt werden, indem man sich über die Erhaltungsdosis drei bis fünf Tage lang einschleicht, dann für zwei Tage die Stimulierungsphase anschließt und mit der Stoßphase diesen Zyklus abschließt, um ihn so lange zu wiederholen, bis die Blockade gelöst ist und die erwarteten Regressionssymptome (Symptome der letzten Erkrankungen) auftreten.

Da das Homodot über die Schleimhäute des Mundes wirkt und nicht über den Magen, und da es lange im Munde bewegt wird, spielt der Zeitpunkt der Einnahme im Verhältnis zu den Mahlzeiten keine entscheidende Rolle.

Grundsätzliche Injektionsregeln
Erhaltungsdosis bei chronischen, nicht mehr reversiblen Leiden: alle vierzehn Tage entsprechende Injektionen.

Stimulierung unzureichend ablaufender Abwehrprozesse: wöchentlich eine Injektionsserie mit Homodot allein oder als Gemisch mit Venenblut.

Regressionsbeschleunigung: Kürzere Behandlungsintervalle, je nach Fall zwischen einmal wöchentlich bis zweitägig.

Akute Phase: je nach Heftigkeit der Reaktion zwischen einmal wöchentlich bis zu täglichen Injektionen.

Blockierte Phasen sollten vorsichtig angegangen werden; der Behandlungsabstand sollte nicht unter einer Woche liegen.

ANTIHOMODOT

Herstellungsweise: Aus der Zucht der pathogenen Keime in der Körperflüssigkeit oder des Körpergewebes, in der Regel aus Urin oder Blut, entstehen Keimkulturen, die nach ihrem Auswachsen dem spagyrischen Prozeß unterworfen werden.

Bezeichnung: Das Antihomodot ist ein eingetragenes Warenzeichen. Um darauf hinzuweisen, aus welchem Stoff es jeweils gewonnen wurde, stellt man den Ursprungsstoff (zum Beispiel Blut) dem Wort Antihomodot voran: (Blut)-Antihomodot.

Wirkungsweise: Die zum toxischen Profil beitragenden aktiven oder subaktiven Keime werden überzeichnet dargestellt, so daß der Körper davon eine überhöhte Information erhält, auf die er stärker und präziser antwortet, als wenn diese Information unspezifisch im Gesamtprofil zwar enthalten, aber nicht genügend differenziert erschienen wäre, um die teilweise schon domestizierten Keime noch oder wieder abwehren zu können. Prinzip: Amplifizierung.

Anwendungsweise:

a – sublingual: völlig identisch zum Homodot.

b – injektiv: Die subkutane oder intrakutane Injektion sollte behutsam vorgenommen werden, da bemerkenswerte Beschleunigungen des Regressionsprozesses nicht ausgeschlossen sind. Die Injektionen bieten sich als »Eisbrecher« bei stark blockierten Fällen an.

c – Die intramuskuläre Injektion mit Venenblut hat keine nennenswerten Vorteile gegenüber dem Homodot gebracht; wenn nötig, sollte entsprechend wie dort verfahren werden.

d – Infusive Anwendungen wurden bis Juli 1988 noch nicht durchgeführt.

Stellung innerhalb der spagyrischen Therapie: Mit einem ordnungstechnischen Ausdruck könnte man das Antihomodot als Bereitschaftspolizei oder, privater, als Weckdienst bezeichnen. Bei allen chronischen, auch durch rezidivierende Infekte entstandenen Gewöhnungen des Körpers an eine ihm nicht günstige Keimbelastung kommt es entweder zur Domestizierung der Keime, das heißt, daß der Körper sie nicht mehr als Fremdlinge betrachtet und sie trotz ihres für ihn schädlichen Stoffwechsels wie körpereigene, beispielsweise Darm-Keime gewähren läßt; oder es haben sich als Folge zahlreicher Abwehrreaktionen vernarbte Gewebe mit nun verringerter Lebens- und Abwehrfähigkeit gebildet. Um diese gefährlichen Toxinquellen zu beseitigen, die vor allem den Sauerstoffwechsel des Körpers stören, dient das Antihomodot als Aufwecker, indem es dem Körper eine höhere Belastung mit den entsprechenden Keimen simuliert oder vorgaukelt, als er in Wirklichkeit hat, und ihn dadurch zwingt, erneut abwehrend tätig zu werden. Das Antihomodot meldet gewissermaßen einen bedrohlichen akuten Zustand, auf den der Körper zu antworten versteht, um einen gefährlichen chronischen Toxinprozeß zu beseitigen, gegen den der Körper aufgrund seiner dazu nicht befähigten Abwehr hilflos ist. Das Abwehren chronischer Toxinherde scheint in der Entwicklungsgeschichte erst kurzfristig als Pflicht aufgetreten zu sein, was die relative Unfähigkeit des Körpers erklärte; wohingegen das Abwehren akuter und erkennbarer Toxine und deren Keime durch eine geraume Zeit eingeübt und immer wieder neu erscheinenden Abwehrlagen angepaßt wurde – mit Ausnahme sehr junger Keime oder deren Mutationsstämme, wie es die Herpes- und HIV-Familien darstellen.

Grundsätzliche Einnahmeregeln:
Erhaltung: als minimale Dosis sollten täglich zweimal fünf Tropfen nicht unterschritten werden.

Zur Stimulierung blockierter Keimfelder verfährt man wie beim Homodot und nimmt Anti- und Homodot im gegenseitigen Wechsel.

Als Regressionsbeschleunigung dient es dann, wenn aufgrund einer vorherigen Infektionskette die Regressionsblockade nicht zu durchbrechen ist (»nichts rührt sich mehr«); dann sind Phasen der 15minütigen Einnahme von je fünf Tropfen so lange angezeigt, bis sich die ersten deblockierten Symptome zeigen; dann sollte etwa die gleiche Zeit, die die Blockade gedauert hat, mit stündlich fünf Tropfen fortgefahren werden.

Akute Phasen werden nur dann vom Antihomodot besser als vom Homodot beherrscht, wenn das Antihomodot auf die ablaufende Infektion spezialisiert wurde, indem die akuten Keime sofort bebrütet werden oder aber im bereits bestehenden Antihomodot deswegen vorhanden sind, weil es sich um die rezidivierend-akute Phase eines Infektes handelt. Die Dosierung erfolgt wechselweise zum Homodot und so wie bei diesem in entsprechender Phase.

Blockierte Phasen werden dann erfolgreich vom Antihomodot aufgebrochen, wenn es sich bei den Verursachern um genau jene Keime handelt, auf die das Antihomodot spezialisiert ist. Da es sich bei den blockierten Phasen entweder um festgelaufene oder abgebrochene akute Phasen handelt, muß mit dem Antihomodot aus der entsprechenden Infektionsphase – sofern ein Rest von ihm aufbewahrt wurde, was, wie man sieht, sehr sinnvoll ist – so angegriffen werden, als handele es sich um eine akute Phase.

Grundsätzliche Injektionsregeln:

Erhaltung: Injektionen sind hier nun bei schweren degenerativen Phasen fortgeschrittener Krankheiten mit entzündlichem und schmerzhaftem Erscheinungsbild sinnvoll; hier muß die Dosierung und Häufigkeit auf die erwünschten Reaktionen hin erprobt werden.

Stimulierung: Eine generelle Stimulierung mit dem AHO über die Injektion scheint mir nicht sehr sinnvoll, wohl aber eine spezielle, körperortbezogene, wenn das Informationsprofil des AHO mit dem anzusprechenden Geschehen mittelbar oder unmittelbar verbunden ist.

Regressionsbeschleunigung: Hier hat die Injektion dann Sinn, wenn in eine laufende Regression eingegriffen werden kann, um ein Abschwächen oder Blockieren zu verhindern. Es wird grundsätzlich körperortbezogen injiziert, wobei Dosierung und Häufigkeit sich nach der Reaktionslage des Patienten richten.

Akute Phasen können mit dem Antihomodot sehr gut beeinflußt werden, wenn sie sich über das Ektoderm, insbesondere die Haut, ausdrücken. Hier soll langsam einschleichend injiziert werden, bis sich eine regressive Aktivität der Haut in der Form einer scheinbaren Verschlechterung zeigt, dann sollen die Abstände der Injektionen so lange weiter verkürzt werden, bis dem Anstieg der Injektionsaktivität kein Anstieg der Reaktion der Haut mehr folgt, sondern im Gegenteil die Abheilung beginnt. Der Patient muß bei diesem für ihn nicht immer leicht zu ertragenden Vorgehen erklärend geführt werden.

Blockierte Phasen können injektiv nicht gelöst werden, dazu taugt vor allem die orale Einnahme, aber sie können stützend durch gezielte Injektionen an die betroffenen Körperorte die orale Therapie begleiten.

ANADOT

Herstellungsweise: Das Anadot kann aus jedweder ionisationsfähigen Substanz, die in Wasser oder einen wasserhaltigen Träger einbringbar ist, aber darin nicht unbedingt lösungsfähig sein muß, oder aus flüssigen Phasen verschiedenartiger Stoffe hergestellt werden. Solche Stoffe können auch chemische oder pharmazeutische Substanzen sein.

Flüssige Phasen werden direkt über Destillation, Calcination und Konjunktion zum Anadot verarbeitet.

Pflanzen durchlaufen erst die Vergärung (um die Zellen zu sprengen), dann die Destillation, Calcination und werden schließlich zum Anadot konjugiert.

Feste Stoffe werden über eine einleitende, mehrere Tage dauernde Rotation, dann anschließender Destillation und Calcination mit abschließender Konjunktion verarbeitet.

Bezeichnung: Das Anadot ist ein eingetragenes Warenzeichen. Um darauf hinzuweisen, aus welchem Stoff es jeweils gewonnen wurde, stellt man den Ursprungsstoff (zum Beispiel die Pflanze oder das Mineral) dem Wort Anadot voran:

(Echinacea)-Anadot oder

(Magnesium)-Anadot.

Wirkweise: Es ist das analoge vom anamorphen Anadot zu unterscheiden: Das *analoge* Anadot entspricht in seiner Kristallisatform teilweise oder ganz dem der Analyse zugrunde gelegten Blut/Harn/Kristallisat. Seine Information entspricht demgemäß genau bis weniger genau jener des Blutes. Daher stützt es in einem ergänzenden und »überlappenden« Sinn die mit dem Bluthomodot dem Gehirn gegebene Ist-Information (über die physiologischen Zustände des Körpers) und verstärkt sie. Das analoge Anadot kann organbezogen und organspezifisch ausgewählt und angewendet werden, indem die ein bestimmtes erkranktes Organ kennzeichnende Kristallform (zum Beispiel Herz) in den Kristallisaten der spagyrisch aufbereiteten Heilpflanzen aufgesucht und die dazu gefundene spagyrische Pflanzenessenz (analoges Pflanzen-Anadot) dem Herzen als Heilmittel zugeordnet wird. Die analogen Anadote verstärken die Basisinformation des Homodotes und stützen auswählbare Gewebe- oder Organfunktionen.

Das *anamorphe* Anadot stellt eine Simulation einer Körperwirklichkeit über das spagyrische Kristallisat in einer spagyrischen, wässerigen Lösung (Anadot) dar. Es wird besonders in der auf dem Gedanken der Resonanz beruhenden spagyrischen Therapie der Schäden durch zu starke Ausbreitung von Viren und deren Toxine im Körper angewendet: Die morphologische Struktur des Virus wird (nicht wie im Antihomodot direkt, sondern) indirekt über morphoanaloge, also formenähnliche Substanzen ins Wasser abgebildet. Die Analogie darf nicht zu genau (ein-eindeutig) sein, sondern muß einen gewissen Abweichungsgrad (ein-mehrdeutig) zulassen, um einer verdeckten Mutations- oder schon anwesenden Tochterform des Virus zuvorzukommen. Die anamorphe Information simuliert im Körper eine höhere Anwesenheit des betroffenen Virus direkt und seiner Toxine indirekt. Der Virus selbst wird über das Ausmaß seiner wirklichen Verbreitung im Gastkörper »getäuscht« und stellt seine Fortpflanzung ganz oder teilweise ein (Schultze-Arndt-Regel). In dieser Zeit – und dies kann nicht nur im biologischen Sinne lebenswichtig, sondern auch sinnwandelnd für ein Leben sein – kann der physiologische → seelische (gelegentlich auch → geistige/intellektuelle/mentale) Hintergrund so bereinigt werden, daß sich die weitere Anwesenheit des Virus in diesem Körper »erübrigt«, um es spagyrisch auszudrücken, oder, in der Sprache der ichbezogenen Überlebenstriebe, daß der Virus keine Lebensgrundlage mehr findet und abstirbt. Das anamorphe Anadot ist das zentrale Mittel in der spagyrischen Aids-Therapie, nicht jedoch das wichtigste, denn dies ist uneingeschränkt das Blut-Homodot.

Anwendungsweise:

a – sublingual, wie das Homodot;

b – injektiv: subkutan, intrakutan, wie das Homodot;

c – intramuskulär mit Venenblut, wie das Homodot, jedoch ist diese Anwendung schwächer als eine entsprechende Homodot-Mischung;

d – infusiv liegen bis heute keine ausreichenden Erfahrungen vor.

Stellung innerhalb der spagyrischen Therapie: Das analoge Anadot spielt die Rolle des spagyrischen Substituums bei allen organischen Insuffizienzen, die einer Stützung bedürfen, wie Herzschwäche, Blutzucker und so weiter. Sie sind bei entsprechender Einschleichung durchaus in der Lage, vorher eingenommene allopathische Mittel zu ersetzen. Sollte ein Patient von einem allopathischen Mittel abhängig geworden sein, so daß er ohne Gefahr oder ohne wesentliche Entzugserscheinungen davon nicht abgesetzt werden könnte, da eine bestimmte Substanz des Mittels vom Körper (wegen der damit verursachten mittelbaren Zerstörung der körpereigenen Funktionen) verlangt wird, dann kann das entsprechende allopathische Mittel dem spagyrischen Prozeß unterworfen werden:

Die Wirkung des allopathischen Mittels findet sich dann im spagyrischen Anadot, ohne die substantiellen und toxischen Eigenschaften übertragen zu haben. Das heißt, daß die oft gefährlichen Nebenwirkungen ausbleiben, ohne den therapeutischen Effekt wesentlich einzuschränken. Allerdings sollte eine solche Umwandlung und dann Anwendung ausschließlich durch einen erfahrenen Therapeuten durchgeführt werden, der mit den regressiven Symptomen einer solchen Umstellung umzugehen weiß. Diese Form des »allopathischen« Anadots gibt dem Therapeuten eine breite Palette von gezielten Wirkungen an die Hand, die er gefahrlos, toxin- und nebenwirkungsfrei und ohne die Gefahr einer Gewöhnung anwenden kann.

Das anamorphische Anadot wird eine entscheidende Rolle bei der Erhöhung der Überlebenschancen für bestimmte Menschengruppen spielen, wenn die sich anbahnende Ausbreitung der Herpes-Viren, der verschiedenen HIV-Viren, die zu Aids führen, und der in letzter Zeit immer häufiger auftretenden Mutanten herpesähnlicher Viren, der Herpoiden, ein sozial bedrohliches Stadium erreicht haben wird.

Grundsätzliche Einnahmeregeln:
Erhaltung: in Abhängigkeit von den Patientenreaktionen und -bedürfnissen nach Bedarf nach der Regel:
so häufig wie nötig, aber nie über fünf Tropfen pro Mal.

Stimulierung: entfällt bei substituierender Anwendung, kann jedoch (mit Einschränkung) sinnvoll sein bei anlaufenden Infekten als Stütze oder als allgemeines Reiztherapeutikum.

Regressionsbeschleunigung: ungeeignet; jedoch geeignet, Regressionssymptome eines Organes zu stützen, um den subjektiven Belastungseffekt für den Patienten zu mindern, ohne allerdings den Regressionsgang beeinflussen zu dürfen.

Akute Phase: organspezifische Anwendung mit Steigerung der substituierenden Anadote nach Bedarf in der Art des Homodots.

Blockierte Phasen: können mit den Anadoten normalerweise nicht beeinflußt werden; dennoch kann ein organspezifischer

Einsatz zum vorbeugenden Abfangen erwarteter Regressions-symptome sinnvoll und nützlich sein.

Grundsätzliche Injektionsregeln: Erhaltungsdosis bei allen degenerativen und chronischen Erkrankungen mit spezifischer Symptomatik; siehe Homodot. Stimulierung sollte nur im Sinne einer allgemeinen Reiztherapie innerhalb eines Regressions-schrittes angewendet werden. Regressionsbeschleunigung sollte nicht mit dem Anadot – abgesehen von einer kurzen Stimulierung – vorgenommen werden, um keine unkontrollierten Abläufe zu provozieren.

Akute Phasen sind mit dem Homodot und leichter, organbezogener Stützung durch das Anadot meist gut und sicher beherrschbar.

Blockierte Phasen sollten nicht mit dem Anadot gelöst werden, um keine unkontrollierten, eventuell progressiven statt regressiven Prozesse zu provozieren. Ausnahme: anamorphes Anadot bei Aids.

Bemerkungen: Alle bisher vorgeschlagenen Verabreichungsformen dürfen nur als Rahmen für einen durchschnittlichen Patienten angesehen werden, der weder zu sensibel, noch grundsätzlich gefährdet sein darf. Ich setze voraus, daß jeder heilkundige Behandler nach seiner eigenen Verantwortung innerhalb dieses Rahmens verfährt und sein Tun kontrolliert. Außerhalb des angegebenen Rahmens sind sicher anzusiedeln:

Säuglinge, Kleinkinder, Kinder,

Greise und

alle allergoid, pankreatoid und cerebral gefährdeten Menschen.

Für diese sind individuelle Einnahmeformen zu erarbeiten.

Zusätzliche Anwendungsformen: Alle Dote, vornehmlich das Homodot und das Antihomodot, sind geeignet für therapeutische Anwendungen an und auf der

Haut sowie an den

Schleimhäuten.

Fast alle Erkrankungen der Haut können oft sogar in den der chemischen Therapie resistenten Fällen günstig beeinflußt werden durch Einreibung des Homodots und/oder Antihomodots der erkrankten Stellen oder durch Auflegen von mit Anti/Homodot getränkten Kompressen. Bei schmerzenden oder juckenden Hautstellen wird immer, sobald ein Symptom auftritt, das Anti/Homodot solange einmassiert, bis die Symptome weichen.

Die Abstände zwischen den einzelnen Einreibungen können beliebig kurz sein und werden allein durch die Symptome bestimmt. Zusätzlich können noch gut durchblutete Hautstellen wie die Elleninnenbeugen, die Achselhöhlen, die Finger- und Zehenzwischenhäute, die Halsseiten, die Ohrläppchen, die Außenseite der Augenlider, die Schläfen und die Leistenbeugen mit Anti/Homodot eingerieben werden, was sich vor allem bei den lymphatischen Erkrankungen der Kinder, aber auch der Erwachsenen bewährt.

Anti/Homodot diffundieren schnell und rückstandsfrei durch die Haut. Diese Therapieform über die Haut kann die sublinguale Einnahmeform in entsprechenden Fällen gut ersetzen und beinahe immer ergänzen.

Die Schleimhäute des Mundes sind der erste und wichtigste Ort der spagyrischen, therapeutischen Beeinflussung; jedoch können die anderen Schleimhäute das Homo- und das Antihomodot praktisch ebenso erfolgreich aufnehmen. Besonders sensibel und daher therapeutisch nützlich im allgemeinen wie im ortsspezifischen Sinne (Erkrankung der entsprechenden Schleimhautorte) sind die Nasenschleimhäute (als Ersatz für die Mundschleimhäute und bei Nasenschleimhautprozessen), die Darmschleimhäute (hier kommt vor allem der Enddarm für Tampons mit Anti/Homodot in Frage) und die Schleimhäute der Geschlechtsorgane (Tampons, Einreibungen oder Kompressen).

2 Die Methode der spagyrischen Rückführung

Mit der spagyrischen Methode kann man Krankheiten behandeln, lindern und heilen, sie kann Symptome lindern und hintergründige Infekte auflösen, sie kann degenerative und deformative Entartungen anhalten und sie oft auch wenigstens teilweise zurückbilden. All das können andere Methoden, wenngleich nicht mit derselben Durchdringung und Wirkung bei gleichzeitiger Sanftheit, Nebenwirkungs- und Toxinfreiheit auch. Das Besondere der spagyrischen Methode ist aber, daß sie zudem die Schiene, auf denen über seelische Konfliktprozesse die körperliche Lebenstüchtigkeit eingeschränkt wurde, zurückfahren kann. Sie führt den Erkrankten am Leitfaden seiner eigenen Krankengeschichte durch seine Krankheiten und deren Symptome zurück, deckt die veranlassenden Gründe auf und setzt den einzelnen Menschen damit von der Fessel seiner auf dem Boden einer entsprechend programmierenden Erbanlage gewachsenen Zwänge und Unfreiheiten im Denken, Fühlen, Empfinden, Bewerten, Beurteilen und im »Stoffwechseln« frei. Die spagyrische Methode gibt dem Menschen die ihm mögliche Freiheit einer unbedingteren Assoziation zurück, wo er bisher meist nur im Rahmen seiner pathologisch eingeschränkten Fähigkeiten assoziierte. Das Assoziieren aber ist der wesentliche und freiheitliche Parameter der menschlichen und delphinischen Existenz.

Die Methode der spagyrischen Rückführung oder Regression kann nicht befriedigend dargestellt werden, ohne Klarheit über das zu verschaffen, was regredierbar ist, was also einem therapeutischen Einfluß unterliegt und was nicht. Es ist einsichtig, daß es Zonen gibt, die zum Grundplan einer jeweiligen Existenz gehören und sich damit einer Beeinflussung entziehen. Weiterhin gibt es schwere Eingriffe in die Form- und Funktionsgestalt eines Körpers, die nicht rückgängig zu machen sind; hierzu zählen die Verluste von Körperteilen oder starke, das lokale Gewebe verändernde Vernarbungen.

Um zu einem klaren Funktionsablauf der Regression zu kommen, möchte ich die Existenzfelder des Menschen folgendermaßen geordnet darstellen:

0 – Schema:
01 Prägefeld = >
02 Planfeld → 03 Verarbeitungsfeld → 04 Ausdrucksfeld

1 – Das *Prägefeld* (mythologisch: die unsterbliche, geistige Seele) ist die (wo immer auch herkommende und wie auch immer gebildete) strukturelle Information über den (energetischen) Vorsatz, ein spezielles (wissenstrukturiertes) Informationsfeld in eine (hier biologische) Realisierungsebene, beispielsweise die zooforme Gestalt eines Menschen, zu übertragen.

– Das Prägefeld hat keinen substantiellen, sondern einen informellen Charakter mit informationstüchtiger Form.

2 – Das *Planfeld* (mythologisch: der Geist) ist ein in Raumzeit existierendes reales Funktionsgebilde mit einem konzentriert-codierten und einem decodierten Programminhalt.

– Der konzentriert-codierte Programmteil bildet die für die betreffende biologische Organisationsform – hier des Menschen – grundlegende Planlegung und -ausführung im Sinne einer Organisationsmethode, die die Form der biologischen Erscheinung bestimmt und damit auch die möglichen allgemeinen

Funktionen und spezifischen Funktionsweisen. Dieses Programm wird in den Sequenzen der DNA, dem basalen Erbgutträger, eingespeichert und ablesbar.

– Es dürfen drei Arten der Sequenzmodulation angenommen werden: konstante, variable und modulable.

Die konstante Sequenz ist artspezifisch und enthält die nicht wandelbaren Basisinformationen, die beispielsweise einen Menschen von einem Affen unterscheiden. Diese Informationen können gelöscht, aber nicht umgeschrieben werden.

Die variable Sequenz enthält die individuellen Merkmale des Einzelwesens und spezialisiert damit die konstante und phylogenetische Sequenz. Diese variable Sequenz ist während eines Lebens nicht umschreibbar, wohl aber löschbar. Sie wird aus dem Prägefeld im Augenblick der Zeugung in die konstanten Sequenzen der DNA überschrieben, womit das auszubildende Individuum definiert wäre.

Die modulable Sequenz ist ein Teil der konstanten Sequenz, der mit einer Reserveinformation belegt ist, die an anderer Stelle bereits vorhanden ist. Im Falle des Ausfalls der Grundinformation tritt diese Reserveinformation in Funktion und erhält die biologischen Funktionen aufrecht. Darüber hinaus sind diese Sequenzen löschbar und umschreibbar. Sie dienen als spezifischer Informationsspeicher innerhalb eines Lebens für jene wissens- und funktionsmäßigen Zugewinne, die bislang weder im konstanten, phylogenetischen, noch im individuellen, variablen Speicher vorhanden waren. Diese Informationen werden noch während einer Lebenszeit eingeschrieben und können damit ins genetische Erbgut der Samen- oder Eizellen übertragen werden, was eine ständige Veränderungskette der individualisierenden Informationen von den Eltern über die Kinder mit sich bringt.

– Die die Rezeptionen verändernden Faktoren, die dann zu einer Speicherung in der modulablen Sequenz der DNA führen, geschehen in den Gehirnen:

das Stammhirn setzt die funktionellen Steuerungsprogramme der DNA um; es rezipiert nur funktionell, nicht informell, hat also keinen Einfluß auf die weitere Individualisierung;

das Großhirn nimmt die Rezeptionen an, verarbeitet sie, ordnet sie, speichert und selektiert sie so, daß sie in verschiedenen Gedächtnisebenen abrufbar sind; es assoziiert in seinen stillen Zonen Bildinhalte, die aus der phylogenetischen, der individuellen Zone stammen und die als Reaktion auf verschiedene Außenreize erworben wurden. Die Assoziation geschieht durch Verkettung eines Inhaltes als Form mit sich selbst, also durch seine Wiederholung einmal unter gleichen, dann unter veränderten Umständen. Die Speicherdaten des Großhirns sind wesentlich für die Individualisierung und den Zugewinn an Information, die das Kleinhirn nun vergleichend verarbeitet: es enthält die decodierte phylogenetische, die decodierte variable und die überschriebene aktuelle Information, wobei es die bisher nicht bekannten, strukturell aber wesentlichen Informationen selektiert, codiert und in die modulable Sequenz der DNA zurückschreibt. Damit wird der erworbene Zugewinn einerseits laufend auf die Nachkommen, die nach einer solchen Umschreibung gezeugt oder empfangen werden, übertragen oder als informelles, körperfreies Feld im Augenblick des Todes, wenn der sogenannte »Lebensfilm« abläuft und wenn dabei die Ereignisdaten nach dem Muster des informellen Zuerwerbs (Wissendifferenzial) ausgewählt, konzentriert und formal auf jene informelle Erscheinung überschrieben werden, die ich Prägefeld nenne.

– Der decodierte Programminhalt befindet sich als die aufgefächerten Daten der DNA-Sequenzen im Kleinhirn, das nach meiner Ansicht der wesentliche datenverarbeitende Umschlagsort zwischen den über die Körpersensoren einkommenden und den vom Erbgut her vorgegebenen Informationen ist; es besorgt ihren Ab- und Vergleich.

– Alle Übertragungen, Überschreibungen, Kopierungen und auch Abspeicherungen zwischen der DNA und dem Prägefeld, zwischen diesem und dem Planfeld oder zwischen diesem und dem nachgeordneten Verarbeitungs- und Ausdrucksfeld können:

richtig oder fehlerhaft und/oder unrichtig sein.

Die Übertragungsrichtigkeit ist vorläufig nicht bestimmbar; sie wird daher in allen Folgerungen eine unbekannte Ungenauigkeit mitführen.

3 – Das *Verarbeitungsfeld* (mythologisch: die empfindende Seele, auch die Psyche) ist ein hochvariables, interaktives und in sich und auch nach außen kommunizierendes Feld. In ihm werden die Planfeldinformationen in biologische Motive umgesetzt, die einerseits ein sicheres Reagieren des Körpers auf die Einflüsse und Ereignisse der Umwelt zum Zwecke der Lebenserhaltung dieses Körpers gewährleisten sollen und die andererseits

(als aus dem Zusammenhang heraus isolierbare Bilder durch die freie Assoziation der stillen Zonen des Großhirns) zu einem extrapolativen Informationsbestand führen sollen, der das eigentliche Ziel aller Lebensvorgänge ist.

– Im Verarbeitungsfeld werden die individualtypischen Reaktionsmechanismen in Bildketten und Verhaltens-, sowie in Reaktionsreihen umgesetzt, die anfänglich nur eingespeichert werden, dann aber durch erinnerungsfähige Einübung als Festprogramm wirken. Diese Festprogramme sind verankert über sogenannte Blockadeknoten, zwischen denen meist genau beschreibbare Verhaltens- und Empfindensmuster wirksam werden.

– Die Zeiträume zwischen zwei Knoten kann man als thematische Phasen ansehen, die durch innere (assoziierte) oder äußere (rezipierte) Ereignisse angeregt wurden und sich im nachgeordneten Ausdrucks- oder Körperfeld als begrenzter Krankheitsprozeß und im Verarbeitungsfeld als ebenso abgegrenzter Empfindenskomplex ausdrücken.

– Zum Verständnis der Funktion des Verarbeitungsfeldes muß man sich vergegenwärtigen, daß in ihm drei informelle Prozesse tätig sind:

– das aus der DNA stammende, über das Planfeld eingespeiste Grundprogramm, gewissermaßen die individuumsspezifische Verhaltenssprache, dann

– die darauf aufgebauten Assoziationsketten und schließlich

– die über den Körper-Rezeptoren als Erfahrung eingebrachten Impulse, die nun in eine oberflächlich freie, in Wirklichkeit durch das Grundprogramm in der Methode völlig gebundene Interaktion mit entsprechenden Reaktionsmustern münden.

– Alle Prozesse des Verarbeitungsfeldes, die entweder von einer starken inneren Dynamik begleitet sind (hypererge Phasen) oder mangels der Fähigkeit, Informationen rückstandfrei aufzuarbeiten (relative hypoerge Phase gegenüber dem Gegenstand), ihre Informationsrückstände ablagern müssen, prägen sich als physische Informationsfelder im Ausdrucksfeld aus.

– Die informellen Einflüsse des Verarbeitungsfeldes auf das Ausdrucksfeld prägen sich in eindeutigen Beziehungen zwischen den Informationen und ihren physischen Folgen aus. Diese Folgen manifestieren sich als physiologische Funktionsabweichungen, die zu leichten bis zu lebensbedrohlichen Störungen des normalen, biologisch notwendigen Stoffwechsels führen (können).

4 – *Das Ausdrucksfeld* (konventionell: die Physis oder der Körper) ist der sichtbare Platz des Lebens mit unterscheidbaren Funktionsgebieten und Organisationsformen.

– Im Körperfeld prägen sich einerseits die phylogenetischen Informationen als allgemeine, biologische Formation und als besondere Art- und auch Rassenmerkmale aus, andererseits sind in ihm die individuellen, aus der variablen DNA-Sequenz stammenden Merkmale als Phäno- und metabolischer Funktionstyp ausgedrückt, und schließlich bilden sich im Körperfeld alle Prozesse des Verarbeitungsfeldes durch analoge Prozeßweisen entweder als hyper- oder als hypoerge, organische oder gewebebezogene Dysfunktionen aus.

– Jede körperliche Dysfunktion ist die Folge eines seelischen, dysfunktionellen Organisationsprozesses und den daran angeschlossenen Inhalts- oder Bildketten.

– Die Entsprechung zwischen den phylogenetischen Programmstufen (»Phasen« und deren Funktions»formen«) sowie den davon abhängigen Verarbeitungs»strukturen« und den schließlichen (körperlichen) Ausdruckszonen, zeigt das folgende, nach dem »Schaltkreis«-Vorschlag von Leary von mir entwickelte Schema (zu den »Schaltkreisen« siehe die entsprechende Literatur). Diese Schaltkreise sind als die Ausdrücke der konstanten Sequenzen der DNA zu verstehen und beschreiben damit ein allen Menschen gemeinsames Verhaltensgrundmuster, das sich praktisch nicht ändern, sondern nur durch überlagerte Verhaltensdressuren larvieren läßt; Die Spielbreite (zwischen minimaler und maximaler Wirkung) der variablen Sequenzabschnitte, deren Summe dann das individuelle, phylogenetisch leicht modifizierende Verhaltensprofil ergibt, ist groß:

Schaltkreis I:
  Orale Phase: Hunger oder Nahrung
  Existenzformen: /Tod : Über/Weiter/Leben/
  Entscheidungsstruktur: Ja-nein/Entweder-oder
  Ausdruckszone: Därme.

Schaltkreis II:
  Anale/territoriale Phase: abgrenzen, markieren (Duftmarken → Mauern), verteidigen
  Akzeptanzformen: /drinnen : draußen/

Abgrenzungsstruktur: mein/nicht-mein : dein/nicht-dein
Ausdruckszone: Nieren.

Schaltkreis III:
  Verbale Phase: bezeichnen, bestimmen
  (Wörter sagen → versagen/verschreien; zeichnen → verzeich-
    nen
  Identifikationsformen: /bekannt : unbekannt/
  Binnenstruktur:»dazugehören« durch gleiche Sprache
  Ausdruckszone: Leber.

Schaltkreis IV:
  Sexuale Phase: sich bemächtigen (machen -> be/mach/t/en;
    allgemein Notwendiges -> besonderes Mächtiges)
  Rezeptionsformen: /angenommen : abgelehnt/
  Außenstruktur:»dazugehören« durch Angenommensein
  Ausdruckszone: Lungen.

Schaltkreis V:
  Kommunikale Phase: aus/tauschen (Mein-ungen aus/ → ver/
    tauschen)
  Alternationsformen: /geben : nehmen/
  Isologstruktur: am (Gruppen)Ganzen teil-nehmen
  Ausdruckszone: Lymphe.

5 – Definition: was ist *Regression?*
Die spagyrische Regression ist der Versuch, die Ketten der innerhalb eines Lebens vernetzten Dysfunktionsprozesse, die zu
Verhaltens- und zu Stoffwechselstörungen führen und die die
assoziative, empfindensmäßige und körperliche Beweglichkeit
einschränken, durch systematische Rückrollung unwirksam zu
machen oder aufzulösen.
  – Ich unterscheide der Methode nach die
    strukturelle,
    informelle und
    historische Regression.

  – Die strukturelle Regression verläuft nach dem Schema:
Rückerkennung der Erkrankungen als Ausdruck seelischer Stö-
rungen:
  Ausdrucksfeld → Verarbeitungsfeld (→ Planfeld)

– Die informelle Regression leistet:
Aufarbeitung der psychohistorischen Fakten nach den Erkennt-
nissen der strukturellen Regression, das heißt, die Rekonstruk-
tion der seelischen Ereignisabläufe aus der Erinnerung und aus
der physischen Krankengeschichte durch Rückschluß:
(Ausdrucksfeld) $\longleftrightarrow$ Verarbeitungsfeld

– Die Übertragung eines seelischen Ereignisses in die Körperphase geschieht nicht progressiv-fließend, sondern impulsiv,
nachdem die Ereignisintensität eine individuell bestimmte
Schwelle überschritten hat. Der Körper reagiert mit einer Ent-
zündung, beispielsweise, und hält diese so lange aufrecht, bis der
aus dem Seelischen herüberkommende Erregungsimpuls aus-
bleibt. Sollte sich dieser Impuls in eine chronische Informations-
kette umbilden, dann wird der Körper dies mit entsprechenden
niedrigentzündlichen Phasen beantworten. Den Vorgang der
Übertragung eines seelischen Ereignisses in den Körper nenne
ich den Informationsknoten, da sich in diesem Vorgang einerseits die kybernetische Dynamik der körperlichen Abwehrprozesse und zugleich die energetische Komponente der übertragenen Information aus dem Verarbeitungsfeld zusammenballt. Für
die regressive Arbeit ist der Regressionsknoten von großer, ent-
scheidender Bedeutung: Angenommen, der Konflikt eines Kindes mit seiner Mutter hat einen Grad erreicht, in dem das Kind
ihn nicht mehr ertragen kann und diesen Konflikt nun in seinen
Körper als Mandelentzündung überträgt (man sagt fälschlich/
richtigerweise: »Es flieht in die Krankheit«). Da der Konflikt
nicht wirklich beigelegt wird, sondern weiterschwelt, verändert
sich die akute Mandelentzündung in eine chronische oder, je
nach Aufflackern des Konfliktes, in eine rezidivierende. Wenn
eines Tages dieser Zusammenhang aufgedeckt wird, dann beginnt die regressive Arbeit mit dem Homodot am Körper. Der
Körper wird die Symptome der ehemaligen Mandelentzündungen getreu rückgespult aufzeigen und mit seinen Reaktionen am
Punkt der Übertragung des Konfliktes in den Körper stehenblei-
ben, weil er mit seinen Funktionen keinen direkten Zugriff auf
die Ereignisfelder der Seele hat; daher kann die physische Information nicht einfach ins Verarbeitungsfeld zurückgeschrieben
werden. Auf der seelischen Ebene muß nun durch Besprechen
der damaligen Vorgänge, durch Nachempfinden und möglichst
durch wiederholende Auseinandersetzung mit der damaligen
Verursacherin, der Mutter, die Information zurückgespult wer-

den bis in ihren Ausgangspunkt (siehe dazu unten: die historische Regression). Wenn nun im Verarbeitungsfeld eine Löschung der dysfunktionellen Verkettung erfolgt ist, dann geschieht dasselbe auf der Körperebene mit der alten Mandelentzündung. Man sieht leicht, daß der Informationsknoten in progressiver und in regressiver Sicht eine Drehscheibe darstellt, die unumgehbar ist. Viele gut begonnenen Regressionsansätze bleiben im nächsten Knoten hängen, weil die Verarbeitungsebene nicht angemessen in den Regressionsgang einbezogen wird.

– Die historische Regression beschreibt:
das Nach/Durcherleben der historischen körperlichen und seelischen (Ereignis)phasen aufgrund der strukturellen und dann der informellen Fakten.

Ausdrucksfeld → Verarbeitungsfeld (→ Planfeld)

– Alle drei Regressionswege sollten in ihren verschiedenen Phasen und Verknotungen schriftlich dokumentiert werden, damit sie dem, der die Regression durchlaufen hat, als Erinnerungsmodell dient und als Orientierungsmuster nutzt, wenn er in neue Verknotungsphasen kommt, die in Wirklichkeit eine Neuauflage eines alten Übertragungsmusters darstellen und schnell und sicher unwirksam gemacht werden können.

Im Laufe der Jahre habe ich ein erfolgversprechendes Muster zur Abwicklung eines gezielten Regressionsprogrammes erarbeitet. Zuvor muß jedoch geklärt werden:

– Wann soll eine gesteuerte Regression durchgeführt werden?
– Wie soll sie als Methode aufgebaut sein?

Das vollständige Regressionsprogramm soll grundsätzlich immer dann durchgeführt werden, wenn die Therapie weiter führen soll (oder muß), als nur dahin, spürbare Symptome zu beseitigen. Dies muß in allen Fällen der lebensbedrohlichen Infektion oder Degeneration, wie es beispielsweise Aids, der Krebs, die Alzheimer- oder Parkinson-Erkrankung sein kann, geschehen. Je tiefer das Krankheitsgeschehen sitzt, je schwieriger es zu beeinflussen ist und je komplexer es ist, desto gründlicher muß die Regression durchgeführt werden, wenn man dem betreffenden Menschen die Lebensqualität erhalten will beziehungsweise ihm eine regressiv erarbeitete »Lehre« aus seiner Erkrankung ermöglichen möchte.

Das Regressionsprogramm ist nach folgendem Muster aufgebaut:

A – *Erinnerungsphase*

B – *Regressionsphase*

zu A: Die *Erinnerungsphase* dient zur Aufarbeitung der historischen Ereignisse auf körperlicher und seelischer Ebene. Sie hat den Sinn,

aus dem Gedächtnis Geratenes wieder zu beleben, um es im Regressionsgang nicht als Verknotung vorzufinden;

einen übersichtlichen Ablauf des bisherigen Lebens zu erstellen, um eine möglichst lückenlose Dokumentation aller Ereignisse zu erreichen, die auslösend oder verknotend zur gegenwärtigen Krankheitslage geführt haben;

mit dieser Dokumentation einen Kontrollmaßstab für das Vorangehen der Regression zu besitzen und zugleich die Möglichkeit zu haben, künftige, zu erwartende Regressionssymptome therapeutisch und gesprächsweise vorzubereiten, um damit eine schnellere und gründlichere Aufarbeitung zu ermöglichen.

Gliederung der Erinnerungsphase:

1. Stufe:

Aufzählung aller physisch bedeutsamen Ereignisse und aller Krankheiten einschließlich der embryonalen und Kleinkindzeit. Hierzu sollte die Mutter, wo dies noch möglich ist, befragt werden. Die Daten sollen chronologisch, wie in einem Kalender, geordnet werden.

Fragenkatalog dazu:

Bisherige »körperliche« Erkrankungen:
  Kinderkrankheiten
  Infektionskrankheiten
  Geschlechtskrankheiten
  Allergien
  Stoffwechselerkrankungen
  Herz-Kreislauf-Erkrankungen

Familienanamnese:
  Erkrankungen der
  Eltern, Großeltern, Urgroßeltern
  Geschwister
  Tanten, Onkel, Großtanten, Großonkel

hier sind alle besonderen und chronischen Erkrankungen zu
erheben, insbesondere:

Rheuma, Gicht, Krebs,

Hauterkrankungen, Allergien,

Tuberkulose, Lues, andere Geschlechtskrankheiten,

MS, Diabetes,

sogenannte Geisteskrankheiten.

Bisherige Behandlungen:

Arzneien; welche?

Impfungen; welche?

Operationen; welche?

Psychotherapien; genaue Angaben: wann, wozu, mit welchem Erfolg;

Naturheilverfahren; welche, mit welchem Erfolg?

Nach Abschluß der ersten Erhebung wird die Sammlung bei-
seite gelegt, um unbeeinflußt die zweite Stufe durchzuführen:

2. Stufe:

Chronologische Erfassung der seelischen Erlebnisse, also der
Empfindungen, Schmerzen, Freuden, der Träume und Hoffnun-
gen, auch der religiösen Stimmungen; zum Beispiel

die erste Liebe, Verlobung, Heirat,

die erste Kommunion,

die Konfirmation,

Freunde,

Eltern, Verwandte, Geschwister,

das eigene Kind

die erste Begegnung mit dem Tod

Die eigene Entwicklung:

Schwangerschaft der Mutter; ihre Empfindungen, Entbindung;
ihre Reaktion auf das Neugeborene;

Entwicklung als Kind : Stillen, Greifen, Krabbeln, Laufen,
Sprechen, Zahnen.

Pubertät: das eigene Aussehen, die eigene Rolle.

Ausbildung: Wunschberuf – erlernter Beruf.

Beruf: An/Überforderung, Abwechslung, Lernen, Leisten, Erfolg, Bestätigung und Befriedigung.

Freizeit: Wert der Freizeit; ihre Gestaltung.

Familie: Umfang der eigenen Familie; ihre Rolle in der Lebensgestaltung und im Empfinden;

der Ehepartner: Kennenlernen, Wunschvorstellung, Anforderungen an den Partner, Bedürfnisse (Vertrauen, Zuneigung, Zärtlichkeit, Verständnis); Konflikte, Abneigungen, Zwiste.

Bei weiblichen Patienten: eigene Schwangerschaften: Reaktion auf das Schwangerwerden, Beziehung zum Keimling, zur Entbindung, zum Stillen und zum Kleinkind; Veränderung der Beziehung zum Mann in dieser Zeit.

für Mann und Frau: Wechseljahre: welche Veränderungen, Probleme, Konflikte und Einschränkungen?

Übergang ins Rentenalter: Verarbeitung des Übergangs in die Ruhezeit; Lebensgestaltung und Ziele.

Eigene Beobachtungen über psychische oder mentale Störungen oder eigenwillige oder problemschaffende Verhaltensweisen.

Diese Aufzählung soll lückenlos sein und vorläufig nicht mit der Stufe 1 verglichen werden. Nach ihrem vorläufigen Abschluß wird auch diese Liste weggelegt, um die nun schwierigste Stufe 3 zu bearbeiten.

3. Stufe:

Sammlung der geistigen und intellektuellen Ereignisse des Lebens von prägender Art; hier kommt es darauf an, solche Ereignisse von den seelischen zu unterscheiden, die das Denkmuster, das Empfindungsmuster (nicht das Empfinden selbst) und das Anschauungsmuster beeinflußt oder gar verändert haben. Die Ereignisse selbst sind nicht das Entscheidende, sondern die daraus entstandene Folge.

Beispiele:

erste Begegnung mit dem Werk eines Dichters,

einem Musikstück,

einer Idee und dergleichen,

Auseinandersetzung mit Weltanschauungen, Religionen, Denk- und Zukunftsmodellen;

Definition der eigenen Stellung in der Gesellschaft, in der Familie;

Lebensziel;

Daseinssinn, Daseinsziel.

Auch diese Aufstellung soll so vollständig wie möglich sein und unabhängig von den Stufen 1 und 2 erfolgen; sie wird abgelegt.

4. Stufe:
Diese Wunschstufe sollte völlig unvorbereitet und überraschend bearbeitet werden. Thema ist:

was

würde ich, wenn ich keine Einschränkungen in materieller, seelischer und geistiger Hinsicht hätte, an meinem Leben (eigene Person, Familie, Beruf, Ort, Land, Erde und so weiter) ändern und:

wie?

Auch diese Ausarbeitung soll schriftlich oder phonotechnisch festgehalten werden.

5. Stufe: Zusammenführung:
Die Ausarbeitungen aller drei Stufen werden in der Form eines Schemas dargestellt: Es hat sich bewährt, dieses Schema auf ein DIN A1 oder A0 großes Blatt aufzuzeichnen, um es aufhängen zu können und um damit einen Überblick über die Lebensabläufe im zeitlichen Vergleich zu gewinnen.

Dieser Vergleich zwischen den drei Feldern ergibt immer eine kausale Verkettung vom

Geistigen zum Seelischen zum Körperlichen, vom
Planfeld zum Verarbeitungsfeld zum Ausdrucksfeld.

Diese Erkenntnis ist wesentlich für das Verständnis der spagyrischen Therapie, in der eine symptomatische Aussage eines Patienten, wie die:

»Ich bin am Magen krank!«, nie beantwortet werden darf mit:
»Ja, Sie sind am Magen krank«, sondern nur mit:
»Sie haben ein (Hintergrunds-, seelisches)Problem, das sich als Funktionsstörung des Magens ausdrückt... Wir werden also nach dem Problem suchen und zugleich dem Magen helfen!«

Diese fast banal klingende Auffassung von Ursache und Wirkung wird zwar mündlich nicht von wenigen in Reden bekannt, sachlich und behandlungsmäßig aber von vielen vergessen.

6. Stufe, die sich unablässig bis zum Regressionsende wiederholt: Das Schema wird durchgesprochen, wobei die Verursachungsketten vom Patienten verstanden und, wenn möglich, angenommen werden sollen. Danach wird nie mehr von einer organischen Krankheit gesprochen, sondern immer nur von den Ausdrucksweisen seelischer (und dahinterliegender) geistiger Probleme im Körper. Es ist mir klar, daß der praktische Thera-

peut sein Ziel bereits als erreicht ansehen wird, wenn er den Patienten aus jener körperlichen Unstimmigkeit herausgeführt hat, deretwegen er in die Behandlung kam. Sein Erfolg wäre aber ungleich größer und stabiler, wenn er nach der Erstellung des Regressionsschemas die seelischen Hintergründe der organischen Krisen mit dem Patienten gründlich und sachkundig durchspräche und vor allem auf die stark prägende Zeit nach der Geburt bis ins vierte Lebensjahr einginge. Es ist mir leider auch bewußt, daß die eigentliche Therapie am Menschen, die Korrektur seines fehleingestellten, auto/aggressiven und utilitaristisch orientierten Denkens kaum wird durchgeführt werden können, solange die materiellen Dinge, die Macht, das Prahlen und Prunken, das sich mit den Fäusten imposant auf die Brust Schlagen und das Markensetzen an jeder beliebigen sozialen Ecke nicht durch ein neues, erfolgversprechendes Denkkonzept beeinflußbar sein wird. Ich gebe den klassischen Religionen keine große Chance mehr – vielleicht außer einem modifizierten Hinayana-Buddhismus –, hier korrigierend einzugreifen; im Gegenteil, einige ereifern sich, ihrer mutmaßlichen Glaubensidee wegen mit dem Morden, Sengen, Vergewaltigen, Rauben und Betrügen fortzufahren und dies Tun als »heilig« auszuzeichnen! Und einer neuen Denkweise räume ich kaum viel mehr Möglichkeiten ein als einer Sekte, da die Triebe des Ausnutzens, Begrenzens, Markensetzens, Verpissens und Vertauschens zur assoziativen Methode des Menschen geworden sind, die seine Theologie, seine Philosophie, Physik, Chemie, Biologie und Technik genauso durchdringen, wie seine Literatur und sein gesellschaftliches Gehabe. Ohne Sanierung der geistigen Grundpläne ist eine grundlegende Heilung der Spezies Mensch auf diesem Planeten nicht mehr möglich. Da er fortfährt, seinen fehlgeleiteten Überheblichkeitsanspruch in Technik und Tat umzusetzen, wird sich das von ihm im Ökosystem der Erde angerichtete unbalancierte Verhalten, wie die ersten Anzeichen deutlich machen, exponentiell ansteigend verschlechtern und gewissermaßen »über Nacht« die Lebensgrundlagen dieses Menschen zerstören. Dazu findet die biologische Korrektur über die ikosaedralen Viren statt, zu denen der Herpes-Virus und der HIV-Virus zählen.

Zu B: Die eigentliche *Regressionsphase:*
Mit der Einnahme des ersten Homodots oder Antihomodots beginnt die Regression; das ist der *spagyrische Schnitt.*

Jede Regressionsphase geht von einem Knoten zum nächsten. Die Abstände, wann eine neue Blutanalyse und ein neues Homodot zu machen ist, wird durch die »Knotenstrecke« bestimmt. Daß der Patient einen Knoten erreicht hat, läßt sich an folgenden Kennzeichen feststellen:

das Homodot verändert (nur für die Zunge des betroffenen Patienten) seinen Geschmack;

die Regressionssymptome ändern sich nicht mehr, blockieren also oder verschwinden mitten in einer Symptomenkette;

der Patient kommt in eine seelische Krise, in der er zuerst ein gegenwärtiges Ereignis zum Problem aktiviert und von diesem auf ähnlich strukturierte Ereignisse aus der Vergangenheit springt. (Er schlägt die Kuh und meint den Treiber).

Das nächste Homodot wird dann zusammen mit einem klärenden Hintergrundsgespräch den blockierenden Knoten lösen, und so weiter.

Innerhalb der Knotenstrecken kommt es zur Ausbildung sogenannter Regressionssymptome, die meistens nur kurz dauern (von wenigen Sekunden bis zu einigen Tagen) und einer (von den Gehirnen ausgehenden) körpereigenen Simulation des alten Krankheitszustandes. Bei starken, larvierten und oft auch bei domestizierten Keimfeldern kann die Regression allerdings zu kurzfristiger Aktivierung der Keimtätigkeit mit entsprechender Toxinbildung führen. In diesem Falle treten keine simulierten, sondern wirkliche Symptome auf, die eine empfindensmäßige Verschlechterung hervorrufen. Diese Zustände sind mit einer angepaßten Gabe der Dote fast immer schnell beherrschbar. Für sie wie für die gesamte Regression gilt die Regel, daß das die Symptome auslösende Dot nicht reduziert oder gar abgesetzt werden darf, sondern im Gegenteil in der Gabenhäufigkeit erhöht werden soll, damit die Gehirne über eine nicht abreißende Kette von Informationen ständig immunstimulativ wirken.

Das spagyrische Regressionsmodell geht davon aus, daß über Homo/Antihomodot (und/oder auch der spagyrischen Analogessenz) unter Umgehung der erkrankten Körperrezeptoren dem verarbeitenden Kleinhirn eine Ist-Information des Gesundheitszustandes seines Körpers vermittelt wird, der dann mit dem planmäßigen Soll-Zustand verglichen wird. Das Gehirn setzt nun geeignete Maßnahmen ein, um eine hohe Kongruenz zwischen Ist/Soll zu erreichen. Damit wird die Fähigkeit zur Eigendiagnostik deblockiert. Die Reaktion auf die spagyrische Information ist in keinem Falle exogen zwingend, sondern nur endogen anregend. Damit sind die nachfolgend erzeugten Prozesse zutiefst körpereigen. Nun werden rückläufig (regressiv) die bisherigen Erkrankungsgeschichten aktiviert und dann abgebaut bis zu einem theoretischen Punkt Null, der dem Geburtszeitpunkt entspricht. Nach dem Erreichen dieses Punktes Null beginnt erst die eigentliche selbstverantwortliche Freiheit des Menschen bezüglich seines Denkens und seines Verhaltens; davor war er ein autokybernetisch gesteuertes Reagens seiner eigenen Toxinprofile. Ob der Punkt Null erreicht ist, läßt sich einfach dadurch nachweisen, daß man mehrere alte Homodote, die man im Kühlschrank aufbewahrte, stoßweise einnehmen läßt; kommt es dann bei keinem der Homodote zu einer regressiven Reaktion, dann ist der Punkt Null erreicht. Dieses Regressionsende muß selbstverständlich auch mit der entsprechenden Etappe des Regressionsmusters zusammenspielen; der Patient muß also merklich die symptomatischen Belastungen seiner Kindzeit gespürt haben.

Die Regressionsgeschwindigkeit liegt in der Regel um den Faktor 10 höher als die pathoforme Progression selbst. Diese Regel gilt nur für Regressionen mit gleichmäßig ablaufenden Knotenstrecken. Die Intensität der toxischen (meist simulierten) Reaktivierung ist praktisch immer weit unter dem damaligen Infektniveau.

Zusammenfassende Regressionsregeln:

Dote-Dosierung:
   HOMODOT: 7mal bis stündlich 5 Tropfen;
   bei Akutisierungen: alle 20 min 5 Tropfen;
   Bei Blockierung eines Homodots kann man, sofern ein neues nicht gleich angefertigt werden kann, auf ein älteres zurückgreifen, das man im Kühlschrank aufbewahrt hat.
   ANTIHOMODOT: 3 mal täglich bis stündlich 5 Tropfen;
   bei Akutisierungen: alle 10 min 5 Tropfen.
   Die Tropfen sollen nie über eine Einzelmenge von fünf Tropfen genommen werden; sie sollen sublingual »verkaut« werden.
   Bei Auftreten von regressiven Symptomen darf auf keinen Fall ohne Not die Einnahme der Dote abgesetzt werden, sondern soll im Maße der Steigerung der Symptome selbst in der Häufigkeit gesteigert werden.

Schließlich sei bei der Beurteilung der Regressionssymptome nochmals auf die blutgruppenabhängige Körpersensibilität hingewiesen, um mögliche Überhöhungen richtig zu beurteilen:

Null   Entoderm: Lungen, Därme (← Leber)

A   Mesoderm: Blut (← Leber!), Gelenke, Muskulatur

B   Ektoderm: Haut, Nervensysteme, Lymphe (← Nieren!)

AB   Meso/Ektoderm: (Leber ↔ Nieren), (Nervensysteme ↔ Muskulatur, (Haut ↔ Gelenke)

Schlußbemerkung:

Die auf die Hirne wirkende Information bedeutet nie einen Zwang zur Handlung für diese, sondern nur eine Anregung zur Benutzung der eigenen Möglichkeiten. Damit realisiert die Spagyrik die intimste und lebensnaheste Form der »Therapie«:

zwangfreie Information der steuernden Körperzentrale, worauf diese dann nach Fähigkeit oder Plan reagieren kann.

Die Heilleistung vollzieht ausschließlich das Gehirn über die in den Körperfeldern und -zellen mit Hilfe der Dote-Information durchgeführten Reorganisation (= Heil- oder Abwehrprozeß).

3 Das Ergebnis

Die Ergebnisse der spagyrischen Heilkunst sind vielfältig und tiefgreifend; meist verändern sie das Leben der Menschen, indem sie ihnen, abgesehen von Erfolgen in der Behandlung der spürbaren Erkrankungen, völlig neue, freiere und schöpferischere Blickwinkel des Lebens eröffnen und sie großenteils loslösen von den in der eigenen Lebensgeschichte konditionierten Verhaltensweisen, die das wirkliche eigene Wesen (das sogenannnte Ich) mit seinen vielfältigen Möglichkeiten oft verdekken. Die spagyrische Regression profiliert den Charakter des Menschen, macht ihn eindeutiger in seinen Reaktionen, wirksamer in seinen Unternehmungen und nützlicher für seine Umgebung.

Vor allem aber: Spagyrik ist sanft und intelligent; Spagyrik zwingt nie, weder den Körper noch die Seele, und kann daher nicht mißbraucht werden. Sie wirkt im Körper nur, solange der Körper selbst es zuläßt, solange er leben und damit auch seine dysbalancierten Lebensprozesse korrigieren will. Wenn der Körper nicht mehr will, was durch seine Steuerungszentren entschieden wird, dann bleiben die Essenzen (Dote) der Spagyrik wie ein gesprochenes, aber ungehörtes Wort: wirkungslos!

Wer dies in seinem ganzen Umfang begreift, wird einsehen, daß die Spagyrik tatsächlich eine Heilchance im umfassenden Sinn des Wortes ist, auch wenn jetzt nicht alle ihre Möglichkeiten dargelegt oder angerissen werden können, da sich der allgemeine menschlich-informative Hintergrund noch nicht genügend geändert hat, um ein gefährliches Mißverständnis gegenüber dem, was hier zu sagen wäre, auszuschließen.

Die Chancen, die die spagyrische Heilkunst bietet, kann ich unterteilen in jene, die bereits heute verwirklicht werden können, und jene künftigen, die erst unter anderen energetischen, anthropologischen und sozialen Voraussetzungen sinnvoll, einsetzbar und wirksam werden.

Gegenwärtige Leistungen:

1 – Homodot-Antihomodot-Anadot-System zur Durchführung einer befreienden und heilenden Regression;

2 – Kristallisationssystem zur Diagnose der körperlichen und seelischen Dysfunktion (Erkrankungen);

3 – Regressionssystem zur Aufarbeitung der historisch-sozialen Konditionierungen über die Körperschiene zur psychischen Verarbeitungsschiene mit der Möglichkeit einer weitreichenden Aktivierung der eigenen Assoziationsfähigkeiten.

Künftige Leistungen:

1 – Neue assoziative Denkformen mit frei variablen Inhalten, womit die phylogenetische Verhaltenskonditionierung auf ein biologisch notwendiges Minimum reduziert wird.

2 – Neue spielerische Empfindensformen, in denen die gleichzeitige, aufnehmend-antwortende, vernetzende Kommunikation ohne entwicklungsgeschichtlich bedingtes Abwehrverhalten möglich wird.

3 – Neue Formen des Spielens als einer besonderen Form der prozeßorientierten (statt zielorientierten, wie bisher) Assoziation mit der Möglichkeit der Ankoppelung des 30 Millionen Jahre älteren Assoziationsverhaltens der Delphine.

4 – Neue Form des vernetzten
Lernens,
Arbeitens und
Bauens.
5 – Neue Formen einer gesellschaftlichen Organisation mit
einem Recht, das die Absicht stärker bewertet als die Tat und die
Überzeugung höher als die Strafe.
6 – Neue Formen der Weltanschauung.

Alle künftigen Leistungen werden die wesentlichen Eigen-
schaften der Spagyrik behalten:
Freizügigkeit,
Duldsamkeit und
Sanftheit.

Zurück zur therapeutischen Gegenwart: Das folgende Beispiel soll den Unterschied zwischen den Wirkweisen der Allopa-
thie, der Homöopathie und der Spagyrik verbildlichen. Aus-
gangslage: Der Freund will, daß seine Freundin in den Garten
hinausgeht, und er sagt zu ihr: »Geh hinaus, es ist schön draußen!«

Allopathische Version:
Er sagt: »Geh hinaus, es ist schön draußen!« und er hebt sie
aus ihrem Stuhl und trägt oder schiebt sie, gleichgültig, ob sie
will oder nicht, hinaus in den Garten.
Fazit: Der Körper muß auf den chemischen, meist auch toxischen Reiz des allopathischen Medikaments reagieren, unabhängig davon, ob das angestrebte Ziel erreicht wird oder nicht. In
jedem Falle wird in ihm ein chemischer Re/Aktionsprozeß erzwungen. Die Richtung des chemischen Ablaufs wird von der
chemischen Struktur des Medikaments bestimmt.

Homöopathische Version:
Er sagt:»Geh hinaus, es ist schön draußen«; dann kneift er sie
in den Hintern, damit sie aufspringt und, da sie schon auf den
Beinen steht, drückt er sie sanft in Richtung des Gartens, bis sie
von selbst geht.
Fazit: Der Körper muß ebenfalls reagieren, wenngleich nur
der Anfangsimpuls zwingend ist; der Fortgang bleibt relativ frei,

genauso, wie die Reaktion in ihrem Ziel nicht definiert ist, sondern lediglich eine Reaktionsrichtung angibt. (Auch die homöopathische Eigenblutnosode wirkt hier nicht anders: Unter einer D 30 ist sie wie eine modifizierte Eigenblutbehandlung mit Blutsubstanz und Proteinreizeffekt anzusehen, darüber enthält sie entgegen landläufiger Meinung durch Akkumulation trotzdem noch Moleküle und wirkt wie ein protein-simulierendes Stimulans von eingeschränkter Informationsbreite aufgrund der die Informationsübertragung einschränkenden Verarbeitungsart.)

Spagyrische Version:
Er sagt: »Sieh doch, wie schön es draußen ist, willst du nicht hinausgehen? Es würde deiner Haut guttun, wenn du unter den Bäumen die Sonne spüren könntest; es würde dich sicher erfreuen, die schönen Blumen aus der Nähe anzusehen; merkst du, wie gut sie riechen?« Damit streicht er ihr über das Haar (und tritt entweder selbst in den Garten hinaus oder entfernt sich).

Fazit: Der Körper kann, er muß aber nicht reagieren; und wenn er reagiert, dann tut er es nach seinem Vermögen; seine Reaktion ist dann eindeutig und gerichtet und nicht im physiologischen Milieu des Körpers erzeugt, auf der Ebene der Zellen und des Gewebes, sondern in den Gehirnen, in den Steuerzentralen, die diesen Impuls umsetzen in angemessene und körpereigene Reaktionen gemäß dem Ergebnis ihres Ist/Soll-Abgleichs.

Um den möglichen Erfolg einer spagyrischen Therapie abschätzen zu können, sollte bekannt sein, auf welcher Ebene der Hintergrundsinformation sich die zu behandelnde Erkrankung abspielt, um zu wissen, auf welchen Heilebenen mit welchen Heilchancen zu arbeiten ist. Die klinische Pathologie kennt durchaus Krankheiten, die sich einem therapeutischen Zugriff deswegen weitgehend entziehen, weil die entsprechende pathoforme Information aus der DNA stammt. Aus spagyrischer Sicht unterscheide ich zwei Erkrankungsketten:

Kette 1: DNA = > Planfeld → Verarbeitungsfeld → Ausdrucksfeld,

Kette 2: (DNA) → Planfeld → Verarbeitungsfeld → Ausdrucksfeld.

Bei der Kette 1 wird das Planfeld bereits durch fehlerhafte Informationen aus dem konstanten Sequenzteil der DNA fixiert (= >). Da dieser Sequenzteil nicht modulierbar ist, kann eine nichtspagyrische Therapie nur an den Symptomen kurieren, da sie die Ursache nicht erreicht. Die spagyrische Therapie kann jedoch über das anamorphe Anadot Einfluß nehmen. Dazu ist allerdings notwendig, die Anamorphie zu bestimmen, was nach dem Prinzip der negativen Abgrenzung über Vollblut- und Blutzuchtkristallisate geschieht.

DNA-fixierte Manifestationen im Ausdrucksfeld (Körper) werden direkt über das definierte anamorphe Anadot und indirekt über Homodot und Antihomodot beeinflußt.

Bei der Kette 2 erfolgt die übliche Profilübertragung ($\rightarrow$), deren Information sich erst im Ausdrucksfeld als metabolische, fehlerhafte Wirkung zeigt. In den vorgelagerten Feldern war sie nur als methodische Schwäche angelegt, die sich erst nach ihrer Füllung durch entsprechend erworbene Inhalte manifestiert; das heißt, das fehlerhafte Muster braucht zu seiner Erscheinung im Körper Daten und Umstände, die es fehlerhaft verarbeiten und dann manifestieren kann. Eine autonome Übertragung des Fehlerprofils auf alle Felder wie bei der Kette 1 findet in der Kette 2 nicht statt.

DNA-variable, im Kleinhirn decodierte und im Ausdrucksfeld im Laufe der Lebensgeschichte manifest werdende Prozesse werden direkt über Homodot und Antihomodot und indirekt über Anadot angegangen.

Der Erfolg und damit das Ergebnis der Regression hängt von zwei Korrekturprinzipien ab, die durch das spagyrische Verfahren stimuliert werden:

Selbstkorrektur,

partnervermittelte Korrektur.

Die Selbstkorrektur läuft über den Ist/Soll-Vergleich, der durch das Kleinhirn gesteuert und durch die Dote wieder effizient wird.

Die partnervermittelte Korrektur ist in der gegenwärtigen Gesellschaft ein eigentlich nicht lösbares Problem und ist damit auch der wesentliche Grund für die Aussichtslosigkeit vieler Therapien: Das Informationsprofil aus der variablen DNA-Sequenz drückt sich vorerst nur indirekt in der Körperorganisation aus. Es ist vorerst erfahrungsleer und enthält nur Prozeßvorschriften, die erst mit der Verarbeitung einer eingehenden Rezeption in Funktion treten. Mit den notwendigen Antworten auf die rezeptiven Prozesse macht sich nun das an der phylogenetischen Norm gemessene Fehl- oder abweichende Verhalten bemerkbar und verstärkt sich, je mehr Einzelerfahrungen desselben Musters angespeichert werden. So wird beispielsweise ein aus dem Planfeld über das Verarbeitungsfeld als ängstlich programmierter Mensch diese Ängstlichkeit erst erfahren, wenn er in die erste Situation kommt, in der er sich schützen muß. Danach weiß er, daß er ängstlich ist und wird die im Augenblick der Angst wirksame Prozeßmethode immer wieder üben und dabei seinen speziellen Erinnerungsspeicher über die Angst auffüllen. Würde er diese eine auslösende Begegnung nicht gehabt haben, so hätte er unter Umständen zeit seines Lebens nichts von seiner Angst merken müssen, die er nun, da er das entsprechende Programm aktiviert hat, immer wieder, auch in völlig ungefährlichen Situationen, erleben wird, die nur dem ersten Anschein nach eine gewisse Ähnlichkeit mit dem damals auslösenden Ereignis hatten. Die ursprüngliche nur als Prozeßvorschrift gegebene Information, die ohne weiteres durch andere Verhaltensgewohnheiten hätte verändert werden können, wird durch den Erfahrungsinhalt (als »Gewohnheit zur zweiten Natur«) zu einer Verhaltenskonstante. Jede Abweichung von einer solchen Konstanten bedeutet nicht nur einen erheblichen Kraftaufwand, sondern auch die soziale Gefahr, etwas Unbekanntes (= Fremdes und damit Bedrohliches) zu tun. Das Bekannte zu tun ist gefahrlos und leicht. Wenn das eingebüßte Verhalten gar noch eine Schutzfunktion erfüllt und als Reaktion beispielsweise auf eine intime Verletzung durch die eigene Mutter entstand, dann wird die Abkehr davon noch mit der Angst verbunden sein, wieder in dieselbe oder eine ähnliche Verletzungslage zu geraten. Um also eine solche Konditionierung, die ja zu erheblichen Stoffwechselstörungen und damit Krankheiten führt, zu beseitigen, braucht der Patient, in zweiter Linie sein ihn begleitender Partner und schließlich der führende Therapeut:

Achtsamkeit, um die gewohnte Reaktion schon im Entstehen zu erkennen und sich zu entscheiden, sie nicht mehr gewähren zu lassen;

Kraft, die angelaufene Reaktion umzuleiten in eine (bereits bereitgestellte) Ersatzreaktion und

Furchtlosigkeit, sich der neuen Reaktion zu überlassen, ohne sich um eine Wiederholung der ursprünglichen Verletzung zu ängstigen.

Alle drei Forderungen sind nur von wenigen Menschen erfüllbar. Etwas leichter wird es, wenn ein diese Prozesse mitverfolgender und verstehender Partner vorhanden ist, der die Achtsamkeit erhöht, die Kraft anregt und vor allem beweist, daß mit einer neuen Reaktionsform nicht automatisch eine Blöße an der Stelle der alten entsteht, die nun für neue Verletzungen nackt steht. Die Aufgabe des Partners ist das sanfte, bisweilen auch drängende Begleiten des Patienten durch seine unterschiedlich starken Regressionsphasen, auf die der kundige Therapeut beide vorbereitet, indem er ihnen Ablauf, Sinn und Ziel jeder Phase erklärte. Der Partner muß selbst heftige Regressionsausbrüche ruhig annehmen und zeitweilig die Rolle des Sündenbockes spielen, auf dem die reaktiven Inhalte aufgeschichtet werden, damit sie von hier aus gelöscht werden können. Eine wirklich gründliche Regression ist für den normalen Menschen durch die vielfach überschichteten Ängste, die er vertuscht und die er nun entblößen müßte, ohne beistehende, ermutigende, verstehende, bergende und puffernde Hilfe fast unmöglich, weil der kleinste Mißerfolg im Zusammenhang mit der neu versuchten Ersatzreaktion zur Rückflucht in die zwar zu überwindende, aber doch als sicher erfahrene Altreaktion verführt.

Die Anforderungen an einen Partner während der Regressionsphase sind hoch; von ihm hängt der Ausgang und der Erfolg in den meisten Fällen ab. Es erfordert von beiden dann vor allem sehr viel Disziplin, wenn beide gleichzeitig in die Regression gehen und einer in eine Blockade vorreitet, wobei der andere meistens »aufsitzt«, so daß die heftigsten Phasen gemeinsam – manchmal gegeneinander – durchlaufen werden.

Das angestrebte Ziel der gesamten Regression eines Menschen ist die Rückgewinnung des ihm möglichen und zustehenden Stückes Freiheit. Damit erwirbt er sich:
ein neues Denken durch
Sanftmut,
Friedfertigkeit,
hohe und freie Assoziationsfähigkeit,
ökobalanciertes Verhalten
funktionelles und nicht moralisierend-machtmäßiges Handeln.
Eine menschliche Utopie aus spagyrischer Wirklichkeit.
(Abschließend für den Kenner: die Fortsetzung des spagyrischen Denkens findet in den vektoriellen Formen der Runen statt; siehe: Ulrich Jürgen Heinz, *Die Runen*, Verlag Hermann Bauer, Freiburg, 1987.)

Kapitel 4

Der spagyrische Alltag

1 Spagyrische Ernährungsgrundsätze

Der physische Stoffwechsel des Menschen braucht zu seiner Versorgung eine komplexe Ernährung aus physischen Stoffen unterschiedlicher Herkunft. Die verzehrbaren Substanzen können pflanzlicher, tierischer, mineralischer, organischer oder anorganischer Herkunft sein. Mit Ausnahme des Wassers, auf dem der Stoffwechsel des Menschen aufbaut, ist keine Substanz vom Körper direkt als Energiespender verwendbar, vielmehr müssen alle Substanzen erst in einen körpergerechten Zustand versetzt werden, in eine chemische Phase also, die der Chemismus des Körpers direkt (Zucker, wassergelöste Mineralien) oder indirekt (über zwischengeschaltete Umsetzungsschritte: Eiweiß, Fette) verwerten kann. Diesen Prozeß der Umwandlung von einem

> körperfremden Stoff über einen
> körpernahen in einen
> körpereigenen nennt man: die Verdauung.

Das Verdauen ist eine notwendige Fähigkeit des Körpers, das ihm die Möglichkeit sichert, seinen eigenen Energiebedarf aus der Umwelt durch Umwandlung körperfremder Stoffe in körpernahe zu versorgen. Wie sehr der Nutzen einer Nahrung von dieser Umwandlungsfähigkeit abhängt, sieht man schnell, wenn man die förderlichste Speise, anstatt sie über den Mund im Schleimhautschlauch der Därme verdauen zu lassen, sie direkt in wäßriger Lösung in die Vene spritzt: Die sonst als so bekömmlich angesehenen Stoffe würden durch ihre Fremdheit im Körper eine vermutlich tödliche Proteinkrise hervorrufen.

Erster Grundsatz: Jede genießbare Nahrung ist nur deswegen genießbar, weil der Körper sie durch sein Verdauungssystem genießbar macht.

Zweiter Grundsatz: Ob ein Nahrungsmittel für den Körper bekömmlich ist oder nicht, hängt weniger von dem Nahrungsmittel selbst ab, als von der Fähigkeit des Körpers, die chemischen Verbindungen des Nahrungsmittels so zu zerlegen und dann neu zu binden, daß das Ergebnis körpernahe und körpergängige Komplexe ergibt, die dem Körpersystem als Nahrung dienen können.

Die Spagyrik nennt dieses Vermögen die Scheide- und Bindekräfte des Körpers.

Dritter Grundsatz: Die Verdauungsfähigkeit des einzelnen Menschen (oder seine Speisen/un/verträglichkeit) spiegelt seine grundsätzliche, erbgutabhängige Programminformation im Sinne eines definierten Un/Vermögens in der Aktion wie in der Reaktion wider. Wenn diese Programminformation unaktiviert ist, dann bleibt sie verdeckt und wird erst erkennbar, wenn sie beispielsweise als Verdauungsstörung auftritt.

Vierter Grundsatz: Was der Mensch essen und verdauen kann, hängt in erster Linie von seinen Scheidekräften ab und erst in zweiter Linie von der Art und Qualität der als Nahrung angesehenen Substanzen. (Ein Fakir kann rostige Nägel ohne Schaden essen; ein Todkranker verträgt selbst flüssige Nahrung nicht mehr.)

Fünfter Grundsatz: Eine förderliche Nahrung ist jene, die möglichst wenig Energie zu ihrer Verdauung und einen möglichst geringen Energieaufwand zu ihrer Beschaffung benötigt.

Sechster Grundsatz: Auf der Grundlage der gemeinsamen, phylogenetisch fixierten Nahrungsverwertung aller Menschen sollte sich der einzelne Mensch ernähren und dazu nach individueller Anlage jene Nahrungsmittel suchen und dann benutzen, deren spezifischer Verdauungsaufwand im optimierten Verhältnis zu den Verdauungsfähigkeiten seines Körpers steht. Oder: er soll sich jene Nahrungsmittel suchen, die er gemäß seinen Scheidekräften leicht und mühelos verdauen und vertragen kann. (Für den einen wird das eine Eichenwurzel sein, für den anderen ein Stück vom Schwein und für den letzten eine Handvoll Körner.)

Es gibt keine Ernährungsregeln und Ernährungsformen, die der Individualität eines jeden Menschen gerecht werden, also für jedermann unverändert gleich gut sind. Der Grund hierfür liegt in der unterschiedlichen Planfeldstruktur der Menschen. Zwar haben sie alle denselben Schleimhautschlauch, der sich zu Leber,

Magen und Därmen spezialisierte, doch hat jeder Körper von seinem Plan her und durch die durch diesen Plan beeinflußte, gesteuerte und bestimmte Geschichte seine Eigenheiten, die sich beispielsweise ausdrücken können in der Darmflora, in der Gallenzusammensetzung, in der Fettverdauungsschwäche der Leber, in der Neigung zu Untersäuerung des Magens, in der Dysfunktion einer der 1048 Funktionen der Leber und so weiter.

Wären alle Menschen vom Planfeld her gleich, so würden sie alle die gleichen Körper- und damit auch Verdauungsreaktionen haben. Eine diäthetische Vorschrift müßte dann nur nach phylogenetischen Gesichtspunkten ausgerichtet sein, abgesehen von den während eines Lebens durch chemische (Ätzung) oder physische (Durchschuß) Einflüsse erfahrenen Verletzungen, die dann eine auf die Verletzungsart abgestimmte Diät erforderten.

Siebenter Grundsatz: Es gibt keine allgemein verbindlichen Regeln, die das individuelle Optimum zwischen Nutzen und Verdauungs- beziehungsweise Beschaffungsaufwand bestimmen oder festlegen könnten, außerhalb

des individuellen Empfindens (bei deblockierter und funktionstüchtiger Sensorik)

und der spagyrischen Nahrungsmittelanalogie.

Wir müssen davon ausgehen, daß jeder Mensch innerhalb der pathoformen Progression (Krankheit) steht, der jünger als mit 140 Jahren stirbt; denn dies wäre das empirische Maximum, das in Abhängigkeit von der Zellteilungsrate (beispielsweise von dem Volksstamm der Hunzas) als Lebensalter erreichbar wäre. Folglich verfügt keiner über eine intakte Sensorik, die ihn zuverlässig das brauchbarste, nützlichste und förderlichste Nahrungsmittel finden lassen kann. Selbst die Reaktion des Verdauungssystems auf bestimmte Nahrungsmittel ist nur eingeschränkt dazu tauglich, weil seine Reaktionen zeitversetzt erfolgen, was eine Zuordnung der genossenen Speisen zu den nachfolgenden Reaktionen nur bei einfachen und eindeutigen Einzelspeisen, nicht aber bei Mischungen zuläßt. Das einzige, was diese Methode leistet, ist das mutmaßliche Ausschließen eines krankmachenden Faktors, beispielsweise der pasteurisierten Milch, weil daraufhin immer Blähungen und/oder Durchfälle beobachtet werden. Eine positive Orientierung ist damit noch nicht gewonnen.

Die spagyrische Nahrungsmittelanalogie funktioniert nach

dem Prinzip des Substanz-Anadots: Die verschiedenen Nahrungsmittel werden wie ein Substanz-Anadot verarbeitet und kristallisiert. Aufgrund der kristallinen Formen und Texturen werden dann die therapeutisch förderlichen Eigenschaften bestimmt. Diese werden in einer Datei gespeichert. Im praktischen Fall ordnet man die im Blutkristallisat gefundenen Texturen den Kristalltexturen von Nahrungsmitteln zu und hat damit eine Essensvorschrift erarbeitet, die dem jeweiligen gesundheitlichen Stand optimal entspricht.

Die gegenwärtige Lage der Nahrungsmittel, die Mensch und Tier auf dieser Erde zur Verfügung stehen, ist bejammernswert. Abgesehen davon, daß die menschliche Torheit groteske Blüten treibt, indem ein Teil der Menschen im Überfluß lebt und diesen Überfluß mit großem Aufwand vernichten muß, während der andere Teil hungert; abgesehen von all jenen nur aus der unüberwundenen Zooformie des Menschen verständlichen Fehlverhaltensweisen, die den Lebensraum Erde aus dem biologischen Gleichgewicht bringen, ist durch das falsche Wirtschaften ein völlig parasitäres Verhältnis des Menschen zur Natur geschaffen worden. Natürliche Prozesse werden manipuliert, als seien es törichte industrielle Serienprozesse. Es ist müßig, das Ausmaß der Verfehlung an diesem Orte zu diskutieren, weil keiner von denen, die das beginnende Chaos begründeten, wußte, was er tat und ebensowenig in der Lage ist, daran auch nur das Geringste zu ändern. Diese Änderung, die jedoch bereits großräumig begonnen hat, ist nicht mehr anthropogen motiviert. Denn der Mensch ist über seine Fähigkeit hinausgekommen, einen Stein auf den anderen zu legen und sich daran zu freuen; er spielt statt mit den Steinen mit Ländern, Häusern, Autos, Menschen, Geld und Genüssen; seine Methode hat sich nicht verändert. Dies betrifft seine Logik wie seine Ethik, seine Technik wie sein statistisches Interpretieren von komplexen Feldinhalten. Die menschliche Assoziation selbst ist zwar analog organisiert – Verhältnis des einen Steins zum andern –, die Logik aber nur konsekutiv – Stein auf Stein, Stein zu Stein – (ein Verdienst des Philosophen Descartes, der mit seiner einseitigen Entweder/Oder-Denkweise zwar die moderne Technik ermöglichte, aber einen modernen Geist verhinderte; im Gegensatz zu dem leider nicht zum Zuge gekommenen Philosophen Leibniz, der zur harmonisch strukturierten Technik auch den entsprechenden Geist konzipierte). Das Fazit: Durch Denaturierung,

Züchtung und Überzüchtung, durch chemische Behandlung, unreifes Ernten und Reifestabilisierung und dergleichen ist ein Nahrungsmittel entstanden, das der heutige Mensch aufgrund der (degenerierenden) Anpassung seines Verdauungssystems (eben noch oder schon nicht mehr) erträgt, einer aus dem vorigen Jahrhundert mit Sicherheit aber nicht verdauen könnte, ohne sehr unangenehme toxigene Reaktionen in seinem Körper hervorzurufen. Ich möchte an dieser Stelle den Gedanken, daß der Mensch sich seine Nahrung selbst schuf, weder in direkter noch in umgekehrter Linie, daß die Nahrung dem Menschen entspreche, weiterspinnen.

Aus biologischer Sicht hat der Mensch ein Anpassungsgebot an seine Umwelt, um ihm und seinen Nachkommen, die er zeugen soll, das Überleben zu garantieren. Wenn die Umwelt oder die Nahrung außerhalb der biologischen Toleranzgrenzen gerät, dann verliert das Lebewesen Mensch seinen Funktionsrahmen und geht zugrunde. Wenn man die weltweite Zunahme der klinisch nicht beherrschbaren, degenerativen Krankheiten sieht, könnte man dem Eindruck verfallen, daß diese Toleranzgrenze eben überschritten wurde. Wie seriöse Messungen gezeigt haben, ist auch die Flucht in den sogenannten biologischen Anbau keine Alternative mehr, da auch diese Pflanzen nicht schadstoffrei sind. Sie nehmen die Schadstoffe aus dem Wasser und aus der Luft; ihr Dünge- und Vernichtungsmittelanteil liegt nur 0,n % unter dem der Standardware. Es ist eine Sache, sich in satten Ländern eine Reformbewegung zu leisten, die meint, sich aus dem ökologischen Zusammenhang durch Kleines Andersmachen herausnehmen zu können, und eine andere, in armen Ländern, in denen ohnehin jedermann hungert, bewußt auf eine ertragssteigernde, hungerstillende, krankmachende und ausbeutende Landwirtschaft zu verzichten.

Der Mensch ist als Verdauungstyp ein Früchteesser (siehe die verdienstreichen Arbeiten Bircher-Benners). Eine Frucht ist alles, was die Pflanzennatur als Same oder Samennahrung hervorbringt. Früchte wachsen auf den Bäumen, an den Sträuchern und in der Erde als Knollen und auch (vermehrungsfähige) Wurzeln. In den Früchten findet der Mensch das gesamte Stoffeangebot, das er für seinen Lebenskreislauf benötigt. Blätter und Gräser kann er nur unzureichend verdauen: seine Zähne sind zu spitz, um die Pflanzenzellen durch Zerreiben zu öffnen, sein Darm ist zu kurz und seine Magenverdauung zu oberflächlich (siehe Wiederkäuermagen der Huftiere), um die Pflanzen ertragreich aufschließen zu können. Durch die unvollständige Verdauung kommt es in seinem Darmsystem zu (alkoholischen) Gärungen mit Blähgasen (es ist leicht auszumalen, was dieser ständige Alkoholeinfluß, ohne Alkohol zu trinken, für die Leber bewirkt). Rohes Fleisch kann der Mensch auch nur unvollständig verdauen: seine Zähne malmen das Fleisch zu stark, seine Magensäfte sind nicht kräftig genug, und die Verweildauer im Magen und in den Därmen ist zu lang: die zu stark zermalmten Fleischzellen gehen in verrottende Oxydation, die beim typischen Fleischfresser, beim Hund, durch starke Magensäfte verhindert wird; so kommt es bereits in den oberen Darmabschnitten zu Fäulnisprozessen, die sich durch jaucheartig riechende Blähungen bemerkbar machen. Die nicht nur in den Gasen, sondern auch im Speisebrei freiwerdenden Ammoniakverbindungen gehen ins Blut über und werden, da sie nicht vollständig abbaubar sind, im Mesoderm, also in den Muskeln und Gelenken abgespeichert (es besteht ein direkter Zusammenhang zwischen intensiven Fleischessern und den rheumatischen Erkrankungen; dies zeigt deutlich ein Vergleich zwischen den stark ausgeprägten rheumatischen Erkrankungen der fleischessenden Texaner gegenüber den nach spanischer Art kohlehydratessenden und rheumatisch kaum belasteten Mexikanern.)

Das Überleben eines Lebewesens geschieht immer auf Kosten eines anderen: Der Mensch ißt einen Menschen, ein Tier, eine Pflanze; er tötet mit seiner Abwehr Keimlinge und vernichtet Myriaden von Insekten (und Vögeln). Jeder, der überlebt, tötet einen anderen – selbst wenn er nichts äße (durch seine Abwehr). Hier Unterschiede zwischen dem Rind und dem Bakterium zu machen, ist pharisäisch, aber nicht logisch. Also kann das Tötungsverbot beispielsweise des Buddhismus nur das Töten um des Tötens willen meinen; anders wäre es widersinnig. Vegetarier zu sein, kein Fleisch zu essen, wird oft zum ethischen Leitbild gemacht, obgleich das sonstige Verhalten (Friedfertigkeit und Liebefähigkeit) dem des fleischessenden Menschen gleicht. Daher etwas Grundsätzliches zum Fleischgenuß:

Der Mensch tötet:

bei der Jagd aus notwendigem und wirklichem Bedarf;

bei der Jagd aus Lust (Töten um des Tötens willen) oder um »den Bestand«, den der Mensch künstlich geschaffen hat, »zu schützen« (verbrämtes Töten),

bei der Viehhaltung nach der Nutzung der Arbeitskraft des Tieres und zur Ernährung (notwendiger Bedarf);
bei der Viehzucht unter zum Teil geradezu verbrecherisch motivierten Bedingungen nur zur Schlachtung.

Es gab und gibt bei der Viehhaltung zur Nutzung der Arbeitskraft und/oder der Körperteile auch die Möglichkeit, das lange Jahre nutzbringende Tier mit einem sogenannten »Gnadenbrot« zu bedanken, ohne es zu töten und zu essen.

Alles, was lebt, hat das Recht zu leben, solange es sich ernähren kann (oder jemand für seine Ernährung sorgt). Dabei wird es den Tod anderen Lebens in unterschiedlicher Form herbeiführen. Die Entscheidungsmöglichkeit, ob man tötet oder nicht, existiert nicht, sondern nur die, wie vermeidbar oder wie vorsätzlich der Tod ist. Unvermeidbare Tode sind die der in den Körper eindringenden Keime und die jener Pflanzen oder deren Früchte, die den geringsten Nahrungsbedarf zum Überleben decken. Vermeidbar sind die Tode, die durch eine wahnwitzige Fleischzuchtpolitik, bei der die Tiere nur zum Schlachten leben dürfen, verursacht werden. Vorsätzlich ist der Tod, wenn er ohne Not zum eigenen Nutzen und zur eigenen Lust herbeigeführt wird. In diesem Rahmen liegen die sogenannten moralischen Entscheidungsmöglichkeiten.

Der Mensch hat sich eine neue Umwelt geschaffen, der er nun seine Scheide- und Bindemethoden anpassen muß, wenn er überleben will. Dies kann er:

a – durch Angewöhnung als Folge der biologischen Anpassung;

b – durch bewußtes Reagieren auf die veränderten Bedingungen, und damit durch vorsätzliches Verändern der Zielprogramme im Körper.

b1 – Ein uneingeschränkter Erfolg wird allerdings nur dann möglich sein, wenn die Regression abgeschlossen ist und eine verlustfreie Kontrolle über den Körper – ohne den konstant modulierenden Einfluß pathogener Felder – zurückgewonnen wurde.

b2 – Bei Zuständen in der Progression, also vor dem Beginn der Regression, sind die gewünschten Umstellungen praktisch nicht möglich, wenngleich durch Suggestion einige vorläufige Erfolge bemerkbar werden, die dann aber abflachen und nun durch weitere Suggestion so kompensiert werden müssen, daß einerseits die Selbsttäuschung über eine zum Beispiel gute Verdauungsfunktion besteht und andererseits aber der Körper völlig (verdeckt) pathoform reagiert. Diese Zustände führen in der Regel zu kompensatorischen und kachektischen Neoplasien (siehe unter Krebs im Wörterbuch).

b3 – Bei Zuständen während der Regression kann nicht mit einem merklichen, sofortigen Erfolg gerechnet werden, weil sich die Regressionssymptome oft den funktionellen Fortschritten in der (programmierten) Verbesserung der Scheidefähigkeiten überlagern. Zwar wird die Regressionsgeschwindigkeit erhöht und die Regressionswirkung vertieft, jedoch verbessert sich das Verdauungsverhalten nicht unmittelbar, sondern kann durchaus in einem dysfunktionellen Zustand verharren, bis der regressive Gesamtkomplex abgeschlossen ist. Schließlich sind die meisten Progressions(Erkrankungs)Symptome (und Erkrankungsschienen) von der Verdauung überhaupt abhängig.

Zusammenfassung:

Ein »gesunder« Mensch kann essen, was er will. Er muß nur beachten, daß er das ißt, was er verträgt. Er wird all das nicht vertragen, was an seinen Verdauungsmechanismus Anforderungen stellt, die er aufgrund der konstitutionellen Schwächen seines Verdauungstraktes zu leisten nicht in der Lage ist. Da diese Schwächen in sein biologisches System gewissermaßen »eingebaut« sind, kann er sie nur umgehen, indem er entweder die Speisen meidet, die die Schwächen als Verdauungsreaktion aktivieren, oder er analysiert die Struktur (des Sinnes) dieser Schwäche und »verplombt« deren Mechanismus durch ein überlagertes, bewußt gesteuertes Programm.

Ein nicht gesunder, ein *kranker* Mensch hingegen, dessen energetisches System durch Abwehr- und Reorganisationsmaßnahmen geschwächt ist, sollte auf seine Nahrung insofern achten, als er alles meidet, was für ihn »schwer verdaulich« (im doppelten Sinn des Wortes) ist, wofür er also, gemessen an seinem gegenwärtigen Zustand, unangemessen viel Energie aufwenden müßte, um es zu vertragen. Stärkere oder ständige Blähungen, Gallenschmerzen, Übelkeit, entzündliche Schübe und dergleichen, was auch immer nach einer Mahlzeit auftreten kann, sind sichere Zeichen für eine dysfunktionelle Verdauung und damit, beispielsweise durch eine besondere Toxinebildung, ein Merkmal der Unverträglichkeit für eben diesen Körper.

Da die Verdauungsmechanismen in fast alle Erkrankungsarten miteinbezogen sind, wird ihre therapeutische Beeinflussung im Zuge einer Regression zuerst die Erkrankung selbst und dann erst das Verdauungssystem erreichen. Dies zu wissen, ist wichtig, wenn man in einer doch monatelang dauernden Regression steckt und trotz diäthetischer Maßnahmen (von denen ich hier annehmen will, daß sie angemessen und wirksam sind, was meist nicht der Fall ist) und großer Rücksichtnahme auf das Verdauungssystem gerade in diesem keine »Besserung« verspürt.

Andererseits ist – nach vorhergehender Abarbeitung der regressiven Symptome – die schließliche Besserung und Normalisierung der Darmfunktion insgesamt ein gutes Zeichen für das bevorstehende Ende der Regressionsphase.

Die Nahrung sollte – mit Einschränkung – nie der Gegenstand nur ideologischer Ansichten sein, sondern immer beurteilt werden nach den Regeln:

des spezifischen Verdauungsaufwandes,

des spezifischen Beschaffungsaufwandes und

der individuellen Verträglichkeit.

Damit erzielt man einen (energetisch) höchsten Nutzen zur Erhaltung des Körpers bei geringstem Aufwand. Für den nicht gesunden Menschen ist das oberste Gebot seiner Ernährung: die Entlastung der Verdauungsorgane und des körperlichen Chemismus von toxisch komplexen oder verdauungstechnisch komplizierten Speisen.

Die Häufigkeit des Essens sollte sich nach dem Bedarf richten und nicht irgendwelchen unphysiologischen Regeln unterworfen werden. Der Körper zeigt durch die ständige Produktion des Pankreassaftes (ca. ein Liter täglich) seine andauernde Bereitschaft zur Verdauung aller wesentlichen Nahrungssubstanzen (Stärke-Zucker, Fette, Eiweiße) an und zugleich seine Fähigkeit, auf Bedarfsschübe mit (in Vorrat gehaltenem Gallensaft) zu reagieren. Die traditionelle Einteilung des Tages in drei Hauptmahlzeiten und zwei Zwischenimbisse ist eine bewährte Form der gleichmäßigen Nahrungszufuhr, bei der die verdauenden Körperteile nicht überfordert werden und zugleich eine gute Versorgung des Körpers erfolgt, was sich in einem für die Leistung guten Zuckerspiegel niederschlägt.

Die Hauptessenszeiten sollten innerhalb festgelegter Zeiten

des Tages stattfinden, auf die man sich vorbereiten kann und die man mit Ruhe angehen muß. Die Zwischenmahlzeiten sind veränderlich und richten sich nach dem Hungergefühl und/oder nach dem Gefühl der Ermüdung, das ein Absinken des Zuckerspiegels ankündigt.

Das über Jahrzehnte in der gelehrten Presse verunglimpfte erhöhte Körpergewicht, das zum Trauma und zur Qual vieler Menschen wurde, ist nicht nur harmlos, sondern sogar bisweilen wünschenswert. Die Beleibten haben keineswegs eine verkürzte Lebenserwartung, sondern im Gegenteil eine erhöhte: sie sind freundlicher und ausgeglichener und ihr Cholesterinspiegel war nicht höher, weil er einen Infarkt verursachen wollte, sondern weil er es natürlicherweise bei solchen Menschen ist, die übrigens eine niedrigere Herzinfarktrate haben als andere Menschen. Man ißt sich den Speck an, wenn man ihn (zum Schutz eines meist sehr sensiblen und kommunikationsfreudigen Gemüts) braucht und verliert ihn wieder, wenn er überflüssig geworden ist. Bedauerlicherweise wird die Umwelt nicht freundlicher, und so muß der Speck meist bleiben.

Milch ist das konzentrierte Nahrungsmittel der Säuglinge; der heranwachsende Mensch kann sie eigentlich mangels des versiegenden Enzyms Lab nicht mehr richtig verkäsen. Im Magen des Erwachsenen wird sie über die Salzsäure schlagartig verklumpt, was ihre anschließende Verdauung erschwert und Fäulnisprozesse fördert. Durch die Pasteurisierung, schlimmer noch das Homogenisieren, werden die Milchsäurebakterien in der Milch getötet. Sie fehlen in der Darmverdauung, was den vorbereiteten Fäulnisprozeß beschleunigt. Frische, unbehandelte Milch sollte nur von Kleinkindern süß, von allen anderen aber an- oder gesäuert genossen werden; andere Milch überhaupt nicht. Wenn die Rindhaltung nicht schon kranke und depressive Tiere disponieren würde, dann wäre gegen das Butterfett nicht viel Ablehnendes zu sagen; so aber übertragen sich diese lebenseinschränkenden Faktoren der Kuh über ihr Euter auf ihre Milch (und dann in die Butter) genauso, wie dies beim Menschenkind und seiner Mutter geschieht und dokumentiert wird. (Wir trinken, grotesk ausgedrückt, das Leid der Kühe, die wir zwingen).

Das Schweinefleisch genießt bei den Essern einen guten, bei den Heilkundigen einen schlechten Ruf. Durch die innige Vermischung des Fettes mit den Muskelzellen kommt es zu unvollständigen, sich gegenzeitig behindernden Verdauungsvorgängen, die wieder in Fäulnis und in der Ablagerung der Fäulnisprodukte in den Gelenken enden. Als das Schwein nach der Währungsreform 1948 wieder auf dem deutschen Tisch erschien, schnellte sofort die Rate der rheumatisch-entzündlichen Prozesse an. Das Schwein wird in den wärmeren Ländern oft im religiösen Zusammenhang verboten, weil man dort die krankmachende Selbstfäulnis dieses Fleisches kennt.

Trotz dieser nicht verheimlichten Tatsachen steht eine ganze landwirtschaftliche Industrie samt Behörden und sogenannten Wissenschaftlern auf und leugnet diese Zusammenhänge, um ihre törichte Marktstrategie, die jedes Jahr Werte in der Höhe von mehreren Milliarden Mark durch Vernichtung überschüssiger Produktionen und durch Verhunzung der menschlichen Gesundheit über lebenswidrige Nahrungsmittel zerstört, fortzusetzen. Hier wird ein Zynismus, eine Unehrlichkeit und (vermutlich auch) Dummheit gezeigt, die stellvertretend die Unfähigkeit des Menschen zeigt, mit seiner eigenen Existenz sinnvoll und naturintegriert umzugehen. Offenbar wird aber vergessen, daß der menschliche Körper aus einem biologischen, säugetierähnlichen Gebilde stammt und von den Vorgaben der Natur abhängig ist und keineswegs ein künstliches Gebilde darstellt, das in der Entbindungsstation hergestellt wurde!

Den raffinierten Zucker hat man durch die Raffinade so entblößt, daß der Körper zu seiner Erschließung Lösungsstoffe aus der eigenen Reserve holen muß, die der unbehandelte Rohr- oder Rübenzucker sonst mit sich brächte. Daher kommt es zu partiellen Defiziten im Mineralhaushalt, wenn man raffinierten Zucker genießt, (die man gründlich ergänzen sollte).

Vollwertbrote stehen hoch im Ansehen, weil sie soviel Nährstoffe enthalten. Wenn sie mit Hefe getrieben wurden, dann sind sie nicht besser als die anderen Brote; am besten sollte man sie aus Sauerteig machen oder als ungetriebene Fladen, die man zum Genuß in Flüssigkeit löst. Die Hefe (vor allem Candida albicans) ist zu einem großen Problem geworden, da sie sich nicht nur in den Därmen, sondern auch – zerstörerisch – immer mehr in den Nieren, in der Leber und in den Lungen findet. Am besten nimmt man heute zweigebackene Brote, in denen alle Hefen mit Sicherheit abgetötet sind; in den oft feuchten Vollwertbroten überleben sie entgegen den Beteuerungen ihrer Bäkker und infizieren die Därme, erhöhen den Eiweißallergiepegel und dringen in die Blutbahnen ein.

Ich habe während meiner Praxis mit vielen Patienten praktisch alle bekannten, berühmten und gelobten Diäten durchgeführt und ausgiebige Versuche an mir selbst unternommen: Keine der Diätvorschriften hat gebracht, wofür sie gedacht war, und keine davon war holistisch, ganzheitlich. Alle haben sie einen gewissen Gesichtspunkt, den sie zu ungunsten eines anderen betonen: von der Säure bis zu den Nährstoffen. Ich möchte daher keine andere empfehlen als die, die sich aus dem direkten Vergleich der einander zuträglichen Informationen ergibt:

(Blutkristall : Lebensmittelkristall) = > Lebensmittel.

Ich rate eindeutig zu einer individuellen Ernährungsweise, die auf den leidenden Körper abgestimmt ist und sich ihm unablässig anpassen läßt. Alles andere sind nur näherungsweise Hilfsmittel von meist nur oberflächlichem Erfolg.

In diesem Sinne brauchen wir keine besonderen Ernährungsvorschriften für Säuglinge, Kinder, Erwachsene und Greise. Der Maßstab ist immer das individuelle Blut- oder, wenn das Blutabnehmen schwierig ist, das Harnkristall. Der Vorschlag zu den jeweils förderlichen Nahrungsmitteln – einschließlich derer, die zu meiden sind – ist dann Bestandteil der Auswertung in einem der HEINZ SPAGYRIK INSTITUTE.

2 Spagyrisches Vademecum

Die Beeinflussung verschiedener körperlicher Dysfunktionen des Mcnschen, nach Keimblättern und Körperorten geordnet.

Vorbemerkung:
Das Vademecum gibt einen Überblick über die Therapie der Körperorte unter einem allgemeinen Gesichtspunkt, der die meisten Erkrankungsfälle von der Struktur her erfaßt. Das Vademecum ist als Information zu verstehen, nicht als Anweisung zum Handeln ohne ausreichenden fachlichen Hintergrund. Das anschließende Wörterbuch (3) gibt zusätzlich in alphabetischer Reihenfolge Auskunft über speziellere, hier nicht angeführte Problemkreise.

Zur Orientierung über die Zusammenhänge zwischen den einzelnen Körperorten und ihren Gewebeverwandten im Rahmen der keimblattanalogen Stellvertreter-Therapie dient das folgende Schema:

ENTODERM
:
Kopfhöhlen < – > Zähne
:
LYMPHE < – > (Mandeln-Milz-Lymphknoten)
:
Rachenmukosa– > LUNGEN
= > Magen – > DÄRME–(Duodenum–Dünndarm–
Dickdarm–Mastdarm–Enddarm)
:
< = > LEBER < –/– >
:
(Blase–Gebärmutter–Prostata–Harn/Eileiter)

MESODERM
:
Pankreas
:
= > BINDEGEWEBE – > (Muskulatur < – > HERZ)– >
(Knochen/Gelenke = Wirbelsäule)
:
NIEREN

EKTODERM

:

ENDOKRINUM

(Hyophyse – Epiphyse – Thyreoidea – Nebennieren)
(Eierstöcke – Keimdrüsen)

:

HAUTsystem
(mit Anteilen aus allen drei Keimblättern)

:

NERVENSYSTEME
(Autonomes NS – > Zentrales NS = > Peripheres NS)

VADEMECUM

ENTODERM
Planfeld:
Stammhirnfunktion: Verändern und Anpassen
Verarbeitungsfeld:
Metabolische Vernetzung: Stoffe tauschen, wechseln, verändern.
Ausdrucksfeld:
ENTODERM – Der gesamte Schleimhautschlauch mit seinen Spezialisierungen in den Därmen, der Leber und den Lungen.
Bemerkungen:
Das Entoderm ist ein Schlauch, der mit dem Mund beginnt und mit dem After endet, wobei sich die dazwischengelagerten Gewebeteile auf unterschiedliche Aufgaben spezialisiert haben. Es ist der hauptsächliche Stoffewechsler des Körpers. In ihm werden die körperfremden Stoffe in körperähnliche verändert. Das Entoderm ist ein Keimblatt mit vielen speziellen Geweborganisationen, was dem Therapeuten im Sinne der Stellvertreter-Therapie mannigfache Möglichkeiten der interaktiven Beeinflussung gibt, um beispielsweise Blockaden an Körperorten aufzulösen.

LYMPHE
Planfeld:
Komplex-informeller Austausch > ein : mehr/vielfach.
Verarbeitungsfeld:

Un/aggressive Abwehrhaltung gegen Ein/Ankommendes
Ausdrucksfeld:

LYMPHE – Das Schwestersystem des Blutes, in dem aber nicht der Sauerstoff/Kohlenstoff-Wechsel vor sich geht, sondern der Aggressions/Degressions-Wechsel der Abwehr.

Bemerkungen:

Alle Infektionen betreffen die Lymphe als Organ und als Funktionssystem. Die Lymphe ist der humorale Ausdruck der körperlichen Balancierung zwischen den des- und organisierenden Kräften. Das desorganisierende Moment wirkt meist nur auf den Körper so und ist in bezug auf sich selbst oft sehr harmonisch, wie dies die ikosaedralen Viren, zum Beispiel Herpes und HIV, zeigen. Die lymphatischen Erkrankungen sind grundsätzlich schwer beeinflußbar (Grundsatzproblem: Kontrolle der Kontrolleure), was sich aufgrund der Verflochtenheit der Lymphe mit allen Körperfunktionen verstehen läßt. Über tiefgreifende radioaktive Felder (Bäder und Quellen!) kann die Lymphe rebalanciert werden.

Mandeln
Planfeld:

Komplex-informeller Austausch > exogen : endogen
Verarbeitungsfeld:

un/aggressive Abwehrhaltung im Vorfeld der Begegnung
Ausdrucksfeld:

Mandeln – wesentliches lymphatisches Abwehr- und Toxinsammelorgan. All jene Prozesse, die nicht mehr über die Schleimhäute der Lungen oder des Rachens abgebaut werden können, also die der Zähne und der Kopfhöhlen, werden hier summativ verarbeitet.

Bemerkungen:

Mandelentzündungen werden meist nicht genügend beachtet und oft unsachgemäß behandelt. Nach jeder Infektion sollte ein Roedlern (siehe dort) mit anschließender Injektion einer physiologischen Lösung an die Mandelpole oder in die Narben der Mandelwurzeln, auch wenn die Mandeln herausgeschnitten worden sind. Akute Mandelentzündungen werden mit Schwitzkuren, mit leichtem Fasten bei Einnahme von Lindenblüten- oder Birkenblättertee und, bei fieberhaften, schmerzhaften Phasen, mit Quarkwickeln um den Hals durchgeführt. Antibiotika sind nur bei lebensbedrohlichen Fieberhöhen über 40,5 C wertvoll, darunter schädlich, da sie ihrer Natur nach resistente Keimherde hinterlassen, die abwehrresistent sind. Mandeln sollten nur dann herausgeschnitten werden, wenn die genannten Sanierungsmaßnahmen, die für den akuten wie für den chronischen Fall günstig sind, fruchtlos sind. Man bedenke den Zusammenhang zwischen den Mandeln und dem lymphatischen Rachenring: unabgebaute Toxine werden in den mesodermalen Teil dieser Körperzone, die Halswirbelsäule (HWS) und ihre Muskeln eingelagert und sind der Grund für schwer beeinflußbare, weil ursächlich nicht erkannte HWS-Syndrome mit entsprechenden Symptomen wie Kopfschmerzen. Die Narbenorte herausgeschnittener Mandeln müssen behandelt werden wie die Mandeln selbst, da selbst der beste Operateur immer Mandelzellen zurücklassen wird, die sich so verhalten wie das herausgeschnittene Organ. In manchen Fällen regeneriert der Körper in der Umgebung der Mandelnarben die verbliebenen Zellen zu einem mandelartigen Zellverband mit entsprechenden Detoxikationsaufgaben.

Milz
Planfeld:
Komplex-informeller Austausch > endogen : endogen
Verarbeitungsfeld:
un/aggressive Abwehrhaltung nach vorläufiger Akzeptanz
Ausdrucksfeld:
Milz – Stark speicherfähiges Organ der Abwehr und (beim Erwachsenen abnehmend) der Blutbildung. Intern lymphozytärer und lymphatischer Knoten- und Kommunikationspunkt.
Bemerkungen:
Dadurch, daß die Milz aufgrund ihres aus verschiedenen Zelltypen zusammengesetzten Gewebes in ihrer Funktion von anderen Organen ersetzt werden kann und auch sonst keine besonderen chemischen Eigenschaften zeigt, wird die Milz gern unterbewertet. Sie muß als interkommunikativer Austausch- und Speicherort des Körpers angesehen werden, der daneben noch rote Blutkörperchen und Lympho-

zyten produziert. Ihre Funktion ähnelt der eines Marktplatzes, an dem sich alles trifft, um Meinungen, Gefühle, notwendige und angenehme Dinge auszutauschen und zu wechseln: ein wichtiger Netzpunkt des Lebens, auf den man verzichten kann, mit dem aber vieles leichter und koordinierter geht.

Lymphknoten
Planfeld:
   Komplex-informeller Austausch > paraendogen : endogen
Verarbeitungsfeld:
   un/aggressive Abwehrhaltung durch körperortspezifische Schwächen, die aus dem jeweiligen Planfeldprogramm stammen.
Ausdrucksfeld:
   Lymphknoten – Körperort- und gebietsbezogene Abwehr- und Abwehrspeicherprozesse.
Bemerkungen:
   Lymphknotenschwellungen sollten immer als ein Zeichen einer besonders aktiven, aber auch aufwendigen und anstrengenden Abwehrtätigkeit des Körpers angesehen und deshalb beobachtet werden. Sie müssen unabhängig vom Zustand des sie verursachenden Grundinfektes auf jeden Fall behandelt werden, wenn die Schwellungen zunehmen oder wenn sie sich verhärten. Die Behandlung erfolgt über Wickel und mit Homodot.

Kopfhöhlen
Planfeld:
   Komplex-informeller Austausch > Penetrationsspeicher
Verarbeitungsfeld:
   un/verarbeitete, abgespeicherte Sinnesimpulse
Ausdrucksfeld:
   Kopfhöhlen – Der obere Kopfbereich hat nur eine eingeschränkte Abwehrfähigkeit über das Lymphsystem. Die aus der evolutionären Rückbildung des Schnauzenkiefers zum menschlichen Kiefer gebliebenen »statischen« Höhlen haben zwar keinen eigenen Stoffwechsel und auch keinen Anschluß an das Blut-Lymphsystem, doch können Bakterien und Viren durch das poröse Knochengewebe in sie dringen und dort einen guten Nährboden finden. Die

durch die Keime gebildeten Stoffwechselprodukte sind für den Körper Toxine, die rückwärts ins Blut-Lymphsystem streuen und so zu einem chronischen Toxinherd von erheblicher Zerstör- und Störkraft werden können.

Bemerkungen:

Der chronische toxinstreuende Sinusbereich ist ein nicht unterbindbarer Toxinschub, der auch auf Dauer gut kompensiert werden kann, wenn das Abwehrsystem intakt ist; bei inintakten Systemen hingegen werden die Toxine in andere Zellverbände geschoben, wo sie dann kompensatorische Kanzerosen oder Sklerosen provozieren können. Die spagyrische Therapie versucht demgemäß einmal den Abwehrhintergrund zu stabilisieren, dann die Höhlen regressiv zu aktivieren, damit der (bisher domestizierte) Toxintyp erneut ins Abwehrerkennungsmuster eingeht, um schließlich diesen Zustand stabil zu halten.

Zähne

Planfeld:

Komplex-informeller Austausch > Penetrationsspeicher

Verarbeitungsfeld:

Un/verarbeitete, abgespeicherte Kommunikationsimpulse

Ausdrucksfeld:

Zähne – physiologisch relevant sind die Zahnwurzeln, in die sich durch mechanische (permanenter Überdruck, Fehlbiß), toxische (durch Infekte im benachbarten Schleimhautgebiet) oder infektiöse (über Keime an der Wurzel selbst) Einflüsse Eiter- oder Toxinherde setzen können, deren Streuung auf den Körper als chronische Belastung zu verheerenden Degenerationen führen kann. Tote Zähne, durch Zahnwurzelbehandlung abgetötete Zähne und künstliche Implantate dürfen nicht im Kiefer bleiben und sind nicht zu rechtfertigen; leider verbietet das Haftungsrecht dem Zahnarzt, individuell zu entscheiden.

Bemerkungen:

Viel Unheil stiften schlecht regulierte Zahnstellungen durch einseitigen Überdruck auf die Zahnwurzeln. Infekte des Rachenraumes, die in die Nebenhöhlen oder die Siebbeinhöhle ziehen, wandern meist auch an die Wurzeln der Mahlzähne. Trotz der zahnärztlichen Notlüge, daß die Amalgam genannte Quecksilber-(Kupfer/Silbermischung) ungefährlich sei, gehen natürlicherweise diese Metalle mit dem Speichel in Lösung, werden dann über die Schleimhäute aufgenommen und in den Blutkreislauf befördert. Das hochgiftige Quecksilber setzt sich vorzugsweise in den Nieren ab und erzeugt neben lymphatischen Schwächen und der Neigung zu rezidivierenden Infekten eine permanent ansteigende Nierenschwäche, die sich erst über Steinbildungen und später über Unterfunktionen und Nephrosen ausdrückt. Auch Gold (Kreislauf, Herz und Kleinhirn) und Silber (Lymphe, Därme und Leber) sind als Füllungen nicht schadlos, wenngleich besser als Quecksilber. Es sind heute Kunststofffüllungen auf dem Markt, die ein ähnliches thermisches Verhalten wie der Zahn selbst und eine ähnlich hohe Druckfestigkeit aufweisen. Da die Zähne nahe an den Mandeln, dann am Beginn des Verdauungsschlauches und schließlich sehr nahe am Gehirn liegen, sollte bei ihrer Gesunderhaltung kein Kompromiß eingegangen werden.

Rachenmukosa/-schleimhaut
  Planfeld:
    Verändern
  Verarbeitungsfeld:
    un/angenommene Kommunikationsimpulse
  Ausdrucksfeld:
    Rachenmukosa/-schleimhaut – Oberster Teil des entodermalen Schleimhautschlauches mit verschiedenartigen Fremdfunktionen (Mandeln, Zähne, Zunge, Speicheldrüsen und so weiter).
  Bemerkungen:
    Der Zustand des Rachenraumes und der Zunge ist für einen orientierenden Hinweis über die Funktion der nachgeschalteten Lungen, Därme und der Leber wichtig. Man achte immer auf die Beschaffenheit der Gaumensegel und ihre Reaktion auf tonsilläre Prozesse.

LUNGEN
  Planfeld:
    Rhythmisches Tauschen
  Verarbeitungsfeld:
    un/rhythmische, un/angepaßte Er/Lebensführung

Ausdrucksfeld:

LUNGEN – Die menschliche Lunge arbeitet unwillkürlich; ihre Atemzüge sind willentlich beschränkt beeinflußbar. Die delphinische Lunge arbeitet willkürlich; der Delphin steuert seinen Atem ausschließlich mit dem Willen. Bei völlig harmonischer Lebensführung wird der menschliche Atem unbemerkt und unwillkürlich gesteuert; bei disharmonischer greift das im Bewußtsein Ablaufende zügelnd und beschleunigend ein und behindert den harmonischen Ablauf. Die disharmonische Komponente kann chronisch (grundsätzliche Diskrepanz zwischen der Person und ihrer Umwelt) oder zeitweilig (kurzfristiges Kongruenzproblem) sein. Lungenprozesse sitzen tief in der Persönlichkeit; sie speisen sich aus der Grauzone zwischen Ober- und Unterbewußtsein. Um sie beurteilen zu können, muß man alle (auch religiöse) Schichten der Persönlichkeit beachten.

Bemerkungen:

Die Zunahme der Lungenbelastungen in den letzten Jahren sind nicht mehr proportional zu den Zunahmen der Pollutionen. Die Selbstungewißheit der Menschen nimmt zu, was sich in der größer werdenden Kluft zwischen phylogenetisch-individuellen Notwendigkeiten der Existenz und ihrer gegenwärtigen Auslegung zeigt. Man denke an die Tbc-Pandemien um die Jahrhundertwende. Die zunehmende Lungenbelastung weist aber auch auf einen deutlichen Schwerpunkt des HIV-Spektrums hin: die Dominanz der lungenspezifischen Infektionsschiene des HIV_2; was im Umkehrschluß einige prophylaktische und dann therapeutische Hinweise für den erschließt, der es versteht. (»Das drückt mir auf die Plauze (Lunge)«.)

Magen

Planfeld:

Zersetzen

Verarbeitungsfeld:

zersetzende Bedrohung/Zuversicht

Ausdrucksfeld:

Magen – Akzeptanzort der von außen eingenommenen Substanzen mit der ersten Entscheidung ihrer Verdaubarkeit/Verträglichkeit. Die Sensibilität des Magens steuert die

Aufnahme fremder Stoffe in Abhängigkeit von der Verträglichkeit.

Bemerkungen:
Die Sensibilität des Magens ist eine Funktion der spezifischen Schwellenwerte des zerebralen Systems, das die Verarbeitungsbereitschaft gegenüber bestimmten Impulsmustern damit signalisiert. Magenprobleme sollten zuerst immer unter dem Gesichtspunkt der »Un(v)erträglichkeit« von irgend etwas betrachtet und erfragt werden. (»Das ›schlägt‹ mir auf den Magen.«)

DÄRME

Planfeld:
Verwandeln durch Vereinfachen

Verarbeitungsfeld:
In/Akzeptanz von Abhängigkeiten

Ausdrucksfeld:
DÄRME – Die Därme sind der wesentliche Umschlagsort, in dem fremde Stoffe über bakterielle Mithilfe körperähnlich gemacht werden, damit sie dann über das Blut in der Leber körpereigen werden können.

Bemerkungen:
Das Darmsystem ist ein Verwertungs- und Umwandlungssystem mit symbiontischen und reduktiven Komponenten. Der wesentliche Aspekt dieses Systems ist der der Symbiose: die Verdauung findet nicht wirklich über den Körper statt, denn dieser bereitet die wesentlichen analytischen Phasen nur vor, sondern über körperfremde »Gäste«, über die Bakterien der Darmfauna. Dieser Vermittlereffekt zwischen den körperfremden und dann körpernahen Substanzen, dieses Verbinden zweier unterschiedlicher Informations- und Darstellungsformen ähnelt den Turbulenzbildungen bei der Begegnung der dichteren mit den weniger dichten Feldern.

Duodenum/Zwölffingerdarm

Planfeld:
Verwandeln durch Spalten und Zerlegen

Verarbeitungsfeld:
In/Akzeptanz von Abhängigkeiten in bezug auf die eigenen Fähigkeiten.

Ausdrucksfeld:

Duodenum/Zwölffingerdarm – Der erste chemisch entscheidende Reaktionsort, in dem die vorbereiteten Verdauungsprozesse aus dem Magen mit den Sekreten der Leber und der Pankreas zusammenkommen. Das Mischungsverhältnis und die Qualität sowie Quantität der Mischungsanteile entscheidet über den Fortgang des Verwertungsprozesses. Dysfunktionelle Pankreasprozesse führen zur Übersäuerung, ungenügende Magen- und Leberprozesse zur Fäulnis und fehlerhafte Magen- und Mundspeichelprozesse zu Gärungen.

Bemerkungen:

Hinter einem dysfunktionellen Zwölffingerdarm verbergen sich meist aggressive Pankreasentgleisungen (siehe: Planfeld!).

Dünndarm

Planfeld:

Verwandeln durch Verzehren

Verarbeitungsfeld:

In/Akzeptanz von Abhängigkeiten in bezug auf die eigenen Dysfunktionen/Probleme

Ausdrucksfeld:

Dünndarm – Austragungsort der Mischungsprozesse durch Transformation und chemisches Gewährenlassen; der Darm ist reaktiv und passiv und reflektiert im wesentlichen die Vorgaben aus den oberen Abschnitten; er hat eine ausgeprägte Spiegelungsfunktion der allgemeinen Verdauungsfähigkeiten des Körpers.

Bemerkungen:

Pasteurisierte Milchprodukte und die Fett/Muskelverbindungen des Schweinefleischs entwickeln hier ihre Fäulnisstadien voll aus, so daß es zu Druck, Blähungen und brennendem Gefühl kommen kann.

Dickdarm

Planfeld:

Verwandeln durch Trennen

Verarbeitungsfeld:

In/Akzeptanz von Abhängigkeiten in bezug auf die eigene Identität

Ausdrucksfeld:

Dickdarm – Aktiver Ad- und Resorptionsort, in dem mit Hilfe der bakteriellen Symbionten die vorverdauten Stoffe endverdaut und damit blutgängig werden. Kommunikative und funktionelle Trenn- und Begegnungsphase im Verdauungsprozeß, wobei die unterschiedlichen Feldverhältnisse (Speisebrei : Blut) ähnlich wie bei der primären Feldbegegnung (dicht : weniger dicht) über spezialisierte (informell dicht) Symbionten ausgeglichen werden (bei den Primärfeldern: über hochdichte Wirbel).

Bemerkungen:

Inakzeptanzen der bedingten und unbedingten Abhängigkeiten der eigenen Identität führen zur Restriktion des un- und willkürlichen Ausdrucks darüber: die »Losung« wird zurückgehalten; hier werden die Darmverstopfungen programmiert. (»Ach, wie gut, daß niemand weiß, daß ich... heiß.«)

Mastdarm

Planfeld:

Verwandeln durch Scheiden

Verarbeitungsfeld:

In/Akzeptanz von Abhängigkeiten in bezug auf die eigene Abgrenzung gegenüber der Umwelt.

Ausdrucksfeld:

Mastdarm – Resorptionsplatz mit intimem Kontakt zum venösen Blutsystem.

Bemerkungen:

Verhaltungen in diesem Bereich führen schnell zu Rückvergiftungen des venösen Blutes durch Resorption der Toxine ins Blut (Kopfschmerzen, Schwindel, Hautausschläge). Oft sind Ängste vor dem Loslassen-sollen oder -müssen dafür ausschlaggebend. Die Ängste betreffen weniger den Verlust der loszulassenden Sache, als die Unsicherheit dem neuen, danach Folgenden gegenüber (»Was man hat, das hat man; was kommt, das weiß man nicht.«) Homodot und Gespräche helfen.

Planfeld:
Verwandeln durch Sammeln
Verarbeitungsfeld:
In/Akzeptanz von Abhängigkeiten in bezug auf die eigene
Wirkung als Effekt.
Ausdrucksfeld:
Enddarm – Ein Sammelplatz der letzten Entscheidung, ob
und wann die Losung abgesetzt wird.
Bemerkungen:
Die Verhaltung des Stuhles kann direkt über den Schließ-
muskel als teilbewußt-unbewußter Verdrängungsakt erfolgen oder über die Ausbildung eines schmerzenden, bluten-
den Hämorrhoidenkranzes, der einen Vorwand liefert,
nicht zu Stuhle zu lassen: In diesem Falle wird ein tiefsit-
zendes, über die Leber gesteuertes Selbst-Akzeptanz-Pro-
blem kaschiert. Bei allen Darmerkrankungen sollte *nie*
etwas erzwungen, sondern immer über den Hintergrund
eine Lösung gesucht werden. Ausnahme: gesundheits- oder
lebensbedrohliche Zustände.

LEBER

Planfeld:
Rückkoppelnde Verwandlung durch Veränderung
Verarbeitungsfeld:
Innere Dysstruktur des Ich: Selbst/un/wertgefühl
Ausdrucksfeld:
LEBER – Das detoxinierende, synthetisierende, analysie-
rende und steuernde Zentralorgan für alle Prozesse, die
chemischer oder katalytischer Natur sind.
Bemerkungen:
Ich kenne keine Leberinfektion, keine Dysfunktion, in
deren Hintergrund nicht das Problem der Selbstakzeptanz
gestanden hätte. Die Leber ist ein funktionell überragend
tüchtiges und wichtiges Organ; ohne ihre Leistung wären
die meisten der verdauten Stoffe immer noch nicht verwert-
bar, da in ihnen toxisch wirkende Substanzen gelöst sind,
die die Leber schließlich neutralisiert. Der gesamte Zucker-
haushalt wird von ihr besorgt und teilweise geregelt; damit
verfügt die Leber über die zum Leben des Körpers benötig-

ten Energiequellen. Man sieht leicht, wie intim die Leber mit der Existenz des Körpers verbunden ist und daß sie umgekehrt als für diese Existenz repräsentativ angesehen werden muß. In der üblichen Therapie werden die Leberprobleme zu chemisch, zu vordergründig symptomatisch behandelt – eine der Ursachen für die zunehmenden Mißerfolge. Es gilt die Regel: je tiefgreifender die physiologisch erkennbare Störung (von der Schwellung bis zur Hepatitis non A non B), desto fundamentaler der »seelische« Hintergrund. Die dann zu stellende und als Antwort herauszuschälende Frage ist immer: Wo liegt der Unterschied zwischen dem, was du bist, und dem, was du sein willst; und: Warum kannst du dich nicht annehmen, mögen, lieben, wie du bist; und: Was wirfst du dir als Schuld, Versagen, Unvermögen vor; dann: Wann hast du versagt, dir Schuld aufgeladen, und: Wer, außer dir, wirft dir das vor? Damit ist erst ein Anfang gemacht. Oft sind die Auslöser kaum erkennbar und erzeugen doch eine enorme Wirkung (es ist nur eine »Laus«, die über die Leber lief). In jedem Falle muß das Selbstwertgefühl nicht durch vermeintliche Leistungen, die neu und höher bewertet werden, aufgebaut werden, sondern durch Erfahrung, Empfindung der liebenswerten Seiten: Blick in den Spiegel (man ist doch netter, als gedacht); sittlich wertvolle Handlungen (Hilfeleistungen, Verzichte, Zuwendungen). Die angelegte Dysstruktur der Selbsteinschätzung wird als Form immer wieder eine Bestätigung verlangen, als Kraft jedoch kann sie gut kontrolliert werden und so, rückkoppelnd, die Form beeinflussen. Eine Lebertherapie ist immer eine mitfühlend begleitende, erfragende, eine sanfte Therapie der Vergewisserung.

Zur physischen Leberunterstützung hat sich selbst in schweren Fällen folgende Mischung gut bewährt:

80 Teile Taraxacum spag Ø
10 Teile Pankreas D30,
10 Teile Insulinum D30; ad 100 ml;
bei schweren Toxin- und Krebsfällen sollten stündlich 5 Tr., bei leichteren bis zu 5 mal 5 Tr. täglich abnehmend genommen werden.

Blase
Planfeld:
Sammeln des Abgeschiedenen
Verarbeitungsfeld:
In/Akzeptanz der eigenen Wirkung als Bemerken/Bemerkt-
werden
Ausdrucksfeld:
Blase – Mit der flüchtigen Losung machen wir weniger auf
unseren territorialen Anspruch aufmerksam, als auf unsere
gegenwärtige Befindlichkeit: Sieh, da bin ich – oder eben
nicht. Die physiologischen Probleme der weiblichen und
der männlichen Blase sind bekannt; ihre Bewertung scheint
mir fragwürdig, da meiner Erfahrung nach die meisten sich
in der Blase abspielenden Infekte nicht von außen hineinge-
bracht, sondern von den Nieren »hinuntergebracht« wurden.
Bemerkungen:
Am Lagerplatz Blase wird endgültig über Schmerzen,
Krämpfe, Brennen und Jucken ausgetragen, was vordem
offenbar nicht gelöst werden konnte: Kurzfristig entzün-
dete Blasen stellen kein wirkliches Problem dar, da sie nur
anzeigen, daß ein Prozeß stark aktiv abläuft; chronische
Blasendysfunktionen sind ernste Hinweise nicht nur auf
ungelöste Selbst-Akzeptanz-Probleme (den Leberhinter-
grund beachten!), sondern auch auf die Angst des sich Ent-
blößens, des Sich-zu-erkennen-gebens vor den anderen als
Person oder durch das Werk. Hier muß das Abgeben (nicht
um des Gebens willen, sondern um des sich Lösens mit der
Folge, an dem Gelösten erkannt zu werden) behutsam erlernt werden.

Gebärmutter
Planfeld:
Ein/Sammeln als Fähigkeit des Ortes
Verarbeitungsfeld:
Selbstdarstellung: Maskieren – Verdecken – Öffnen
Ausdrucksfeld:
Gebärmutter – Der biologisch entscheidende Ort der Emp-
fängnis, der Fruchtbildung, der Fruchtpflege und des
Fruchtausstoßes, dann der periodischen Selbstreinigung
und schließlich der personalen Überhöhung durch Lust.

Dieser Ort verfügt über die sensibelsten Anzeigemöglichkeiten über den jeweiligen Zustand des biologischen Systems Mensch. Wie bedenklich muß es stimmen, wenn man die zunehmenden Zahlen der uteralen Erkrankungen unserer Frauen liest: Myome, Zysten, chronische Entzündungen, Fisteln, Blutungen, Krebs – und dann der Schnitt und die Entfernung.

Bemerkungen:

Die Gebärmuttererkrankungen müssen grundsätzlicih über die spezifische Form der weiblichen Selbstdarstellung begriffen und gelöst werden: Der frauliche Körper vollzieht die wichtigste Aufgabe der Natur überhaupt, die auf dem biologischen Plan die Sicherung der Nachkommenschaft bedeutet. Der weibliche Körper ist auf die Lockung des Gatten (durch chronische sekundäre Geschlechtsmerkmale, wie die Brüste) und die möglichst lückenlose Bereitschaft zu empfangen, angelegt (die zweimalige Brunst der anderen größeren Landsäuger weicht einer zwölfmaligen). Das Hegen des geborenen Lebewesens braucht bei der schwierigen und langen Brutpflege des Menschenkindes Geduld, körperliche und seelische Ausdauer, Beharrungsvermögen, Zuwendung, Fürsorge und einen (wenn auch phylogenetisch angelegten) Altruismus. All dies muß eine Frau, unabhängig von ihrer vermeintlichen oder wirklichen individuellen Modifikation, ausdrücken können und dürfen; sollte sie, aus welchen Gründen auch immer, die biologische Ebene nicht verwirklichen können, dann sollte sie in der kommunikativen, sozialen, interpersonellen Ebene um so intensiver tätig werden können. Man muß verstehen, daß das weibliche Pattern nicht durch scheinaufgeklärtes Geschwätz veränderlich, sondern höchstens verdrängbar ist, was sich dann an den körperlichen Ausdrücken zeigt. Der Uterus ist das spezifisch weibliche Organ, das biologische und informelle Abbildungsgefäß, dessen Dysfunktion immer ein Maß der Ingruenz, der Kluft zwischen den natürlichen Abbildungs- und Darstellungsbedürfnissen oder -pflichten und ihren Verwirklichungen in einer darauf kaum Rücksicht nehmenden Welt darstellt. Der erste therapeutische Schritt gilt der Analyse, wo, wie und warum kein Einklang zwischen Umwelt und weiblicher Person besteht, der zweite, diesen Einklang entweder zu schaffen oder die

schmerzenden, krankmachenden Faktoren bewußt so anzunehmen, daß sie selbst zum Gegenstand der weiblichen
Beschäftigung werden. Keiner Frau sollte aus leichtferti-
gem Verstehen genommen werden, was sie braucht, was
man ihr dennoch abschwatzt und womit man sie so in die
doppelte Aussichtslosigkeit treibt, sich je darstellen und
über sich selbst äußern zu können: Das erste Mal, jene
besagte Kluft zwischen weiblichem Wesen und wirklicher
Rolle, führte zur Erkrankung des Uterus, der dann, anstatt
mitsamt seinem Hintergrund geheilt zu werden, einfach
entfernt wird. Damit nimmt man der Frau das Recht, über
ihr Leid zu sprechen, denn der Ort des Leides wurde als
krank verrufen, entfernt, in den Abfall geworfen, und man
raubt ihr die Möglichkeit, den Hintergrund zu heilen, da er
mit dem weggeworfenen Organ auch nicht mehr existiert:
Das Problem ist sichtbar beseitigt. – Homodot und einfühl-
same Gespräche können hier viel Gutes stiften.

Prostata
Planfeld:
Ein/Sammeln als Fähigkeit des Ortes
Verarbeitungsfeld:
Selbstdarstellung: Maskieren – Verdecken – Öffnen
Ausdrucksfeld:
Prostata – Die Vorsteherdrüse hilft bei der Erzeugung der
nachkommensichernden Samen und »steht« dem Ausstoß
dieser ebenso wie dem Auslaß des Blaseninhaltes »vor«. Sie
hat für den männlichen Körper eine vergleichbare Funk-
tion, wie es der Uterus für den weiblichen hat.
Bemerkungen:
Der Mann ist entwicklungsgeschichtlich auf äußere Siche-
rung der Frau und seines Kindes angelegt sowie auf die
Besorgung von Nahrung, gleich unter welchen Umständen
und ob von nah oder von fern. Also braucht er Schnellig-
keit, Kraft, Mut, Sinnesgegenwart, Anpassungsfähigkeit,
List und Erfolg. Es ist müßig zu sagen, wie wenig diese
Grundmuster des Verhaltens heute noch von einem Mann
ausgelebt werden können und wie sehr er mit seiner eigenen Anlage in Konflikt stehen muß, wenn er mit seiner
Gesellschaft nicht in Konflikt geraten will. Die Zahl der an
der Prostata Erkrankten zeigt dies. Es ist klar, daß wir in

einer verwalteten Gesellschaft nicht mehr die Freizügigkeit der entwicklungsgeschichtlich prägenden Zeiten realisieren können, und es ist ebenso klar, daß wir den männlichen Charakter nicht in wenigen Jahrzehnten ändern. Das therapeutische Bemühen muß also mit einer Bestandsaufnahme beginnen, in der die anlagemäßigen und die individuellen Wünsche mit der Wirklichkeit verglichen werden, um die Spannungsfelder zu identifizieren. Dann müssen für den Betroffenen entweder intellektuelle oder empfindensmäßige Bereiche gefunden werden, in denen er seine Anlage simulativ erleben und umsetzen kann. Eine abgehobelte Prostata ist das Eingeständnis des Behandlers, am Wesentlichen vorbeigegangen zu sein, und die Einschränkung für den Betroffenen, um einen Teil seines ihn warnenden Ausdrucksortes betrogen worden zu sein.

Harn/Eileiter
Planfeld:
An/Sammeln als die Fähigkeit des Weges
Verarbeitungsfeld:
Gewährenlassen der Selbstdarstellung
Ausdrucksfeld:
Harn/Eileiter – Der Harnleiter läßt die Funktion der Blase zu; der Eileiter die Funktion der Eierstöcke (siehe dort) und der Gebärmutter, und der Samenleiter ermöglicht die Funktion der Hoden wie der Prostata.
Bemerkungen:
Behinderungen des Durchflusses sollten als Stauungen im Ausdruckswillen gedeutet und hinterfragt werden; Entzündungen sind der Versuch, mit im Hintergrund ablaufenden Prozessen, die offenbar hypererg und nicht neutralisiert enden, kompensativ fertigzuwerden. Eine Verklebung ist eine Verweigerung, die oft einen verdeckten, zu entdeckenden Grund hat. Die oberflächliche Antwort, die Verklebung komme doch einfach durch eine Infektion, löst das Hintergrundproblem nicht, weil nicht beantwortet wurde, warum überhaupt eine Infektion an diesem Platz stattfand. Klärte man diese Frage, dann käme man zum Ausgangspunkt zurück, vermehrt um den Grund der Verweigerung: Angst vor der Wiederholung; wovon? der eigenen Lebensgeschichte, des eigenen Lebens, der eigenen Person;

warum?... Es gehört zum Gesetz des Spiels und der Spagyrik, den Ball an die Bande zu stoßen, bis sein gesamter Weg eine harmonische, abgeschlossene Figur beschreibt: die Chiffre der freien Persönlichkeit, der die Dote auf den Weg helfen.

MESODERM

Planfeld:

Großhirn: Empfangen und Speichern

Verarbeitungsfeld:

Dynamische Vernetzung

Ausdrucksfeld:

Mesoderm – das mittlere Keimblatt – als Stütz-, Binde-, Bewegungs- und Speichersystem: Es bildet das Skelett, die Sehnen, Muskeln und die verbindenden Zellverbände sowie einen Teil der Blutgefäße und das Blut selbst; es hat sich in den Nieren und in der Pankreas funktionell hoch spezialisiert.

Bemerkungen:

Therapeutisch ist das Mesoderm ein wichtiger Ansatzpunkt, da ihn ihm die beiden anderen, entwicklungsgeschichtlich früher entstandenen Keimblätter jene Stoffwechselschlacken, die sie mit ihren eigenen Mitteln nicht weiter abbauen oder ausscheiden können, ablagern. Die (mesodermale) Niere ist eine später entstandene Spezialisierung der wasserresorbierenden Zellen des Dickdarms zur wirkungsvollen Steuerung des Körperwasserhaushaltes und zur zusätzlichen Ausscheidung verschiedener, wasserlöslicher Schlacken, die über den Darm oder die Lungengase nicht oder nur ungenügend ausgeschieden werden können. Was die Nieren nicht ausscheiden können, wird in den mesodermalen Depots hilfsweise abgelagert: in den Gelenken und in der Muskulatur. Wenn die deponären Prozesse (wie zum Beispiel Rheuma) Beschwerden verursachen, dann sollte man nicht diese behandeln, sondern zuerst klären: Welches Organ produziert welches Toxin, das nun abgelagert wurde? Die eingeleitete Therapie muß dann gleichzeitig das verursachende Organ (mit seinem verarbeitungsfeldlichen Hintergrund) und den Ausdrucksort, beispielsweise das Gelenk, beachten. Therapeutisch beginnt man die mesodermale Aktivierung neben den entsprechen-

den Dote-Gaben am besten durch hyperthermische Maßnahmen (Kneipp, Prießnitz, Brauchle).

Pankreas
Planfeld:
Rückkoppelnde Kontrolle
Verarbeitungsfeld:
Autokybernetische, autoaggressive Prozesse
Ausdrucksfeld:
Pankreas – der Kohlehydrate- und Zuckerregulator, der
enzymatische Verdauer, dessen Sekrete in den Zwölffingerdarm einfließen.
Bemerkungen:
Ein hochkompliziertes, durch die Kontrolle des Kohlehy-
dratstoffwechsels lebenswichtiges Organ, das sich mit seinen eigenen Enzymen selbst verdauen (für den Gesamtkör-
per bedeutet dies: zerstören) kann, wenn es fehlerhaft gesteuert wird. Eine seiner wichtigsten Funktionen wird oft
vergessen: Es neutralisiert die Magensäure und macht
damit die nachfolgende Verdauung im leicht basischen Milieu erst möglich. Allein diese Funktion zeigt die Schlüssel-
rolle dieses Organs: Bei seiner Fehlfunktion findet keine
oder eine toxische Verdauung durch Provokation von Gärungen oder/und Fäulnissen im Darm statt.
    Seine Schlüsselrolle ist also:
    Kontrolle des Kohlehydrat–Zucker-Haushaltes, damit
    der inneren Körperernährung;
    Verdauung (Aufspalten) von Fetten und Proteinen;
    Ermöglichung der Darmverdauung durch Neutralisie-
    rung der Magensalzsäure.
Kurzfristig beim oder nach dem Essen auftretende Blähungen
und Sodbrennen sollten immer weniger auf den Magen und die
Därme bezogen werden, sondern mehr auf das Pankreas. Allerdings wird hier keine Behandlung (einschließlich des Diabetes
mellitus) erfolgreich zu beeinflussen sein, wenn das verursachende Verarbeitungsfeld nicht gründlichst gereinigt wird! Das
Pankreas ist das »seelische Problemorgan« schlechthin.

BINDEGEWEBE
Planfeld:
Osmotische Kommunikation

Verarbeitungsfeld:
Un/spezifische Verteilung: Blockade
Ausdrucksfeld:
BINDEGEWEBE – es ist das ursprüngliche mesodermale Gewebe, das sich im Laufe der Geschichte in verschiedene Funktionen spezialisiert (siehe Pankreas und Nieren) hat.
Bemerkungen:
Neben seinen vielfältigen Funktionen übernimmt das Bindegewebe die Rolle der Deponie für flüssige bis hochviskose Toxinformen aus dem Stoffwechsel der Keime und des eigenen Körpers, wenn dieser entgleist ist. In abwehrintensiven Zeiten puffert der Körper damit seine Toxinmenge weg, um sie dann später aufzuarbeiten. Dieses sinnvolle Konzept funktioniert im Körper aber nur dann, wenn es abwehrmäßige Erholungsphasen gibt, beziehungsweise, wenn sich die gespeicherten Toxinarten abbauen lassen. Beides ist immer seltener der Fall: Die Restherde erzeugen chronische Abwehrlagen und begünstigen den nächsten Infektor und so weiter; der Körper kommt nicht mehr zur Ruhe. Physischer Verursacher ist der Herpes-Virus mit seinen Verwandten. Die meisten der Toxine stammen aus dem viralen Stoffwechsel und aus dem durch die Viren fehlgesteuerten Körperstoffwechsel. Es handelt sich dabei nicht um komplexe Eiweißketten oder Salze, wie bei den Bakterien und Myceten, sondern um bereits teilweise abgebaute, nun aber abbauresistente sogenannte »Rümpfe«. Da diese nicht weiter abbaubar sind, sind sie meist auch nicht ausscheidbar. Also bleiben sie als »Langzeitdeponie« im lebendigen Milieu des Bindegewebes und stören katalytisch den Gesamtstoffwechsel. Im Rahmen der Regression gelingt es meist, mit dem Antihomodot eine positive Änderung der Depotlage zu erreichen.

Muskulatur
Planfeld:
Temporäre, reversible Verdichtung
Verarbeitungsfeld:
Un/spezifische Un/Beweglichkeit
Ausdrucksfeld:
Muskulatur mit den Sehnen.

Bemerkungen:

Schmerzhafte Übersäuerungsprozesse sollten immer erst mit durchblutungssteigernder Wärme, dann mit Erhöhung des flüssigen Milieus (temperaturanregende und ausscheidungsfördernde Tees) und mit entsprechender Dote-Einnahme behandelt und als Teil eines zu therapierenden Gesamtprozesses angesehen werden.

Herz

Planfeld:

Temporäre, reversible, rhythmische Verdichtung

Verarbeitungsfeld:

Rhythmische Un/Beweglichkeit

Ausdrucksfeld:

Das Herz ist ein Muskel, ein vegetatives Organ mit eigener und fremdbeeinflußter Steuerung und ein Hormonproduzent. Es hat neben seiner pumpenden Wirkungen auch eine rhythmisierende.

Bemerkungen:

Viele der in den letzten Jahrzehnten gelehrten und durchgesetzten Herz-Therapien waren unrichtig, weil sie nur symptombezogen und teilweise stark nebenwirkungsbehaftet angelegt waren. Die Quoten der kreislauf- und herzbedingten Todesfälle sinken nicht, sondern steigen an. Spagyrisch wird bei Herzbehandlungen großer Wert auf den seelischen und sozialorganisatorischen Hintergrund gelegt. Neben einer regressiven Detoxikation über das Homodot (mit Beachtung der herzschädigenden »Kinderkrankheiten«) wird immer ein Anadot aus (80 %) Strophanthus und (20 %) Convallaria zusammen mit höheren Dosen von (zellgängigen) Magnesiumsalzen bei gleichzeitiger Entsäuerung des Körpers sinnvoll und erfolgreich sein.

Knochen

Planfeld:

Irreversible Verdichtung

Verarbeitungsfeld:

Geschmeidigkeit : Spröde

Ausdrucksfeld:

Das gesamte durch Knochen gebildete Skelett.

Bemerkungen:
Die Osteoporose verstehe ich als eine virugene Degeneration, die regressiv gut beeinflußbar ist.

Gelenke
Planfeld:
Irreversible, kommunizierende Verdichtung
Verarbeitungsfeld:
Un/behindertes Verbinden
Ausdrucksfeld:
Die Gelenke sind durch ihre gegenüber dem anderen Gewebe relativ geringere Temperatur ein »beliebter« Ausfällungsort für die unabbaubaren Salze.
Bemerkungen:
Chronische, neu-akute oder reakute Ablagerungen sind über die Regression gut beeinflußbar. Bei stärkeren Symptomen sollte mit Quark- oder Heilerdewickeln nachgeholfen werden. Der seelische Hintergrund einer inneren relativen Unbeweglichkeit oder »Erstarrung« sollte, körperortspezifisch, nicht unbeachtet bleiben. Überlastungen drücken sich im Schultergelenkbereich aus, Unangepaßtheit an die Umgebung in den Kniegelenken (Beziehung Herz : Knie beachten!) und innere Verweigerung gegenüber Verhältnissen, die man nicht ändern kann oder will, zeigen sich in den Hüftgelenken; und so weiter.

Wirbelsäule
Planfeld:
Kommunizierende Verdichtung
Verarbeitungsfeld:
Un/behindertes Verbinden
Ausdrucksfeld:
Die Wirbelsäule reicht vom Kopf bis zum Steiß und bildet einmal die bewegliche Achse des Körpers, dann den Nerven- und den Rückenmarkskanal und schließlich eine kybernetische Verteilerstelle. Ihre Beweglichkeit hängt ab von der Regeneration der Wasserpolster in den Bandscheiben und in der Elastizität der Muskulatur, die ihrerseits eine Funktion des mesodermalen toxischen Niveaus ist.
Bemerkungen:
Die Regeneration der Wasserpolster ist abhängig von der

Funktion des über das Herz und die Nieren (Kalium, Magnesium und Natrium) gesteuerten Körperwasserhaushaltes, der wiederum vom allgemeinen Toxinniveau abhängt. Die Elastizität der Muskulatur wird wesentlich bestimmt von ihrer lokalen Depotpflicht; zum Beispiel: Die Toxine einer chronischen Mandelentzündung werden über den lymphatischen Rachenring in die Muskulatur der Halswirbelsäule geschleust und lagern sich dort ein. Die Folge davon ist eine verminderte Atmungsfähigkeit der entsprechenden Muskelpartie bei gleichzeitig ungenügendem Abbau der Milchsäure und der Kohlensäure. Die Muskulatur schmerzt zuerst, verspannt sich dann und verliert ihre Rückstellfähigkeit, so daß sie in einer unnatürlichen, verkrampften und schmerzhaften Fehlstellung verharrt, durch die die Wirbelsäule ebenfalls in eine unnatürliche Stellung geschoben wird. Die schmerzenden Orte der Wirbelsäule geben meist auch einen Hinweis auf eine krankhafte Belastung jenes Organs, dessen Nervenstrang dort aus der Wirbelsäule austritt, wo sich die Schmerzen zeigen. Im Hintergrund der Wirbelsäulenprozesse sollte man nach entweder zu »geschmeidigen« oder zu starren Anpassungsformen des Betroffenen an seine offenbar nicht so gewünschte Umwelt denken.

NIEREN
  Planfeld:
    Abgrenzen A : A'
  Verarbeitungsfeld:
    Rollenabgrenzung und -definition: Ich : Umwelt
  Ausdrucksfeld:
    Die NIEREN sind eine entwicklungsgeschichtlich späte Errungenschaft des Körpers und sollen die flüssigen Salz- und Toxinphasen aus dem Blut filtern und sie ausscheiden.
  Bemerkungen:
    Nierenprobleme verstecken sich als Symptome oft hinter »Kreuzschmerzen«, Lendenlahmheit, Beschwerden im Darmbereich und im Rücken. Als »jüngstes« Organ spricht es auch auf die »jüngsten« Probleme der Menschen am sensibelsten an: Die gebrochene Gesellschaft findet keine artgemäßen Rollen mehr für ihre Mitglieder und umgekehrt. Der Mensch kann sich in seiner Umgebung nur noch

unzureichend spiegeln: In der Familie fehlt der hegende Bezug der Zuverlässigkeit, im Beruf sind die Arbeitsplätze entweder Leistungsplätze, was auszehrt, oder Versorgungsplätze, was lähmt. Die gesellige Ordnung hat die Leistungsvorstellungen der Industrie angenommen, so daß keine wirkliche Entspannung mehr stattfindet, sondern eine Verlagerung der Spannung vom Leistungsplatz Maschine auf den Leistungsplatz Schi, Berg, See oder Sonne. Die staatlichen Gebilde haben durch den Widersinn, den sie täglich in ihrem Wirtschaften, Verwalten, Bekriegen, Übervorteilen und Reden produzieren, am wenigsten Glaubwürdigkeit. All das »geht auf die Nieren«. Der einzelne Mensch kann sich weder positiv durch seine unverwechselbare Persönlichkeit oder Leistung, noch negativ durch Schutz vor einem zu starken Einfluß der anderen auf ihn genügend zu seiner Gesellschaft abgrenzen. Diese Abgrenzung bräuchte er aber in einer Art transformierendem Reflex, um über sich selbst Kenntnis und für sich Bestätigung zu erlangen. Seine psychisch energetische Situation gleicht einem Menschen, der in »den Wald« ruft, ohne Antwort zu erhalten: ein auf einer Seite offenes System, durch das die Energien ungeordnet und ungeregelt abfließen, ohne zurückgewonnen zu werden. Die einen Menschen »zerfließen« und gehen als ein immer anonymer werdender Teil in die Masse der Gesellschaft ein (ihre Nieren werden schwach und empfindlich), die anderen grenzen sich mit großem Kraftaufwand ab und lagern das, was sie nicht bewältigen, als Gries und Steine in ihren Nieren ab. Die Nieren müssen aus ihrem Hintergrund heraus und mit angepaßten Dote-Gaben behandelt werden, sonst wird man auf Dauer keinen Erfolg mit ihnen haben – was die klinische Statistik leider zeigt. Nierenstützung durch entsprechende Essenzen oder Infuse (siehe: Heinz, Handbuch der modernen Pflanzenheilkunde).

EKTODERM
Planfeld:
Kleinhirn: Verarbeiten – Sortieren – Folgern – Bewerten
Verarbeitungsfeld:
Kybernetische Vernetzung

Ausdrucksfeld:

Das EKTODERM bildet die Haut gegenüber der Außenwelt und die innere Steuerung durch Verarbeitung, Speichern und Übertragen.

Bemerkungen:

Die Gehirne sind komplizierte Steuer- und Speicherorgane; sie besitzen nur eine sehr beschränkte Eigenabwehr. Der Zugang zu ihnen wird durch die sogenannte Blut—Hirn-Schranke außer für Glukosen oder glukogene Stoffe und einigen Makrophagen verhindert. Leider gelingt es gewissen Herpes-Toxinen und dem Virus selbst und auch dem HIV-Virus, die Schranke zu durchbrechen. Dann ist das Gehirn fast hilf- und abwehrlos und ergibt sich in gewisser Weise den destruktiven Einflüssen (siehe: Multiple Sklerose). In solchen Lagen wendet der Körper das Prinzip der Stellvertreter-Therapie an und versucht über hypererge Prozesse der Haut den Toxindruck auf die Gehirnzone zu vermindern.

HAUTsystem

Planfeld:

Abgrenzen A ist nicht B

Verarbeitungsfeld:

Kontakt/dys/funktion: körperortspezifisch

Ausdrucksfeld:

Das HAUTsystem bildet den schützenden, diffusions-, atem-, stoffwechsel- und abwehrfähigen Außenmantel des Körpers und steht allein schon durch seine Keimblattverwandtschaft in einem unmittelbaren Verhältnis zu den Gehirnen. Dies ist ein nicht zu unterschätzender und vorläufig in aller Konsequenz nicht auszudeutender Bezug.

Bemerkungen:

Die Hautbehandlung wird meist unsachgemäß als Verdrängungstherapie durchgeführt. Der Körper zeigt deutliche Nöte, bildet sie auf der Hautoberfläche ab und erfährt, daß der Behandler nicht nach diesen Nöten fragt, sondern keinen chemischen, biochemischen oder gar physischen Aufwand scheut, um diese Abbildung zu löschen. Ich möchte nun praktische Beispiele aufführen, um alle, die seit langem an Erkrankungen leiden, die sich sichtbar auf der Haut abbilden, zu ermutigen, sich zu ihrer Abbildung zu bekennen, die Hauterkrankung anzunehmen, sie zu lesen, ihren Inhalt zu verstehen und so zum eigentlichen »seelischen« Hintergrund vorzustoßen. – Bei Erschöpfung der Kompensationsfähigkeit der Haut über die sogenannte Psoriasis, wenn also verstärkt Toxine über die Nieren ausgeschieden werden sollen, vermehrt sich deren bisherige Überlastung und entwickelt sich zu einer Nierendegeneration im Sinne einer Nephrose. Das spagyrische Modell sieht in Hautreaktionen und -infektionen kompensatorische Maßnahmen zum Schutz des keimblattverwandten ZNS vor jenen Parasiten, die nun ersatzweise von der Haut reaktiv »verarbeitet« werden.

Fallbeschreibung: Frau, 27 Jahre alt.
15. 02.: Über Nacht geschwollene, verfärbte, *rote streifenartige Handflecken* auf dem Handrücken.
17. 02.: Dasselbe an den Fußsohlen, zusätzlich Ausbruch einer Pilzinfektion auf dem gesamten Rücken; Hautarzt-Verordnung: Antimykotika.
21. 02.: Vermehrte Hornhautbildung an Handflächen, Spannungsgefühl, Röte um die Fingergelenke, kleine rötliche Hautveränderungen, die Handflächen schälen sich – keine Linderung! Im Gesicht schuppige, gerötete Haut mit starker Spannung.
26. 03.: Erste Eigenblutbehandlung mit Homodot.
30. 03. Spagyrische Andot-Essenzen: nach zwei Tagen weniger Spannungsgefühl. Beginn des »Regressionsmusters«.
09. 04.: Beginn der oralen Einnahme des Homodots (3 × 5 Tropfen); nach einer Woche wird das Gesicht rein, die Hornhaut an Händen und Füßen schält sich ab und bildet sich nicht mehr.
Anfang Mai: Kaum noch sichtbare Hautveränderung an den Handflächen; die Haut nur noch etwas gerötet, keine Beschwerden mehr.

Fallbeschreibung: Mann, 47 Jahre alt.
Mit sieben Jahren Tuberkulose, danach ständig wiederkehrende Mandelentzündungen; mit zwanzig Jahren Gipsallergie, mit dreißig Jahren Ausbruch eines kombinierten Herpes-Staphylokokken-Streptokokken-Infektes an Händen und Füßen, der sich allen Behandlungsmethoden widersetzt (erst Antibiotika, dann Kortikoide, schließlich homöopathische Niedrig- und Hochpo-

tenzen) – siebzehn Jahre lang. Teilweise war ein Arbeiten mit den Fingern nur möglich, indem diese in dicke lanolinfreie Fettschichten eingebettet wurden, um diese Fettschicht mehrere Lagen Gazekompressen, dann einen wasserdichten Fingerling und schließlich Baumwollhandschuhe. Es wurde ein Antihomodot aus der Bläschenflüssigkeit des Handinfektes hergestellt und damit innerhalb von vier Wochen ein Schließen der Infektionswunden und ein Abheilen der Haut bis auf eine leichte Rötung erreicht. Nach Einsetzen eines normalen Blut-Antihomodotes wurde die Haut regressiv und bildete konzentrierte Infektherde aus, die Hautschicht für Hautschicht vom Antihomodot ausgetrocknet wurden. Nach drei Wochen dieser Behandlung trat ein Stillstand ein. Das dann auf der Haut eingesetzte erste Homodot brachte die Abheilung.

Für die (äußerliche und innerliche) Behandlung von Hauterkrankungen ist es günstig, rückläufig noch alte Anti/Homodote einzusetzen. Es empfiehlt sich, diese vorsorglich aufzubewahren und sich immer eine gewisse Reserve an »ausgedienten« Doten im Kühlschrank bereitzuhalten, falls eine sehr tiefliegende Erkrankungsschiene in die Regression kommt und Symptome ausbildet. Bei der Anwendung dieser Dote wird man schnell feststellen, wie schnell sie erfolgreich wirken und einen bemerkenswerten Wandel im Krankheitsgeschehen herbeiführen. Sie können ihre Wirkung sehr plötzlich verlieren, wenn sie die Knotenstrecke durchgewirkt haben; dann nimmt man das nächstältere und verfährt entsprechend.

ENDOKRINUM
Planfeld:
Steuerung
Verarbeitungsfeld:
Unter/über/steuerung: Kompensation exo–endogener Über/Unter/-Energien.
Ausdrucksfeld:
Die Steuerungsdrüsen mit innerer Sekretion.
Bemerkungen:
Diese Steuerungsdrüsen sind die direkten Umsetzer der Impulse des Gehirns in die chemische Wirklichkeit des Körpers und erhalten diese Wirklichkeit. Ihre Dysfunktion bedeutet eine Disproportion zwischen Plan und Umsetzung.

Hypophyse und Hypothalamus
Planfeld:
Steuerung der Vitabilität
Verarbeitungsfeld:
Lebens/un/wille
Ausdrucksfeld:
Hypophyse und Hypothalamus
Bemerkungen:
Besonders starke Rückbindung an das normgebende Klein-
hirn und Rückkopplung an das steuernde Kleinhirn; direk-
ter Einfluß auf das Körpergeschehen vom Wärmehaushalt
über das Atmen, das Essen und die Keimreifung; konzen-
trierter und zentraler Knotenpunkt.

Epiphyse
Planfeld:
Steuerung der Rezeptivität
Verarbeitungsfeld:
Lern/un/wille
Ausdrucksfeld:
Die Epiphyse steuert die Reifung des Menschen und kann
seine Jugendlichkeit im Sinne von Beweglichkeit und lang-
samem Altern beeinflussen. Die Assoziationsfähigkeit
schlägt sich hier direkt nieder.
Bemerkungen:
Das Lernen ist das Speichern des (verarbeitend) assoziativ
Erfahrenen. Der Lernunwille schränkt die Beweglichkeit
ein: Der Körper altert, und die Epiphyse bildet Hirngries
und Zysten aus!

Thyreoidea/Schilddrüse
Planfeld:
Steuerung der Sensibilität
Verarbeitungsfeld:
Empfindens/un/wille
Ausdrucksfeld:
Die Thyreoidea setzt die Vitalität in sensorische Potenzen
um.
Bemerkungen:
Wenn eine Schilddrüse überfunktioniert, dann ergibt sich
die Frage nach der Hypophyse und nach dem Grund, war-

um die eigene Sensibilität übersteigert dargestellt werden muß. Die Antwort verweist meist auf die nachgeordneten Keimdrüsen. Bei einer Unterfunktion sollte danach gefahndet werden, warum die eigene Sensibilität kaschiert wird, warum der Betreffende sie sich selbst, seinem Partner und seiner Umwelt gegenüber verweigert.

Nebennieren
  Planfeld:
    Steuerung der Reagibilität
  Verarbeitungsfeld:
    Abwehr/un/wille
  Ausdrucksfeld:
    Die Nebennieren steuern im wesentlichen den Mineralstoffwechsel und sind beteiligt an der Steuerung des Zuckerstoffwechsels.
  Bemerkungen:
    Nebennierenprobleme sind tiefliegende Existenzprobleme, bei denen erfragt werden muß, warum keine wirkliche Annahme der eigenen Existenz möglich ist.

Eierstöcke
  Planfeld:
    Steuerung der Reproduktibilität
  Verarbeitungsfeld:
    Wiederholungs/un/wille
  Ausdrucksfeld:
    Die Eierstöcke arbeiten aktuell-informativ: Aus der Masse der zur Reifung anstehenden Eier lassen sie jenes Ei reifen, dessen kodiertes Planprofil (geistige Struktur) dem gegenwärtigen Verarbeitungsprofil (seelische Struktur) der Frau am genauesten entspricht.
  Bemerkungen:
    Mittelfristige Bewertungsänderungen und Empfindungsdispositionen gehen damit in einem minimalen Zyklus von achtundzwanzig Tagen in eine Befruchtung ein. Die Gesamtlage der Frau entscheidet, welcher Teil ihres Charakters im Nachfahren profiliert erscheint.

Keimdrüsen
Planfeld:
Steuerung der Imprägnibilität
Verarbeitungsfeld:
Abbildungs/un/wille
Ausdrucksfeld:
Die männlichen Keimdrüsen reagieren sofort auf das akute und jeweilige Seelenprofil: Die während der Zeugungsvorbereitung erzeugte Stimmung provoziert als profilanaloge Information in einem der Millionen Samen eine stimulierende Resonanz. Diese befähigt ihn, nun schneller und ausdauernder als die anderen Samenzellen zu sein und so mit hoher Wahrscheinlichkeit die Eizelle als erster zu erreichen.
Bemerkungen:
Der mittelfristigen Disposition der Frau steht die kürzestfristige Reaktion des Mannes entgegen. Das konservative Element wird durch das impulsierende moduliert. Dabei ist es keinesfalls sicher, daß die profilfavorisierte Samenzelle tatsächlich zum Zuge kommt.

NERVENSYSTEME
Planfeld:
Übermittlung
Verarbeitungsfeld:
Kommunikation
Ausdrucksfeld:
Die NERVENSYSTEME umfassen die Gehirne und die vernetzten Reizleitungen.

Autonomes Nervensystem
Planfeld:
Übermittlung der geschlossenen Rückkopplung
Verarbeitungsfeld:
selbsterhaltend
Ausdrucksfeld:
Das autonome Nervensystem enthält gewissermaßen das Betriebsprogramm, das nicht beeinflußt werden soll, um die biologische Koordination nicht zu gefährden.

Zentrales Nervensystem
Planfeld:
Steuerung – Kontrolle – offene Reflexion
Verarbeitungsfeld:
reflektierend je nach Gehirnart (siehe dort)
Ausdrucksfeld:
Das zentrale Nervensystem umfaßt die Gehirne: Stamm-, Klein- und Großhirn.
Bemerkungen:
Die Gehirne werden in den letzten Jahrzehnten mehr zur Leistung gefordert als vordem: Bild- und Fernsehschirme; künstliches Licht; ständiges Hören konservierter Musik; Verarbeiten beruflicher Daten und Verrichtung gehirnintensiver Tätigkeiten wie Autofahren. Dies erhöht den Mineralstoffverbrauch der Gehirne erheblich, so daß die Zuführung vor allem des Magnesiums über die tägliche Nahrung nicht mehr ausreicht, um diesen Überbedarf zu decken. Der Körper behilft sich und leert seine mesodermalen Speicher, was in den Muskeln (auch im Herzen!) zu Mangelerscheinungen mit zunehmendem Sauerstoffdefizit und ansteigendem Säurepegel registriert wird. Bei allen Tätigkeiten der genannten Art sollte eine ständige Einnahme von Magnesiumsalzen den Bedarf decken.

Peripheres Nervensystem
Planfeld:
Offene Ausbreitung – offene Rückkopplung
Verarbeitungsfeld:
expandierend
Ausdrucksfeld:
Die Ausbreitung der zerebralen Impulse und die entsprechende Rückmeldung geschieht über das periphere Nervensystem.

Der Körper hat einen jahreszeitlichen Rhythmus, der sich als Beherrschung des Stoffwechsels durch einzelne Organe in bestimmten Zeiten darstellt:

Frühjahr:	Lymphe
Sommer:	Entoderm
Herbst:	Entoderm $<->$ Mesoderm
Winter:	Ektoderm.

Die Keimblätter geben den Rahmen zu diesem Rhythmus ab, die jeweils dysfunktionellen Organe produzieren das Symptom. Die Schwäche und Stärke des jeweiligen Organs sollte man versuchen mit jenen Früchten und Kräutern (Anadot) zu beeinflussen, die erstens auf die Symptome passen und zweitens gerade zur jeweiligen Zeit wachsen. (Das Konservieren kam aus der Not und soll, dessen eingedenk, nur beschränkt benutzt werden.)

Dazuhin rhythmisiert sich der Körper tageszeitlich:

Tag: Entoderm
Dämmerungen: Mesoderm
Nacht: Ektoderm.

So kann man das Schwinden oder Wiederkehren bestimmter Symptome oder Krisen »berechnen«. (Das Benutzen einer sogenannten »Organuhr« zeigt nicht den versprochenen Erfolg, da die Zeitenangaben im Verhältnis zu den biologischen Toleranzen und den Abweichungen, die durch verschiedenartige Probleme verursacht worden sein können, zu eng sind.)

Die Spagyrik braucht keine besondere Therapieform für Frauen, Säuglinge, Kinder und Alte, da sie nicht den stammesgeschichtlichen Routineprozeß des Lebensablaufes behandeln will, sondern die sich vor allem im Verarbeitungsfeld ausdrükkenden Unstimmigkeiten (zu sich selbst).

3 Spagyrisches Wörterbuch

Kurzerklärungen spagyrisch wichtiger Begriffe und Vorgänge in alphabetischer Folge.

Das spagyrische Wörterbuch führt nicht jene Inhalte auf, die Gegenstand des allgemeinen medizinischen oder heilkundlichen Wissens oder die typisch für andere Heilauffassungen sind. Über diese Begriffe muß gegebenenfalls an anderen Orten nachgelesen werden. Das spagyrische Wörterbuch enthält die spezifischen philosophischen, methodischen und heilkundlichen Begriffe der Spagyrik in knappem Anriß. Zur Vertiefung sei auf die im nachfolgenden Stichwortverzeichnis aufgeführten Textstellen verwiesen.

Abwehr

Sie ist ein Teil des übergeordneten (aus spagyrischer Sicht in erster Linie über das Kleinhirn ablaufenden) Steuersystems, das alle physiologischen und funktionellen Systeme mit toxiformem Stoffwechsel energetisch balanciert.

Aids

Symptomenbild einer tödlichen Infektion mit dem HIV-Virus, einem Lenti- und Retrovirus hoher biologischer Fähigkeiten: schnelle Fortpflanzung, häufiger Hüllenwechsel, relativ hohe Überlebensfähigkeit bei teilweise langer Inkubationszeit (zwischen zwei Monaten und zwanzig Jahren), in denen der Erreger weiter übertragen wird, ohne am ursprünglich Infizierten Symptome auszubilden. Aus spagyrischer Sicht stammt der HIV-Virus aus folgender Verbindung:

(Parvo $->$ Picorna $->$ Papova $->$ Reoviren$->$) *Togavirus*
Togavirus oo Coronavirus
$->$ Hepatitis B Virus/*Herpes-Virus*;
Herpes-Virus oo Orthomyxovirus $=>$ *HIV-Virus*;
Man beachte die damit indirekt angezeigte Symptomenkette und vergleiche sie mit den AIDS-Symptomen: (aggressive, bläschenbildende Haut- und Gewebeinfekte + Infektionen des Influenzabildes). Spagyrisches Therapiemodell: siehe »anamorphes Anadot«.

Aminosäuren

Sie sind die Grundbausteine der biontisch organisierten irdischen Welt; sie bilden die Bausteine der Sequenzen der DNA ebenso wie die der lebenbildenden Proteine. Sie sind wesentliche Stoffwechselfaktoren, die bei fehlerhaften Stoffwechselfunktionen rumpfartig gespalten werden; diese Rümpfe sind vom Körper nicht weiter abbaubar und werden daher vor allem an den Gelenken, aber auch in ruhigeren Muskellagen oder in solchen, in denen ein durch Virustoxine hervorgerufenes saures Milieu bereits den Sauerstoffwechsel erniedrigt hat, abgelagert. Eine Aminosäurensubstitution kann sich bei blockierten oder stark defizitären Prozessen anbieten. Bei funktionellen Störungen des Säure-Basen-Haushaltes kann eine Substitution mit einem Aminosäuren-Anadot wesentliche Hilfe leisten.

Anaduktion
Die methodische Auffassung, daß zwei ähnliche Dinge einen ähnlichen Hintergrund im Sinne eines Grundes, einer Ursache oder eines Planes haben müssen, wenngleich die Substanzen unterschiedlich sein mögen. Dieses Denken führt den Begriff des Wirk- oder Funktionsplans vergleichbarer, ähnlicher oder gar gleicher Wirkungen ein und stellt scheinbar unvergleichbare Dinge in einen plausiblen Zusammenhang.

Analogik
Logische Verknüpfung und Interaktion nach dem Muster: $1:2:3:4\ldots$, anstelle der logischen Konsekution $1,2,3,4\ldots$ oder der logischen Summation: $1+2+3+4\ldots$

Anathese
Wenn ein Eines sich selbst wiederholt ($a->a_{oo}$, sich also clont, dann ist das eine Anathese: ($a->a_{oo}$) des Einen zu sich selbst im Sinne seiner Selbstreflexion, die den Reflex als neue Wirklichkeit schafft. Die Anathese ist der wesentlichste Schritt zur Erscheinung von Sein als Sein und damit als Voraussetzung von Welt; siehe auch: Trithetik.

Aufarbeitungsprozesse: siehe Regression

Ausleitung: siehe Baunscheidt

Bakterien
Innerhalb der Dreiergruppe der Keimlinge – Viren, Bakterien und Myzeten – bilden sie einem dem Tiere am nächsten stehenden Stoffwechsel aus. Sie sind Symbionten des Menschen unter anderem in seinen Verdauungsfunktionen und können bei einer einen individuellen Schwellenwert überschreitenden Besiedlung des Körpers zu Abionten werden. Jeder bakterielle Stoffwechsel ist grundsätzlich körperfremd, also abiontisch; jedoch können die Stoffwechseltätigkeiten der Bakterien so nützlich oder, wie im Falle der Darmverdauung, so notwendig sein, daß die durch den Bakterienstoffwechsel entstehenden Toxine entweder in ein anderes Symbiontenprogramm eingebaut oder neutralisiert werden, um den größeren Nutzen zu ermöglichen.

Baunscheidt

Ein von dem Ingenieur Baunscheidt entwickeltes, die Haut ansprechendes Therapieverfahren von außergewöhnlicher und weitreichender Wirksamkeit, das seiner Struktur nach der Spagyrik ergänzend beigeordnet werden sollte. Mit einem mit 32 Nadeln besetzten kleinen Apparat werden auf verschiedenen Stellen der Haut mikrofeine Öffnungen erzeugt, die anschließend mit einem hautreizenden Öl gefüllt werden. Daraufhin bilden sich Entzündungen mit Eiterbildungen aus. Da die Haut außer am Ektoderm auch noch Anteile der anderen beiden Keimblätter hat, wirkt dieses Verfahren stimulativ auf alle drei, während es in der Haut selbst körperortbezogene lymphozytäre Prozesse auslöst, die nach dem Muster der Headschen Zonen lokalisiert werden können. Das Verfahren sollte immer nur vollständig und nach seinen Regeln (Eiteröl, Wattepackung, Teefasten mit Schwitzen und Bettruhe) durchgeführt werden.

Blinddarm

Als Gebiet besonderer lymphatischer Vernetzung sollte man es als Entzündungs- und Toxinindikator beachten und benutzen und nur dann schneiden, wenn das Gewebe durch Vernarbung erschöpft ist oder die Gefahr des Aufbrechens besteht.

Blockaden

Sie entstehen dann, wenn der kybernetische oder energetische Schub der Abwehrmechanismen nicht ausreicht, um eine Keimpopulation zu neutralisieren. In diesem Fall entsteht anfänglich zwischen den abwehrenden körpereigenen und den sich verteidigenden körperfremden Parteien ein Patt, das sich zu ungunsten des Körpers entwickelt, da im Schutz dieser Pattsituation eine Stabilisierung der Keime vorsichgeht, die in eine Scheindomestizierung mündet: Der Körper erkennt durch »Gewöhnung« diese Keime nicht mehr als abwehrpflichtig an, sondern läßt sie und ihre Stoffwechselprodukte im Körper (zu dessen Nachteil) gewähren. In diese Gewöhnung sind alle ähnlichen Keimarten eingeschlossen, so daß sich Neuinfektionen ohne wesentliche Gegenmaßnahmen durch den Körper in ihm ausbreiten können. Der Begriff der Blockade bezeichnet in erster Linie eine physiologische Phase der Zwangsruhe durch energetische, kybernetische oder kognitive Insuffizienz des Körpers, die über entsprechende Dote-Stimulanz kompensiert werden kann.

Blut

Da das Blut den größten Teil des Körpers durchfließt (bis zu 97 %), dient es in physischer, chemischer, organischer, physiologischer, metabolischer und kybernetischer Hinsicht als Informationsspeicher und -überträger. Das spagyrische Verfahren schließt diese Information über die Technik der Destillation, Kalzination, Konjunktion und Kristallisation auf.

Blutgruppe

Sie ist (in der traditionellen Form der Gruppen 0, A, B und AB) ein wesentlicher Bestandteil der menschlichen Persönlichkeit und bezeichnet die stammesgeschichtliche Herkunft, den Rassetypus (in unvermischtem Zustand), die physiologische Konstitution (als blutgruppentypische Schwächen) und ein gruppentypisches Grundverhalten.

Blutkristallisationsverfahren: siehe Kristallisation

Cholera

Infektionskrankheit mit erdbiatischer Wirkung auf die Därme.

Chronische Erkrankungen

sind das Ergebnis einer abgebrochenen, unzureichenden oder falsch gesteuerten Abwehraktion des Körpers, aufgrund deren subaktive Restkeime und deren Toxine im Körper geblieben sind, die degenerativ wirken. Eine möglicherweise unzureichende Abwehr hat Säurerümpfe verschiedener Eiweiße hinterlassen, die vom Körper chemisch nicht weiter abbaubar sind, so daß sie, aggressiv wie sie sind, meist in Mesoderm (hier Muskulatur und Gelenke) abgespeichert werden. Einmal sind es die damit produzierten Symptome, dann die retoxisch in das Stoffwechselgeschehen eingreifenden Deponien, die das Charakterbild der Krankheit prägen. Die meisten chronischen Erkrankungen sind über die Dote-Therapie günstig zu beeinflussen.

Clonen

ist der weltbildende Prozeß der Wiederholung des Gleichen aus der Reflexion seiner selbst. Die Clonung vollzieht sich theoretisch als fehlerfreie, überschreibende Fortsetzung; geschichtlich jedoch produziert jede Übertragung eine unmerkliche Abweichung, die sich in der Summe einer Verkettung zu einer merkbaren Andersartigkeit entwickelt. Das Clonen selbst bezeichnet einen kongruenten Abbildungsprozeß; die Clonkette hingegen die Fähigkeit, ein anderes aus dem Gleichen zu bilden.

DÄRME
sind der mittlere, in mehrere Segmente (Zwölffinger-, Dünn-, Dick-, Mast- und Enddarm) spezialisierte Teil des Schleimhautschlauches des inneren Keimblattes (Entoderm). Als wesentlicher chemischer Umsetzungsort sind sie auch die empfindlichsten Reaktoren auf exogene Toxine. Eine einwandfreie Funktion der Därme in allen Abschnitten ist eine physiologische Grundforderung für eine gesunde Funktion des Gesamtkörpers.

Dasein
ist die Form des Seins in einer wahrnehmbaren dimensionierten Raumzeit.

Deduktion
Vorhandene Dinge werden mit der Sprache beschrieben; aus dem Gemeinsamen verschiedener Dinge formuliert man eine Regel; dies nennt man die Methode der Deduktion. Sie ist streng logisch. Aus einer Menge von ähnlichen Dingen kann das Gemeinsame durch Deduktion herausgezogen werden.

Degeneration
Im spagyrischen Denken bedeutet dies ein merkbares Ausscheren aus dem phylogenetisch-individuellen Funktionsprogramm entweder in eine Hyperfunktion mit der Folge der Zell- und Gewebezerstörung oder in eine Hypofunktion mit der Folge einer progressiven Devitalisierung.

Delphine
Ein Versuch der die Natur steuernden Kräfte, im Wasser der Erde eine intelligente Lebensform zu entwickeln, der als erfolgreich angesehen werden muß, da die entfaltete Intelligenz in hohe Kommunikationsfähigkeit, hohes soziales Verhalten, Friedfertigkeit bei gleichzeitiger erstaunlich entwickelter Rezeptivität mündete. Siehe auch: Menschheit.

Denken

Ein zentraler Begriff der Spagyrik: Denken ist das Spezifikum jener Wesen, die zur Assoziation und vor allem zur freien Assoziation fähig sind. Die freie Assoziation wird begriffen als die Fähigkeit einmal der Reflexion desselben in sich und aus sich und dann der Kettenreflexion eben desselben zu einem Gleichen, das nicht mehr dasselbe ist. Siehe auch: Spiel.

Denkinhalte

sind variable Größen der Denkformen

Denkregeln

sind definiert mit den Duktionen, wobei eine duktische Kette an einem Abzweigungspunkt deutlich gekennzeichnet werden sollte: fängt man einen Gedanken anaduktisch an und benutzt zum Beweisen die Deduktion, dann muß diese methodische Abzweigung erkenntlich sein. Die anderen Denkregeln sind:
Widerspruchsfreiheit
Folgerungsfähigkeit (über den eigenen Ansatz hinaus) und
Gänzlichkeit (als Struktur, nicht als Vollständigkeit aller möglichen Details)

Deponie

ist jener Zustand, in dem der Körper eine Toxinart nicht weiter zerlegen und über die Lungen/Därme/Nieren oder die Haut ausscheiden kann und sie deshalb meist als Salze im Bindegewebe, dort in den Gelenken, der Wirbelsäule und den Muskeln abspeichert. Physiologisch ist dieser Vorgang eine Sklerosie, funktionell eine Deponie und metabolisch eine deponäre Phase. Die Salze einer Deponie können noxisch auf den Körper streuen und sekundäre Herde produzieren; daher sollte man versuchen, die Deponien über regressive Phasen zu lösen oder »in Lysis« zu bringen, um sie dann über verkettende chemische Prozesse wieder ausscheidbar zu machen.

Destillation

Wesentlicher Verarbeitungsprozeß innerhalb der Spagyrik, bei dem durch Trennung der festen von der flüssigen Phase in die flüssige die Information beider imprägniert wird; in der Spagyrik wird als flüssige Phase und damit als Informationsüberträger das Wasser benutzt.

Diagnose
Darstellung der metabolischen, physiologischen, funktionellen und formalen Verhältnisse eines Menschen gemäß den kristallisierten Formen und Texturen, die aus dem Blut oder Urin gewonnen wurden. Aussagen über die Verarbeitungs- oder Planfelder (Seele und Geist) sind möglich und sinnvoll.

Differentialfelder: siehe individuelles Wissensdifferential

DNA
Ihre Basisinformation gilt als der physische Schlüssel der Information des Prägefeldes innerhalb der Spagyrik. In ihr findet sich das Bau-, Verhaltens- und Funktionsprogramm eines Individuums in der Kombination aus konstanten und variablen Sequenzen.

Diphterie
Infektionskrankheit mit erbdiatischer Wirkung auf Lymphe, Haut, Lungen und Herz.

Dodekaeder: siehe Platonische Körper

Dreischritt: siehe Trithetik

Duktionen
sind grundsätzliche Formprozesse, die sich in der energetischen, physischen Zeiträumlichkeit als Funktionen der Raumbeeinflussung darstellen.

Eindeutigkeit
wird bei der Deutung der Formen und Texturen der Kristalle im Verhältnis zu den Inhalten, die sie bezeichnen, gefordert.

Einheitlichkeit
wird bezüglich jeder Denkart gefordert, die für sich in Anspruch nimmt, strukturelle Lösungen der menschlichen Existenzprobleme im engen wie im weiten Sinne zu bieten. Lösungen also, die den heilkundlichen Aspekt ebenso betreffen wie den heilskundlichen.

Eisen

Eisenablagerungen in den Lungen, den Nieren, dem Mesoderm allgemein werden durch zwei wesentliche Komponenten beherrscht:

die regulatorisch-parasitäre Komponente, vertreten durch Bakterien, Myzeten und Viren (vor allem der Herpesfamilie);

die konsekutiv-kompensatorische Komponente, vertreten durch toxigenes Fehlverhalten vor allem der Nebennieren.

Modell: Ein endokrinal wirksamer Herpoid beeinflußt über eine spezifische Proteinkette die hypophysäre Funktionsschiene und (dys)reguliert damit über die Glukokortikosterone den Leberstoffwechsel, was sich in der Ausfällung des Eisens im Bindegewebe, also als Entzug der Fe^{++}-Ionen aus dem humoralen Milieu ausdrückt. Daraufhin kommt es zu einer entsprechenden (Fehl)Rückmeldung an die Hypophyse und Nebenniere, was über die dadurch ausgelöste, aber (dys)regulierte Aldosteron-Gabe zu einer schlagartigen Erniedrigung des Na^+-Spiegels und damit zu scheinbar grundlosen Auswässerungen führt. Der Anlaß dazu liegt nicht im genannten Regelnetz selbst, sondern in den diese Regelkette auslösenden Impulsen: ein in den Nieren selbst sitzender, organgeweblich die Nebennieren betreffender Herpoid mit einem myzetischen »Kern«. Beide werden unter bestimmten Milieubedingungen über einen biologisch erträglichen Schwellenwert hinaus aktiv und führen zu der genannten Kette, die eigentlich erst dann endogen abgeschnitten werden kann, wenn wieder eine Rückmeldung über ein verändertes Milieu das Endokrinum erreicht, in welchem die Herpes-Myzeten-Population minderaktiv wird.

Eisenverwertungsstörungen und -ablagerungen in den Lungen – > Sauerstoffmangel im Gesamtgewebe und mangelnde Bindefähigkeit des Hämoglobins.

(Herpoid:Myzete):(Nieren/Nebennieren) – > endokrinale Dysregulation des Na^+-Haushaltes über den Fe^{++}-Haushalt.

Eiweiß

Lebensbaustein, der bei unsachgemäßer, beispielsweise toxigen gestörtem Abbau Säurerümpfe bildet, die der Körper weder ausscheiden, noch weiter abbauen kann und die daher in »Deponien« des Mesoderms abgespeichert werden.

Ektoderm

sogenanntes äußeres Keimblatt in der Keimentwicklung, das sich als Ordnungselement im spagyrischen Kristallisat retrovers, also innen darstellt. Das Ektoderm enthält vor allem die Gehirne mit den Nervensystemen und -bahnen sowie die Haut als Innen–Außen-Reaktionssystem; es kann als Steuer- und Kommunikationssystem angesehen werden.

Entoderm

sogenanntes inneres Keimblatt in der Keimentwicklung der Pflanzen und Tiere, das sich im spagyrischen Blutkristallisat als Ordnungselement für den Schleimhautschlauch retrovers, also außen, darstellt. Dieser Mukosaschlauch enthält die Rachenhöhle, die Luft- oder Speiseröhre, die Lunge, den Magen, die hochspezialisierte Leber, die Darmabschnitte, die Blase, die Harnleiter (als Verbindungsstück zwischen der mesodermalen Niere und der Blase), die Eileiter (als Verbindungsstück zwischen den gemischt-dermalen Eierstöcken und dem gemischt-dermalen Uterus). Prostata und Uterus werden auch im Entoderm aufgeführt, obwohl sie auch Anteile der anderen Keimblätter besitzen, da im entodermalen Bereich die häufigsten Dysfunktionen auftreten. Das Entoderm kann als das zentrale Stoffwechselsystem angesehen werden.

Epilepsie

Das epileptoide Geschehen basiert meist auf einer herpoiden Infektion, die sich der Erbdiathese Tuberkulose auflagert; oft ist die Nebenniere mit ihrer Mineralhaushaltsteuerung nicht unbeteiligt.

Erbdiathese

ist ein wesentlicher Begriff der Spagyrik und bedeutet, daß eine bei den Vorfahren abgelaufene keimbedingte und danach toxinintensive, eventuell Restherde ausbildende Erkrankung die Gewebe- oder Organfunktion so beeinflußte, daß die Veränderung ins Erbgut als Schwäche im Funktionsmuster des betroffenen Gewebes oder Organs überschrieben wird. Erbdiathetische Einflüsse können für die Tuberkulose, die Syphilis und den Herpes (bis heute, 1988) sicher im Blutkristall nachgewiesen werden. Für die anderen erbdiathetisch wirksamen Infektionskrankheiten müssen die Formenparameter noch abgesichert werden.

Feld
Begriff des spagyrischen Denkens, indem ausgesagt wird:
a – etwas ist, ohne zu sein, durch seine Homogenität;
b – ein Feld ist ein Gebiet der Homogenität, das dadurch abgegrenzt ist, daß das Gebiet außerhalb seiner Grenzen entweder nicht oder anders homogen ist.

Form
Begriff des spagyrischen Denkens und der Analogie:
a – Organisation eines Feldes durch innere, inhomogene Modulationen der Homogenität;
b – eindeutige Kristallgebilde, die einem bestimmten Körperort zuordenbar sind.

Heinz-Spagyrik
Begriff und Warenzeichen für die von Ulrich Jürgen Heinz entwickelte Form des philosophischen und heilkundlichen Denkens mit den Merkmalen: Diagnose aus Kristallisaten, die durch Destillation, Kalzination, Konjunktion und Kristallisation gewonnen werden; Therapie mit den Doten (Homodot, Antihomodot, analoges und anamorphes Andadot). Das System der Heinz-Spagyrik ist durch deutsche, europäische und internationale Patente und Patentanmeldungen geschützt; die Produkte sind eingetragene Warenzeichen.

Heinz-Plato-Reihe
Formenreihe der Entwicklung vom nichtwahrnehmbaren Punkt bis zum Unendlichflächner einer Kugel mit den jeweils harmonischen Zwischenstufen der Platonischen Körper.

Herpes-Viren
Infektor mit erbdiathetischer Wirkung auf Lymphe, Haut, ZNS und Muskeln; heute kann der Virus jedoch in jedem Gewebe gefunden und nachgewiesen werden.
Dies hat reduzierte Oxydationen auf der einen Seite und ansteigende Reduktionen in den Zellen des Körpers andererseits zur Folge, was dann das Wachsen anaerober Parasiten, in deren Gefolge der Herpes siedelt, oder den allmählichen Zelltod über die kanzeröse Hilfskompensation der Eiweißatmung verursacht.

HIV-Virus: siehe Aids

Homöopathie (im Unterschied zur Spagyrik):
  Homöopathie:
    Regel der Verdünnung und der Potenzierung:
    Substanz $->$ (Substanzminimum)$^{\text{Substanz-Teileigenschaften}}$
  Spagyrik:
    Regel der Tranformation:
    Substanz $->$ Information.

Individuelles Wissensdifferential
Begriff, der den Zuerwerb von speziellem, phylogenetisch nicht verfügbarem und artspezifisch nicht vorhandenem Wissen eines Individuums bezeichnet. Das Differential ist als individuelle Leistung zu betrachten, die einerseits in das kollektive Wissen eingeht, andererseits Grundlage für eine neue Existenzbildung wird.

Induktion
Aus einer Menge von ähnlichen Dingen kann das Gemeinsame durch Deduktion herausgezogen werden. Das Ergebnis kann dann auf eine andere Menge von Dingen mit ähnlichem Verhalten bezogen und für diese andere Menge als Regel formuliert werden; dies nennt man die Methode der Induktion. Sie ist nicht streng logisch.

Information
Jede innerhalb eines Feldes strukturierte Zone ist eine Information über sich. Informationsträger sind Felder, Körper, Substanzen in verschiedenen Aggregatphasen. Die Informationsverarbeitung findet auf der Ebene der Felder in den Randzonen der Begegnung, auf der Ebene der Körper in der Begegnung ihrer energetischen Umhüllungsfelder und auf der Ebene der Substanzen durch die Duktionen statt. Die biologische Information bedient sich der DNA, der Chromosomen, der Zellkerne, jeden beliebigen Gewebes und der Flüssigkeiten als Information selbst und als Träger. Die Verarbeitung findet steuernd beim Menschen in den Gehirnen statt.

Krankheiten

sind der körperliche Ausdruck seelischer Dysfunktionen, die auf einem fehlgesteuerten oder abseits der Norm profilierten Mentalgrund sitzen.

Krebs

eine der Kompensationsformen des Körpers bei anhaltender Sauerstoffverwertungsstörung und damit entsprechender Unterversorgung. Die Spagyrik unterscheidet den kachektischen (einzellerhafte, hypoerge Reaktion der vom Absterben bedrohten Zelle) vom neoplastischen Krebs (hypererge, auf Toxine reagierende Verbandabwehr durch Bildung einer eigenständigen metabolischen Zellkolonie). Spagyrisch können die Krebserkrankungen bis in die letzten Stadien hinein außerordentlich gut beeinflußt werden.

Kristallisation

Salzartige Ausfällung homogener, flüssiger Lösungen bei definierter Temperatur, Luftfeuchtigkeit und Zeit.

Kupfer

hohes Kupferdefizit macht sich vor allem im Ektoderm entwicklungshemmend bemerkbar; Kupfermängel des Gewebes vermindern seine Reizübertragungsfähigkeit und damit seine Reagibilität gegen seine eigene Degeneration.

Lues: siehe Syphilis

Magnesium

Magnesiummangel oder -verwertungsstörungen führen zu Unterfunktionen der Sauerstoffregelung der Lungen, damit zu Erhöhung des kohlensauren Milieus (Na/CO_2), zur Unterfunktion der Leber, die ihren Detoxikationsauftrag reduziert und Amonisäurenrümpfe in die Blutbahn entläßt. Das folgende mangelhafte antagonistische Spiel mit Natrium führt zu dessen Überbesetzung in den Zellen: der Zellstoffwechsel beginnt zu ersticken.

Masern

Infektionskrankheit mit erbdiathetischer Wirkung auf Lymphe, Haut, ZNS und Lungen.

Menschheit

Ein Versuch der die Natur steuernden Kräfte, auf dem Land eine intelligente Lebensform zu entwickeln, der dadurch als gescheitert angesehen werden muß, daß die entfaltete Intelligenz ihre eigene Zerstörung begann, ohne sie nun aufhalten zu können.

Metaduktion

Die spagyrische Simulation, die Metaduktion, ist eine Führung des Denkens hinter die Wirklichkeit: Das Denken geht als Methode hinter die Erscheinung und bildet in sich als Erinnerung die Struktur der energetischen Verhältnisse ab, die zu der abgebildeten Erscheinung führen. Diese Methode eignet sich vor allem für die Darstellung nicht unmittelbar meßbarer Prozesse, die wir nur über ein Denkmodell begreifen können.

Mineralstoffwechsel

Mängel dringend und nachhaltig wenigstens sechs Monate lang als Aspartate, Citrate oder Orotate zu substituieren; dabei darf der Blutmineralpegel mit dem der Muskulatur nicht verwechselt werden.

MS

eine stark an das Kleinhirn gebundene Erkrankung, die sich spagyrisch bemerkenswert gut beeinflussen läßt.

Mutter

erste und wichtigste biologische, aber auch milieuprägende, beziehungsweise das Erbprofil mit Inhalten füllende Erscheinung. Die Rolle der Mutter wird allgemein weit unterschätzt, da der tiefe, prägende oder weckende Einfluß – im förderlichen wie im blockierenden Sinne – der Mutter auf das Kind über verhaltenstechnische, soziale, lebensentziehende oder -fördernde Mechanismen nicht genügend bewertet wird.

Mumps

Infektionskrankheit mit erbdiathetischer Wirkung auf Lymphe, ZNS und Pankreas.

Myzeten

pflanzenverwandte Pilze, die auf dem Boden bakterieller Infekte im Bindegewebe, in der Haut, aber auch in allen Organen ein gutes Wachstum finden, mit dem sie sich in für den menschlichen Stoffwechsel gefährlich werdender Weise ausbreiten; ihre Ausscheidungsprodukte sind hochtoxisch. Sie sind mit klinischen Mitteln nur unter bestimmten Bedingungen befriedigend eindämmbar. Mit spagyrischen Mitteln können sie über die Regression neutralisiert werden.

Natrium

(Herpoid:Myzete) : (Nieren/Nebennieren) $->$ endokrinale Dysregulation des Na^+-Haushaltes über den Fe-Haushalt. Schwere Na^+-Bindestörungen im Entoderm führen zu einer Verdrängung des Mg^{++} aus den entodermalen Zellen, was für die Gefäße, wie vor allem für die Blutflüssigkeit katastrophale, chemisch ausfällende (salzbildende) Folgen hat.

Nebennieren

Niebenniere $=>$

Mineralkortikoid Aldosteron mit Desoxykortikosteron $->$ Na^+ $->$ /Glukokortikosteron $->$ Leber $->$ Fe^{++} $->$ /$=>$ Na $=$ f (Fe).d (Nebennierenfunktion)

Noxine:
proteinverwandte Spaltprodukte der Toxine.

Pandemie AIDS
eine vermutlich die Menschheit auf ein unvorstellbares Maß reduzierende, praktisch nicht abwehrbare und nicht bekämpfbare weltweite Epidemie durch den HIV-Virus und seine Mutanten.

Periodenbeschwerden
Während der Periode kommt es zu einer höheren Viskosität des Blutes im kleinen Becken, damit zu geringeren Sauerstoffbeständen bei höheren Säureanteilen und geringerer Eisenverfügbarkeit (Sauerstofftransportfähigkeit). Unter diesen Bedingungen finden die mesodermalen vor allem herpoiden Parasiten ein vorzügliches Wachstumsmilieu, das sie ausnutzen: Sie vermehren sich schnell und schleusen ihre Stoffwechselprodukte in den ohnehin toxiform überlasteten Körper. Da der Körper in der während der Periode stark angestrengten Leber nur eine begrenzte Toxinabbaufähigkeit besitzt und die meisten herpoiden Toxine nicht nierengängig sind, versucht er in dieser Zeit die Detoxika-

tion über Hautausscheidungen (typische Periodenhaut) voranzu-treiben und lagert, wenn dies aus irgendwelchen Gründen nicht möglich ist, die Toxine ins Mesoderm, dort ins Bindegewebe, in die Muskeln (auch Gebärmutter) oder in die Gelenke, zuerst in teillytischer, wieder abbaubarer Phase, später als feste Konkre-mente ein.

Pest
Infektionskrankheit mit erbdiatischer Wirkung auf Lymphe und Lungen

Planfeldbildung
Überschreibung des Prägefeldes auf dem Wege:
DNA – > (RNA)– > Zellen– > Stammhirn– > Kleinhirn– >

Großhirn

Platonische Körper
Harmonische, hochstabile Körper, die aus gleichseitigen Flächen gebildet werden: Tetraeder, Hexaeder, Oktaeder, Dodekaeder und Ikosaeder. Sie sind feste Vernetzungskörper innerhalb der Heinz-Plato-Reihe.

Pocken
Infektionskrankheit mit erbdiatischer Wirkung auf Lymphe, Haut und Herz. Die Impfung dagegen hat entsprechende ortsspezifische Schwächen produziert.

Reflex/ion
Vorgang der scheinbar fehlerfreien Übertragung eines Feldes auf sich selbst als Voraussetzung von Wirklichkeit.

Regression
wesentlichster Heilprozeß der Spagyrik, in dem die krankhaften Erscheinungen der Seele und des Körpers von der jüngsten zu der ältesten aufgearbeitet werden.

Roedlern
Absaugen der Mandeln mit einem dafür entworfenen Saugbe-steck.

Röteln
Infektionskrankheit mit erbdiatischer Wirkung auf Lymphe und Haut.

Rückführung: siehe Regression

Scharlach
Infektionskrankheit mit erbdiatischer Wirkung auf Lymphe, Herz und Nieren.

Schwitzen
eine wesentliche, die Spagyrik ergänzende Therapie: siehe Kneipp, Prießnitz und Brauchle.

Seele
und ihre Prozesse im Sinne der Psyche werden in der Spagyrik dem Verarbeitungsfeld zugeordnet.

Selbstspiegelung
ist die grundsätzlichste aller Funktionen des Seins überhaupt.

Signatur
ist das auf ein Zeichen reduzierte Abbild einer Wirklichkeit. In der Spagyrik bildet die Signaturenlehre (siehe dort) ein theoretisches Gerüst für die Übertragbarkeit von Analogien.

Simulation: siehe Metaduktion

Sklerosie: siehe Deponie

Spagyrik
laborantische und denkerische Methode zur Erfassung und Beeinflussung der Wirklichkeit.

Spiegel: siehe Reflexion

Spiel
Wesentlicher Begriff der Spagyrik auf dem Boden des Denkens (siehe dort). Das Spiel ist die inhaltsfreie, wahlformengebundene, zielfreie Beschäftigung mit der Wiederholung des Gleichen aus sich heraus in Raumzeit, womit das Gleiche zu einem ande-

ren wird. Das spagyrische Spiel hat einen dynamischen, progressiven Aspekt für das Wißbare überhaupt.

Spielregeln
sind die logischen Gesetze der Anaduktion und der Metaduktion, da sie schöpferisch machen.

Spielwelt
das ist die willkürliche Begrenzung eines spielend Denkenden auf seinen Gegenstand, den er dann beliebig erweitern kann.
-Spiel-Werkzeug
ist in erster Linie die Sprache, mit der Formen und Inhalte beliebig getrennt und vereint werden können; die anderen Künste sind nicht eindeutig genug, um ein lösendes Spiel zu gewähren.
-Spielzeug
sind Bilder, Töne, Formen, Gestalten, Empfindungen, Gefühle.

Sprache
das wesentliche Werkzeug des denkenden und daher spielenden Menschen, dessen Tätigkeit kein Ziel, kein Überwinden und kein Bemächtigen hat, sondern nur den Vorgang des Werfens, Entwerfens, Rückwerfens, Anwerfens, Zerwerfens, Aufwerfens und Verwerfens wertfrei und urteilsfrei vollzieht.

Sprachlogik
ist die Verkettung der handelnden Reflexionen zu einer Formen- und dann Inhaltsverbindung, die eine neue Ansicht oder einen neuen (verspielbaren) Wert erzeugt.

Staphylokokken
Infektor mit erbdiatischer Wirkung auf Lymphe und Haut; Konditionierung mit dem Symbionten Staphylokokkus!

Stellvertreter-Therapie
Möglichkeit, innerhalb eines Keimblattes ein blockiertes Organ über ein verwandtes anzusprechen.

Stille Zonen

jene Gebiete im Großhirn, die keine sensorische oder motorische Aufgabe haben und dem Assoziieren dienen, also der Musterform des Denkens. Stille Zonen hat nur der Mensch – außer dem Delphin!

Störzonen

Ich unterscheide:

geogene (Wasserläufe und Verwerfungen), nichtgeogene (Sonnenwinde) Induktionsfelder und -zonen von magnetischer (nieder- bis hochfrequent), elektromagnetischer (Stromnetze, elektromagnetische Wechselfelder) (nieder- bis hochfrequent), elektrisch-elektronisch (Radar, Richtfunk und dergleichen) (nieder- bis hochfrequent) und feldresonanter (Radarsterne, Magnetwinde und ähnliches) Art, die alle einen auf den Stoffwechsel störenden, behindernden oder blockierenden Einfluß haben. Sie müssen durch Messung, Rastersimulierung oder Mutung unbedingt erkannt werden, um ihnen auszuweichen. Sie sind nachweisbar im Blutkristall.

Streptokokken

Infektor mit erbdiatischer Wirkung auf Lymphe und Haut

Symbiose

Symbiosen aus bakteriellen und viralen Populationen sind der biologische Grund für die immer mehr zunehmende Therapieresistenz bei Infektionen.

Syphilis/Lues

Infektionskrankheit mit erbdiathetischer Wirkung auf Lymphe, Haut, ZNS, Nieren, Knochen, Gelenke und Muskeln.

Texturen

sind regelmäßige Formenverbindungen, die im Kristallisat Aufschlüsse über funktionelle Zusammenhänge erlauben.

Typhus

Infektionskrankheit mit erbdiatischer Wirkung auf die Lymphe, das ZNS, die Lungen, das Herz und die Därme.

Tod
biologischer Abschlußprozeß, in dem die differentiellen Wissensfelder überschrieben werden:
a – biologisch in die DNA, welche als Hirnzellen-DNA eine außerordentlich hohe Überlebensrate hat und damit (nach Funden bis zu einigen Jahrhunderten später) lange über den biologischen Tod hinaus gelesen werden kann;
b – informell in jenes körperverwandte oder strukturverwandte Gehirn, das eine möglichst der des Überträgers kongruente Informations- und Wissensstruktur besitzt (»der Tote fährt in einen anderen...«);
c – feldstrukturell als differentielle Modulation des allgemeinen Wissensbestandes in die Gesamtheit homomorpher biologischer Informationsfelder.

Toxine
Eiweißverbindungen, die entweder als Stoffwechselprodukte oder aber als Zerfallsprodukte von infizierenden Keimen entstehen und selbst in kleinen Mengen eine meist blockierende oder übersteuernde katalysatorähnliche Reaktion im Körper auslösen, so daß es zu Störungen des Stoffwechselablaufs kommt, was eine sekundäre Toxinbildung begünstigt.

Trithetik:
Die spagyrische Grundmethodik des Denkens und Anschauens; in der (clonischen) Grundform als:
These – Anathese – Synthese;
in der Variationsform also:
These – Antithese – Synthese.

Tuberkulose
Infektionskrankheit mit erbdiathetischer Wirkung auf Lymphe, Haut, Lungen, Nieren, Knochen, Gelenke und Leber.

Turbulenzen
hochkonzentrierte und hochenergetische Formenbildungen an den Übergangsgrenzen zweier ungleicher Felder.

Verkettung
Regel der Assoziation nach den verschiedenen Duktionen.

Verletzungen: siehe Mutter

Viren
biologischer Informationscode zur Strukturierung komplexer
Zellverbände und ihrer Interaktion; bei deren Bestehen überneh-
men die Viren eine strukturelle Kontrollfunktion: Sie vermehren
sich in nicht strukturkonformen Systemen, um ihre Information
erneut zu übertragen. Einer der Nebeneffekte dieses Prozesses
kann die innere Vernichtung des Systems aufgrund seiner De-
strukturierung sein.

Wasser
biologisches Grundmaterial, Informationsspeicher und -überträ-
ger.

Widerspruchsfreiheit
eine logische Grundforderung an das (spagyrische) Denken.

Windpocken
Infektionskrankheit mit erbdiathetischer Wirkung auf Lymphe
und Haut.

Wiederholung des Gleichen: siehe Clonen

Wissensdifferential: siehe individuelles Wissensdifferential

5 Die Spagyrische Organisation

HEINZ SPAGYRIK International

Informationen über Aktivitäten und Aufgaben

Der Begriff HEINZ SPAGYRIK ist in verschiedenen Ländern zu einem Begriff für eine hochwirksame, sanfte, dabei sehr kostengünstige Diagnose- und Therapieform geworden. Die HEINZ SPAGYRIK könnte besonders in Ländern der Dritten und Vierten Welt der bestimmende Teil eines revolutionären Konzepts der Volksgesundheit werden, während sich die Erste und Zweite Welt mit Hilfe der HEINZ SPAGYRIK aus der manischen Abhängigkeit von der apparativ gebundenen, teuren, nebenwirkungsvollen und dabei so unwirtschaftlich ergebnisarmen Medizin befreien könnte (ohne damit den Nutzen vor allem der Notfallmedizin in Frage stellen zu wollen).

Das HEINZ SPAGYRIK-System wird eingebunden in internationale Aktivitäten im Zusammenhang mit der Pax-mundi-Organisation der Weltgesundheitsorganisation. Die HEINZ SPAGYRIK nimmt teil an dem 1962 formulierten WHO-Ziel »Gesundheit für alle im Jahre 2000«, das seitdem von der internationalen Organisation »Medicina Alternativa« vertreten wird und zu der in diesem Jahr (1988) von 47 Ländern (darunter die VR China) gegründeten Open International University for Complementary Medicines geführt hat.

Im Rahmen des Systems der HEINZ SPAGYRIK werden umfassende Heilprogramme für die seelische und geistige Gesundung der Menschen erarbeitet, in denen ein neuer Begriff von der Arbeit, ein neues Rechtsverständnis, neue Ordnungsmittel und -vorstellungen im sozialen und staatlichen Bereich, vor allem aber eine neue Weise des friedfertigen, spielerischen Denkens entwickelt werden. Diese Entwürfe, deren Sinn und Wirkung in kleinen Gruppen erprobt wird, soll den Menschen für die Zeit nach den bevorstehenden biologischen, geotektonischen und sozialen Katastrophen eine Orientierung und eine

Hoffnung geben, dazuhin die Chance, all jene Gründe und Verhaltensweisen zu überwinden, die das gegenwärtige Dilemma der Menschen verursachten.

Im Nahen Osten und in Afrika werden bereits Kliniken gebaut oder umfunktioniert, um praktisch ausschließlich mit der HEINZ SPAGYRIK zu arbeiten.

Es wird daran gedacht, die HEINZ SPAGYRIK beim Wiederaufbau von kriegszerstörten Ländern einzusetzen, um die körperlichen Verwundungsfolgen zu mildern und um die Volksgesundheit sicherzustellen. Denn nach den geldzehrenden Kriegen fehlen die Devisen, um die teure Apparatemedizin einzuführen, vor deren Nebenwirkungen man sich zu fürchten beginnt.

Um einen weltweit gleichen Standard in Labor, Diagnose und Therapie im Rahmen der HEINZ SPAGYRIK zu gewährleisten, werden alle deutschen und außerdeutschen Institute von einer Zentrale aus geleitet.

Die Arbeiten für eine lückenlose Dokumentation der spagyrischen Diagnosen und ihre Bestätigung durch die klinische Diagnostik haben begonnen und sollen in etwa zwei Jahren der Öffentlichkeit und den Entscheidungsträgern der Sozialversicherungen vorgelegt werden. Wir wollen damit die Voraussetzung zu einer Erstattung der Kosten für die Untersuchung und Behandlung nach den Aspekten der HEINZ SPAGYRIK schaffen.

Finanz-, Bau- und Organisationspläne für nach der HEINZ SPAGYRIK strukturierte Alten/Wohn/Pflegeheime stehen für 1990 zur Verwirklichung an. Es wird an den Bau von Kinderheilstätten und Sanatorien gedacht.

Das anbrechende neue Zeitalter braucht seine denkerischen, heilkundlichen, methodischen, organisatorischen und pädagogischen Formen. Die HEINZ SPAGYRIK ist am Anfang ihrer Entwicklung, die aufgrund der inneren Struktur dieses Denk- und Heilansatzes nur durch die Möglichkeiten der menschlichen Phantasie oder durch die Fesseln des stammesgeschichtlich bedingten Verhaltens begrenzt werden kann.

Die in diesem Buche beschriebenen Verfahren sind durch Patente, Patentanmeldungen und Warenzeichen geschützt.

Stichwortverzeichnis

Von Ulrich Jürgen Heinz ist erschienen

Das Handbuch
der modernen Pflanzenheilkunde

Heil- und Arzneipflanzen, ihre Wirkung
und Anwendung in Medizin, Natur- und Volksheilkunde,
Homöopathie und Spagyrik

630 Seiten, gebunden; ISBN 3-7626-0276-X

Ulrich J. Heinz legt hier ein praktisches Nachschlagewerk vor, in
dem die durch eigene jahrelange intensive Forschungen gewonnenen Erkenntnisse und Erfahrungen mit den Heilpflanzen Nie-
derschlag fanden. Es werden erstmals nahezu alle gebräuchlichen
und in ihrer Wirkung bestätigten Heilpflanzen des In- und Aus-
landes aufgeführt. Alle Pflanzen können über den Fachhandel
(Apotheken, Drogerien, Reformhäuser) in ihren entsprechenden
Zubereitungen erstanden werden, sofern das Arzneimittelgesetz
ihren freien Verkauf nicht untersagt.
Das Buch ist in seiner gebotenen Vielfalt einmalig und übertrifft
andere Werke an Weite und Fülle der Informationen. Zudem ist
es eine Synopse der verschiedenen Heilpflanzenanwendungen:
Natur- und Volksheilkunde, medizinische Phytotherapie, Homöopathie und Spagyrik. Damit wird die therapeutische Vielfalt
der Heilpflanzen erst vollständig erschlossen.

Verlag Hermann Bauer · Freiburg im Breisgau

Von Ulrich Jürgen Heinz ist erschienen:

Die Runen

Ursprung – Bedeutung – Wirkung – Weissagung

540 Seiten mit 62 Zeichnungen; gebunden;
ISBN 3-7626-0313-8

Die Runen sind geschichtlich-philosophische Embleme. Sich mit
ihnen zu beschäftigen, war lange Zeit mit der Unterstellung
verbunden, damit entweder ein magisches oder politisches Ziel
zu verfolgen.
Leitschnur für das vorliegende Werk sind die Texte der Edda
und die sich daraus ergebenden formalen und logischen, vor
allem aber inhaltlichen Konsequenzen. Die Darstellung führt
vom Ursprung der Runen, dem geschichtlichen und parage-
schichtlichen Hintergrund der Asen und ihrer Weltanschauung
zu den Runen als Wegweiser, energetische Strukturformel und
Raummodell. Die erarbeiteten Erkenntnisse werden benutzt, um
ein mentales, psychisches und physisches Übungssystem zu erarbeiten, in dem mit Hilfe der Runen bestimmte mentale, bewußt-
heitliche und körperliche Heilziele angestrebt und realisiert werden können.

Verlag Hermann Bauer · Freiburg im Breisgau